역사가 기억하는 인류의 문명

선사 시대부터 기원전 500년까지

궈팡 편저 김영경 옮김

꾸벅

머리말

짙은 푸른빛을 띠는 지구는 우주에서 보잘 것 없이 보였지만 인류를 잉태한 요람이었다. 인류의 선조는 석기를 만들기 시작하면서 역사의 새로운 막을 열었다.

도구를 만들고 사용하면서 초기 인류는 점차 세계 각지로 퍼져 생활터전을 잡았다. 그들은 사냥하고 농사를 짓는 생활을 하면서 불씨를 보존하고 짐승의 가죽으로 옷을 지어 입기 시작했다. 그리고 회화, 장식품 등을 남겨 이미 그 시대에 예술이 싹을 틔우고 있었음을 후대에 알렸다. 원시농업의 발명으로 초기인류는 정착생활을 시작했다. 정착생활을 통해 자연스럽게 형성된 씨족과 부락은 훗날 국가를 건설하는 밑바탕이 되었다. 가장 오래된 문명의 중심지인 나일강 유역에는 피라미드, 스핑크스, 왕가의 계곡 등 수많은 유적이 남아있다. 이러한 유적들은 수천 년 동안 간직해온 신비하고 아름다운 이야기들을 우리에게 하나씩 들려준다.

티그리스-유프라테스 강가의 메소포타미아 평원은 수메르인의 작은 도시국가에서부터 천하를 호령한 사르곤 1세의 통일제국까지 화려한 역사를 품었다. 이곳을 거쳐 간 수많은 왕조는 지혜로운 문명의 산물을 남겼고, 생동감 넘치는 설형문자는 처량하고도 아름다운 《길가메시 서사시》를 전한다. 그 이름도 유명한 《함무라비 법전》과 세계 7대 불가사의인 공중정원, 그리고 수많은 과학적 성과는 바빌론 문명을 인류의 기억에 영원히 각인시켰다.

고대 그리스인은 문명 초기 단계에 머물러 있던 인류에게 지혜의 길을 닦아주었고 그들의 문명은 신비로운 신화의 형태로 호메로스 서사시에 그 자취를 고스란히 남기고 있다. 그리스의 개방적인 문명과 다르게 동방의 고대 인도 문명은 역사를 기록하지 않아 신비로운 베일에 꼭꼭 싸여 있다. 그들은 대신 신들을 찬양하는 시가와 기도문으로 이루어진《베다》를 남겼다. 고대 인도 사회를 지배한 카스트 제도는 종교적 색채를 띠면서 삼엄하리만치 분명하게 신분을 구분했다.

인류의 문명은 민족들의 보석 상자가 곳곳에 숨어 있는 보물섬과도 같다. 이 책의 첫 장을 열어라! 지금부터 인류 문명의 보물이 가득 담겨 있는 보물섬을 탐험하러 가자!

차례

제 1 장

선사 시대의 인류

제 2 장

나일 강 이야기

제 3 장

찬란한 티그리스-유프라테스 강 문명

제 4 장 고대 그리스의 영광

제 5 장 신비로운 고대 인도

History of the World

Human Civilization

제 1 장

선사 시대의 인류

녹색의 천체 인류의 고향

광대한 우주에는 각양각색의 천체들로 가득했는데 그 가운데 짙은 푸른빛을 띠는 천체가 하나 있었다. 이 천체는 너무나 평범하고 보잘 것 없이 보였지만 우주에서 가장 웅장하고 아름다운 이야기를 간직하고 있었다. 생명의 빛이 반짝거리며 새로운 숨을 불어넣었고, 마침내 이곳은 셀 수 없이 많은 생물의 아름다운 정원으로 거듭났다. 갖가지 다양한 인류 문명을 잉태하며 인류의 위대한 어머니로 거듭난 이 천체는, 바로 지구였다.

지구의 나이

1년은 인간에게 매우 소중한 시간이지만, 46억 년이라는 기나긴 역사를 가진 지구에게는 그야말로 눈 깜짝하는 순간에 불과하다. 천문학자와 물리학자들은 백억 년 전에 일어난 대폭발을 통해 우주가 탄생했으며 이로 인해 지구도 탄생했다고 주장한다.

'대폭발' 이론의 대강은 이러하다. 맨 처음 우주는 질량이 극대화되어 있었고, 부피는 극소화되어 있었으며, 질점質點[1]은 최고 온도를 유지하고 있었다. 훗날 이 질점이 폭발을 일으키자 우주의 부피는 끊임없이 팽창했고 온도는 계속 내려갔다. 이러한 과정 속에서 물질의 밀도는 점차 낮아졌고, 마침내 오늘날과 같은 우주가 형성되었다. 최초의 우주에는 수많은 고체 먼지 알갱이가 떠다니고 있었는데 이 먼지 알갱이들이 서로 결합하여 점점 거대한 환상環狀[2] 물체를 형성했다. 동시에 주변의 작은 먼지 알갱이들이 여기에 흡착하면서 부피는 날로 커졌고 이는 아주 오랜 시간이 흐른 뒤 천체의 배아로 성장했다. 지구 천체의 배아는 억만 개나 되는 천체 배아 중 하나였다. 지구 천체의 배아는 일정한 공간 안에서 끊임없이 운동하면서 스스로 강대해졌다. 원시의 지구는 이렇게 형성되었다.

▼ 아폴로 17호 우주선이 1972년에 찍은 사진으로 유명한 '파란구슬(The Blue Marble)'

최초의 지구는 지각이 매우 불안정했다. 화산활동이

1) 물체의 크기를 무시하고 질량이 모여 있다고 보는 점. 이 점으로 물체의 위치나 운동을 표시할 수 있으며, 역학 원리 및 모든 법칙의 기초가 된다.
2) 고리처럼 동그랗게 생긴 형상

자주 나타났고 마그마가 사방으로 넘쳐흘러 마치 신화 속에 나오는 지옥과 같았다. 이후 지구는 천천히 냉각되어 암석권[3], 수권[4], 대기권[5]이 생겨났다. 지구의 과거를 이해하는 것은 지질학 연구에 매우 유용하다. 원시 지각을 덮고 있는 암층은 지구 역사의 일부분을 차지하고 있으며 지질학에서는 이를 지층이라고 부른다. 과학자들은 암석 안에 포함된 방사성 원소와 그것의 동위원소의 함량[6]을 측정함으로써 지층의 지질 연대를 확정한다. 또한 암층과 화석의 측정법은 암석의 연대를 추정할 수 있는 중요한 방법이다. 현재까지 채집한 암석 가운데 가장 오래된 암석은 그린란드(Greenland) 서부지역에서 출토된 편마암으로 암석 연령은 약 38억 년이다. 또한 태양계의 먼지는 그 연령이 45억 년에서 47억 년 사이로 추정된다.

인류 역사를 구분하는 방법에 따라 지구의 역사는 다섯 개의 '대代'로 나누어지는데 그 순서는 다음과 같다. 태고주[7], 원고주[8], 고생대[9], 중생대[10]의 순이며 마지막으로 신생대[11]가 있다. 뒤에 나오는 세 개의 대는 특수한 지질 구조에 근거하여 구분한 것이며 각각의 대는 몇 개의 '기紀'로 나누어진다. 고생대는 캄브리아기(Cambrian Period), 오르도비스기(Ordovician Period), 실루리아기(Silurian Period), 데본기(Devonian Period), 석탄기(Carboniferous Period) 및 페름기(Permian Period)가 있다. 중생대는 트라이아스기(Triassic Period), 쥐라기(Jurassic Period), 백악기(Cretaceous Period)로 분류된다. 끝으로 신생대는 제3기(Tertiary Period)와 제4기(Quarternary Period)로 나누어진다.

---

3) 암석으로 구성된 지각 표층부를 말하며 암권, 리소스피어라고도 한다. 지각과 상부 맨틀의 일부로 이루어져 있다.
4) 기권의 수증기를 제외한 지구상의 물이 존재하는 곳으로 지구 표면에 해양, 호소, 하천, 얼음 등과 같이 다양한 형태로 분포되어 있는 물의 범위를 말한다.
5) 지구를 둘러싸고 있는 대기의 층이다. 지상 약 1,000킬로미터까지를 말하지만 대기의 99퍼센트는 높이 32킬로미터 이내에 분포한다. 높이에 따라 기온이 내려가며 그 분포에 따라 대류권, 성층권, 중간권, 열권으로 나눈다.
6) 특히 우라늄과 토륨이라는 두 종류의 원소에 대해 방사성 동위원소의 측정을 진행한다.
7) 지구 형성부터 25억 년 전까지
8) 25억 년 전부터 6억 년 전까지
9) 6억 년 전부터 2억 5천만 년 전까지
10) 2억 5천만 년 전부터 6500만 년 전까지
11) 6500만 년 전부터 지금까지

생명의 보호소

지구는 어떻게 해서 생명의 잉태라는 기적을 이뤄낸 것일까? 인간은 생명이 어떻게 기원했는지를 알기 위해 오랫동안 노력해왔다. 일부 학자는 짙푸른 지구상에 가장 먼저 출현한 생명의 원시형태를 고세균(Archaebateria)과 메테인세균(methane bacteria)[12]이라고 주장하기도 한다. 그러나 기나긴 세월이 흐르는 동안 이 원시 생명 형태에는 별다른 변화가 일어나지 않았다. 약 5억 4천만 년 전 중생대로 접어든 지구에 절지동물, 연체동물, 완족동물과 환절동물 등이 포함된 무척추동물이 갑자기 출현했다. 고생물학에서는 이를 두고 '캄브리아기 생명의 대폭발'이라고 부른다. 이 시기 바닷물 속에서는 조류藻類와 무척추동물이 전에 없던 번성을 누렸고, 연이어 대량의 어류가 출현했다. 바다는 점차 어류의 세계로 변화되었다. 이후 지구환경의 변화와 어류 유전인자의 변이로 땅 위를 기어다닐 수 있는 물고기가 등장했다. 이는 현대 육지 척추동물의 선조로 여겨지고

12) 메탄균

있다. 이와 동시에 양서류동물까지 나타나자 육지는 더 이상 동물의 '활동 금지구역'이 아니게 되었다. 육지 위의 양치식물은 크게 번성했을 뿐만 아니라 형태 또한 제각각으로 변화되었는데 어떤 것은 심지어 30미터가 넘게 자랐다. 기후조건에 충분히 적응한 육지 식물은 곳곳에 울창한 숲을 이루었으며 해변이나 내륙의 늪과 연못도 예외가 아니었다.

2억 4500만 년 전부터 6600만 년 전까지 지구는 파충류 시대를 맞이했다. 다시 말해서 공룡의 세계가 시작된 것이다. 이 시기에는 조류鳥類와 포유류동물의 선조가 이미 출현한 상태였다. 그러나 약 6500만 년 전 지구의 생명체가 집단으로 멸종하는 사건이 벌어졌다. 이로써 1억 년 넘게 지구를 지배해온 공룡이 모습을 감추고 다른 생물들도 비참한 운명을 맞게 되었다. 이 대재앙으로 지구상 생물속屬(genus)[13]의 50퍼센트와 생물종의 75퍼센트가 종적을 감추었다.

13) 생물 분류군 계급의 일종. 과(科, family)와 종(種, species) 사이에 위치한다.

진화의 길 인류의 기원과 전신

수천 수백 년 동안 인간은 '우리의 선조는 과연 어디에서 왔을까?' 라는 질문에 대한 해답을 찾고자 끊임없이 노력해왔다. 여와씨가 흙을 뭉쳐서 사람을 빚었다, 프로메테우스(Promethus)가 진흙으로 사람을 만들었다, 크눔(Khnum)이 찰흙으로 인간을 창조했다 등등 각각의 문명이 전하는 감동적인 전설들은 배경이나 등장인물은 다르지만, 진흙이라는 소재를 통해 인류가 탄생한 '신의 창조론' 을 이야기했다. 그러나 근대 과학은 진화론을 표준으로 삼고 인류 기원과 진화 과정의 도표를 완성했다.

나무를 기어오르는 유인원 무리

본래 고대 유인원[14]과 인간은 서로 다른 과에 속했다. 그러나 중신세[15]와 선신세[16] 때의 고대 유인원은 현대 유인원과 현대 인류의 공통 선조로 받아들여졌다. 이 시기 고대 유인원은 체질구조가 진화한 방향으로 살펴볼 때 인간으로 발전했을 가능성과 원숭이로 발전했을 가능성을 모두 가지고 있었다. 그러므로 오늘날의 인간과 원숭이의 길은 이 시기에 갈라진 것으로 볼 수 있다. 이집트 남서부 지역의 사막 주변에 있는 파이윰 주(Faiyum Governorate)에서 발견된 프로플리오피테쿠스(Propliopithecus)[17]와 이집토피테쿠스(Aegyptopithecus)[18]는 대표적인 고대 유인원으로 손꼽힌다. 그들은 체형과 크기가 고양이와 비슷했고 숲에서 살았으며 높은 곳으로 자유롭게 뛰어올랐다. 이외에도 2300만 년 전에 나타난 드리오피테쿠스(Dryopithecus)는 인간과 매우 동떨어져 보이지만 가장 오래된 인류의 조상으로 여겨지고 있다.

▲ **프로플리오피테쿠스 (Propliopithecus)**
3500만 년 전, 지구상에 최초의 유인원이 출현했는데 이는 인류와 현대 유인원의 공통 선조로 추정되고 있다.

---

14) 성성이(orangutan) · 침팬지(chimpanzee) · 고릴라 · 긴팔원숭이(gibbon) 등이 포함되는데, 사람과 마찬가지로 진원류의 다른 무리(꼬리감는원숭이상과 · 긴꼬리원숭이상과)와 달리 꼬리가 없다. 꼬리가 없다는 점 이외에도 여러 가지 형질에서 사람과 가까운 점이 많다.

15) 지질시대의 신생대 제3기를 다시 나눈 것 가운데 네 번째의 시대로 약 2500만 년 전부터 1200만 년 전까지를 지칭한다.

16) 지질시대의 신생대 제3기를 다시 나눈 것 가운데 최신의 지질지대로 약 500만 년 전부터 170만 년 전까지를 지칭한다.

17) 약 3500만 년 전

18) 약 2800만 년 전

인류와 유사한 고대 유인원

학자들은 나무를 기어오르는 유인원 이후에 등장한 인간의 진화 과정에 대해 끊임없이 연구했지만 별다른 소득 없이 난항을 겪고 있었다. '잃어버린 연결고리'는 과연 어디에서 찾을 수 있을까? 1932년 예일대학교(Yale University)의 대학원생이었던 루이스(Lewis)는 인도의 심라(Simla) 산지에서 라마피테쿠스(Ramapithecus)를 발견하여 학술계에 일대 파란을 일으켰다. 그가 찾아낸 라마피테쿠스는 800만 년 전부터 1200만 년 전 사이에 출현한 인류 최초의 조상으로 생각되었다. 라마피테쿠스는 치열궁齒列弓[19]이 활 모양을 이루고 있고, 입술 부위가 안쪽으로 들어갔으며, 송곳니가 작았다. 이 모든 것은 인류의 특징과 매우 유사했다.

그러나 20세기 후반부터 학자들은 점차 라마피테쿠스의 지위에 대해 의구심을 품기 시작했고, 그에 반해 오스트랄로피테쿠스(Australopithecus)[20]가 인류의 최초 조상이라는 의견에 동의했다. 약 400만 년 전부터 300만 년 전 사이에 출현한 오스트랄로피테쿠스는 라마피테쿠스보다 인간의 특징을 더욱 뚜렷하게 가지고 있었다. 오스트랄로피테쿠스는 아파렌시스와 아프리카누스(A. africanus), 로부스투스(A. robustus)의 세 종으로 구분된다. 그들은 두 발을 이용하여 직립보행을 할 수 있었지만 뇌용량은 작은 편이었다. 학자들은 오스트랄로피테쿠스의 아프리카누스 종으로부터 인류가 진화한 것으로 간주하고 있다.

진화가 완성된 인류

직립보행을 하면서 유인원의 신체는 점차 인간의 모습과 유사해졌다. 앞쪽으로 치우쳐 있던 머리 부분은 서서히 수직을 이루었고, 척추는 머리를 떠받쳤다. 이렇게 해서 유인원은 좀 더 넓은 시야를 확보하게 되었다. 더욱 중요한 점은 손을 이용하여 음식을 먹는 비율이 비교적 높아지면서 음식물의 수량과 종류가 늘어났고 영양도 한층 더 풍부해진 것이다. 또한 이러한 과정을 겪으면서 유인원의 뇌는 점점 더 발전해갔다.

---

19) 치열이 그리는 곡선

20) 인과에 속하는 최초의 화석인류로 두 발 보행을 했다. 이 명칭은 '아프리카 남쪽의 원숭이'라는 뜻이다.

약 300만 년 전 인간은 진화에 진화를 거듭하여 완전한 모습을 갖춰갔다.

약 200만 년 전부터 175만 년 전에 출현한 최초의 원인猿人[21]은 호모하빌리스(Home habillis)[22]라고 불린다. 1959년부터 고고학자들은 잇따라 아프리카의 동부에 있는 탄자니아(Tanzania)와 케냐(Kenya)에서 고인류[23] 화석과 석기를 발견했다. 호모하빌리스의 뇌용량은 680밀리리터로 오스트랄로피테쿠스보다 컸고, 엄지손가락은 나머지 손가락들과 마주 볼 수 있었다. 팔다리뼈는 호모사피엔스(Homo sapiense)[24]와 엇비슷했으며 돌덩어리로 석기 도구를 만들 수 있었다.

호모에렉투스(Homo erectus)[25]는 약 170만 년 전부터 20만 년 전까지 등장했다. 가장 먼저 발견된 대표적인 화석은 자바원인(Java Man)으로 뇌용량은 750~900밀리리터에 달했다. 머리뼈는 유인원 때와 같고 넓적다리뼈는 인류와 매우 유사하여 직립보행에 알맞았다. 베이징 근교에 있는 저우커우뎬에서 출토된 원인과 같이 자바원인은 이미 천연 불씨를 채집할 수 있었다. 불을 이용하여 몸을 따뜻하게 하고, 어둠을 환하게 밝혔으며, 음식물을 구워먹었다. 자바원인의 신체와 대뇌는 점차 발전해갔으며 대자연 속에서 살아남는 생존능력 역시 강해졌다.

초기 호모사피엔스 중에서 가장 유명한 네안데르탈인(Neanderthal man)은 20만 년 전부터 10만 년 전까지 생활했다. 이 화석은 독일의 네안데르(Neander) 계곡에서 가장 먼저 발견되었는데 이곳 지명을 따라 이름을 지었다. 초기 호모사피엔스의 체질적 특징은 현대인과 매우 유사하며 뇌용량도 135밀리리터를 넘었다. 그러나 여전히 유인

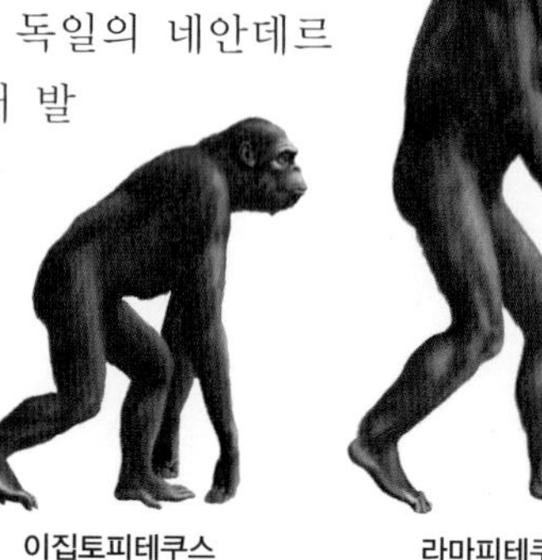
이집토피테쿠스 라마피테쿠스

21) 가장 원시적이고 오래된 화석인류로 오스트랄로피테쿠스류를 가리키는 것이 일반적이다.
22) '손재주가 있는 사람' 이라는 뜻으로 도구를 만들어 쓴 최초의 인간이다.
23) 현생인류 이전의 인류를 가리키는 말로, 신인류의와 대립되는 개념으로 사용된다.
24) '지혜가 있는 사람', '슬기사람' 이라는 뜻으로 현생인류와 같은 종으로 분류된다.
25) 직립인간이라는 뜻으로 자바원인, 베이징원인, 하이델베르크인이 여기에 해당한다.

원의 특징이 여러 군데에서 발견되었다.

후기 호모사피엔스(Homo sapiens sapiens)[26]의 생존 연대는 10만 년 전부터이며 유럽의 대표적 인종으로 '크로마뇽인(Cro-Magnon man)'을 꼽을 수 있다. 화석이 출토된 지점인 프랑스의 크로마뇽(Cro-Magnon) 동굴에서 이름이 유래했다. 그들은 체구가 크고 우람했으며 뇌용량은 1,600밀리리터에 달하여 심지어 현대인의 평균치를 넘어섰다. 해부학적 측면에서 볼 때 호모사피엔스와 현대인 사이에는 별다른 차이가 없다. 고고학 자료를 살펴보면, 후기 원인의 화석 분포는 초기 호모사피엔스보다 훨씬 더 광범위하다. 후기 원인의 화석은 아시아, 아프리카, 유럽의 세 개 대륙에서 모두 발견되었을 뿐만 아니라 아메리카, 오세아니아 두 개 대륙에서도 출토되었다. 이로써 당시 인류의 발자취는 이미 오대주[27]에 널리 분포했다. 이는 현대 인류의 활동 지역과 기본적으로 일치한다. 다시 말해서 후기 호모사피엔스 단계가 되면 인류의 체질적 진화는 이미 완성된 것이었다. 이로써 역사의 새로운 문이 열리게 되었다.

오스트랄로피테쿠스

호모에렉투스

네안데르탈인

크로마뇽인

26) 슬기슬기 사람
27) 지구상의 다섯 대륙 : 아시아 주, 유럽 주, 아프리카 주, 오세아니아 주, 아메리카 주 또는 아시아 주, 유럽 주, 아프리카 주, 북아메리카 주, 남아메리카 주

후세를 축복하다 불의 사용

원시인은 어둠의 공포 속에서 오랫동안 두려움의 나날을 보냈다. 바람과 이슬을 맞으며 생활하고, 새와 짐승을 털도 뽑지 않은 채 먹었다. 그들은 사방을 바쁘게 뛰어다녀야 했고, 불길이 치솟을 때면 머리카락을 곤두세우며 벌벌 떨었다. 그러던 어느 날, 원시인은 냄새가 좋고 입맛에 맞는 물고기와 짐승의 고기를 우연히 먹고 난 후 깨닫게 되었다. '불은 사실 두렵기만 한 존재가 아니었구나!' 그렇게 해서 그들은 불씨를 보존하는 방법을 모색하기 시작했다. 원시인이 불의 사용법을 알게 되었을 때 인류의 역사는 하늘과 땅이 뒤집힐 만큼 커다란 변화를 겪었다. 그리고 그 축복을 이어받은 후세의 문명은 더 빨리 앞으로 나아갈 수 있었다.

천연의 불을 깨닫다

고대 유인원이 원인으로 진화한 뒤 원인은 오랫동안 여느 야생 짐승과 다를 바 없는 생활을 했다. 그들은 새와 짐승을 털도 뽑지 않고 생고기째로 먹고 생피를 그대로 마셨다. 중국 고대 서적에는 다음과 같은 기록이 나온다. '옛날 사람들은 불을 가지지 못했다. 그리하여 그들은 초목을 그대로 먹고 짐승들의 고기를 날것으로 먹었으며, 그 피를 마시면서 살았다.' 이 기록은 원시인이 불을 사용할 줄 몰랐던 모습을 전하고 있다. 원시인은 야생 과실을 먹고, 생고기를 씹어 먹었으며, 비바람과 사나운 짐승을 피해 이곳저곳으로 떠돌았다. 이 모든 상황을 변화시킬 수 있는 불이 이미 자연에 존재하고 있었지만 원인에게 불은 단지 두려움의 대상일 뿐이었다.

자연계의 불은 그 종류가 다양했다. 번개가 치면 숲에는 큰불이 났고, 화산이 폭발하면 마그마가 사방으로 흘러 풀과 나무를 모조리 불태웠다. 오랜 시간 나뭇가지와 잎사귀가 가득 쌓인 채로 찌는 듯이 뜨거운 여름의 열기를 가득 품었다. 그러다가 산 위에서 커다란 바위 덩어리가 아래로 굴러 떨어져 서로 부딪치는 날에는 불꽃이 일면서 사방으로 튀었다. 그러면 마른 풀들은 금세 큰불을 일으켰다. 또 운석이 떨어져 숲 속 전체에 불을 내기도 했다. 그러나 최초의 인류는 이러한 천연 야생의 불을 전혀 이용할 줄 몰랐고, 오히려 큰불이 난 숲을 보며 불을 점점 더 무서워할 뿐이었다. 오랜 시간이 지난 뒤에야 인류는 점차 불의 본질에 익숙해지면서 천연 불을 이용하기 시작했다. 그러나 그러한 과정은 분명 그들에게 쉽지 않은 일이었다.

현대 학자들은 대개 이렇게 말한다. 어느 날 원인의 눈앞에 불바다가 펼쳐졌다. 불길이 사방에서 피어오르고 짙은 연기가 온 세상을 덮었다. 온갖 날짐승과 길짐승은 숲이 불타오르자 필사적으로 도망쳤다. 원인 역시 짐승들과 마찬가지로 주위를 돌아볼 겨를도 없이 황급히 달아났다. 이렇듯 맹렬히 타오르는 불꽃은 당시 원인에게 줄곧 가장 무서운 적이었다. 그들에게는 거대한 불에 대항할 힘이 없었다. 불은 오직 폭우가 내려야만 사그라졌다. 그러나 최근 들어 과학적으로 새로운 사실이 밝혀졌다. 침팬지는 불을 두려워하지 않을 뿐만 아니라 오히려 불을 가지고 논다는 것이었다. 심지어 침팬지는 불이 난 곳에서 자신에게 필요한 물건을 찾아내기도 했다. 이러한 사실은 불에 대한 원인의 공포심에 대해 의구심을 갖게 했다.

진상이야 어찌 되었든 관계없이, 원인은 들에서 난 불이 숲을 태워 그 속에 살고 있던 산돼지, 산양 등의 야생 짐승들이 타 죽은 것을 발견했고 그때 익은 고기의 냄새를 맡게 되었다. 그리하여 몇몇 용감한 원인이 대담하게 그 고기의 맛을 보았다. 그런데 익은 고기는 생고기보다 맛있었을 뿐만 아니라 씹고 삼키기에도 훨씬 더 부드러웠다. 이후 많은 원인이 맛을 봤고 모두 만족스러워하며 그 맛을 즐겼다. 대략 이 시기에 원인은 불에 대한 호기심을 품게 되었고 점차 들판에서 나는 불을 끄는 방법을 찾기 시작했다. 그리고 그들은 불은 활활 타오르기만 하는 것이 아니라 일정시간 동안 불길 없이 타되 꺼지지 않기도 한다는 사실을 알게 되었다. 원시인은 이를 매우 신기하게 생각했고 한발 더 나아가 천연 불씨를 보존하는 방법을 찾아내어 계속해서 고기를 구워먹었다. 이렇게 천연 불에 대한 공포심이 서서히 사라지자 그들은 불을 이용하여 자신들의 생활을 개선해나갔다. 인류의 천적이었던 불은 어느새 인류에게 없어서는 안 될 '친구'로 변해있었다.

몇몇 민족의 오랜 전설 속에는 인류가 야생의 불에 대해 인식하고 그것을 이용해가는 과정이 그려져 있다. 예를 들어, 싱안링 일대에서 수렵생활을 해오던 오르존족에게 전해 내려오는 이야기는 이러하다. 오르존족의 선조는 원래 불을 사용할 줄 몰랐다. 그들은 야생 짐승을 포획하여 때려죽인 후 그 자리에서 서로 나눠 먹었다. 어느 날, 숲에 원인 모를 큰불이 났고 며칠이 지나서야 불기운이 가라앉았다. 그들은 불에 타버린 숲에 가까이 다가가면 갈수록 몸이 따뜻해지는 것을 느꼈고 불에 탄 야생 짐승의 고기에서 유난히 좋은 냄새가 난다는 것을 깨달았다. 그 이후 오르죤족은 천연 불을 이용하기 시작했다. 이렇게 입에서 입으로 전해지는 이야기들은 보편적인 가치를 담고 있다.

지금까지 밝혀진 바로는 중국의 베이징원인이 세계에서 최초로 천연 불을 사용한 인류로 알려져 있다. 그들은 불을 사용하는 방법을 습득했을 뿐만 아니라, 불을 관리하고 통제함은 물론 천연 불씨를 보존할 줄 알았다.

▼ 허난성 상추에 있는 수인씨燧人氏 무덤 앞에 세워진 수인씨의 조각상. 수인씨는 중국 상고시대[28]신화에 나오는 인물로 불의 사용법을 발명한 사람으로 알려져 있다. 삼황三皇[29] 중 한 사람으로 일컬어지기도 한다.

천연 불의 보존과 이용

민족학 자료를 보면 낙후된 수많은 부락이 오랫동안 천연 불을 사용하고 천연불씨를 보존하는 방법을 찾아냈음을 알 수 있다. 그러나 인공적으로 불을 붙이는 방법은 발명하지 못했다. 사람들이 처음으로 안다만 제도인(Andamanese)의 존재를 알았을 때, 그들은 이미 불의 사용법을 알고 있었지만 인공적으로 불을 피울 줄은 몰랐다. 그리고 조상 대대로 내려오는 불을 붙이는 방법 역시 존재하지 않았다. 그들은 대자연 속에서 불씨를 얻을 뿐이었다. 그러나 불씨를 얻는 일 또한 쉽지 않았으므로 그들은 불씨를 오랫동안 유지할 수 있도록 공을 들일 수밖에 없었다. 결국 그들은 긴 시간 동안 불씨를 살린 채 불이 꺼지지 않게 하는 방법을 찾아냈다. 또한 불꽃을 일으키지 않는 땔나무를 골라 불씨로 삼았다. 안다만 제도인은 19세기 중반이 되어서야 대나무 조각 두 개를 마찰시켜 불을 붙이는 방법을 터득했다.

아주 오랫동안 사람들은 인류

28) 중국에서는 상商, 주周, 진秦, 한漢까지를 말한다.
29) 중국 고대 전설상의 세 임금. 여러 가지 설이 있는데 대체로 수인씨, 복희씨, 신농씨를 가리킨다.

가 불로 음식을 익혀 먹기 시작한 것은 '나무를 문질러 불씨를 얻기 시작한 때부터' 라고 생각했다. 중국의 고서에는 이러한 기록이 남아있다. '수인씨는 나무를 문질러 불을 붙인 후 고기의 비린내를 없앴다.', '아주 오랜 옛날… 불로 익혀 먹지 않았고, 비린 냄새는 위장을 상하게 했다. 그래서 불씨를 일으켜 음식을 익혀 먹는 방법을 사람들에게 알려주었다… 사람들은 그를 수인[30]이라고 불렀다.' 이 기록들은 수인씨 이전의 사람들은 고기를 익혀 먹을 줄 몰랐기 때문에 새, 짐승 따위의 털을 뽑거나 피를 씻거나 하지 않고 그대로 먹었다는 것을 보여준다. 사실 인류는 나무를 비벼 불을 얻은 것보다 훨씬 이전에 음식을 불에 익혀 먹었다. 실제로 불은 초기 원인시대, 늦게는 베이징원인 시대에 인류가 음식을 익혀 먹거나 자연을 정복하는 데 사용하는 중요한 무기였다. 단지 '부싯돌' 의 발명 혹은 이용이 아주 긴 세월이 흐른 뒤의 일이었을 뿐이다.

1947년 과학자들은 아프리카 대륙 남부 트란스발(Transvaal)지역의 마카판스가트(Makapansgat) 산속에 있는 굴에서 오스트랄로피테쿠스 아파렌시스(Australopithecus afarensis)의 화석을 발굴했는데 그 주변에 검게 그을리고 불에 탄 듯한 짐승의 뿔과 뼈가 함께 있는 것을 발견했다. 어떤 학자는 '오스트랄로피테쿠스 프로메테우스(Australopithecus prometheus)[31]' 가 불을 이용한 증거라고 생각했다. 이후 이를 뒷받침하는 새로운 과학적 증거가 발견되었다. 인류 역사상 불을 사용하기 시작한 연대는 베이징원인이 살던 연대보다 훨씬 더 오래된 것으로 최소한 100만 년 전이었다. 만약 불을 사용하지 않았다고 주장한다면 어째서 그렇게 많은 사슴뿔, 말의 이빨, 대형 포유류 동물의 갈비뼈, 탄소 부스러기, 검은색 뼈가 그곳에 함께 있었는지를 설명할 방법이 없었다. 그리고 마침 백만 년 이전의 고고 인류화석이 이것들과 같은 지층에서 발견되면서 그들이 불을 사용했다는 주장을 뒷받침해주었다.

그러나 아주 오랜 시간 동안 불을 유지하는 것은 매우 어려운 일이었다. 인류가 천연 불을 이용하거나 인공적으로 불을 붙이거나 한 것이 언제인지 상관없이 말이다. 그러므로 불씨를 보존하는 행위는

---

30) 燧:부싯돌 수, 人:사람 인

31) 몇몇 학자가 가장 먼저 불을 사용했다고 인정하여 붙인 이름으로 그리스 신화에 등장하는 거인 프로메테우스는 신들로부터 불을 훔쳐 인간에게 가져다주었다.

대단히 중요한 일이었다. 그렇다면 원시인은 어떤 식으로 불씨를 보존했을까? 이 문제는 고고학 자료에만 매달려서는 해답을 찾을 수가 없었다. 그래서 학자들은 민족학 관련 자료에서 그 실마리를 찾았다. 원시 상태를 그대로 유지하며 살고 있는 부족의 경우 불씨를 보존할 때 일반적으로 모닥불을 피운 뒤 노인들에게 불을 감시하는 일을 맡겼다. 그들은 불을 사용하지 않을 때는 잿더미로 불을 덮어 불이 불길 없이 타도록 했다. 불을 사용해야 할 때는 불 위의 잿더미를 긁어낸 후에 마른 풀이나 마른 나뭇가지를 계속 넣어 불이 다시 활활 타오르게 했다. 예를 들어, 티베트(Tibet)[32]에 거주하는 로파족(Luobazu)은 방바닥 안에 불을 피우는 구덩이를 만든 후 노인 한 사람에게 관리를 맡겨 불씨를 보존했다. 노인은 밤을 지새우며 불더미를 감시했다. 그리고 불더미 속에 땔감을 넣어 불이 꺼지지 않게 했

▼ **리족이 나무를 문질러 불씨를 얻는 모습**
하이난성 박물관

32) 중국에서는 시짱자치구라고 부른다.

다. 불을 사용할 때는 장작을 더 많이 집어넣어 불을 크게 키웠고, 불을 사용하지 않을 때는 장작을 덜 집어넣어 불씨가 꺼지지 않을 정도로만 유지했다.

이 방법 외에도 원시인은 균류나 썩은 나무를 이용하여 불씨를 보존하는 또 다른 방법을 찾았다. 그들은 나무에 기생하는 버섯을 햇볕에 말린 후 불을 불길 없이 타게 할 때 사용했다. 이는 매우 이치에 맞는 방법이었다. 그들은 작은 나무 몽둥이 사이에 난 틈에 불을 붙인 버섯을 끼운 뒤 이것을 허리 부분에 찼다. 이렇게 하면 그들은 어디를 가든지 불을 휴대할 수 있었다. 이런 방법은 특히 유목부족에게 알맞았고 싱안링 일대의 오르촌족은 신중국의 성립 전후까지도 이 방법으로 불씨를 보존했다. 오늘날까지도 여전히 인공적으로 불을 피울 줄 모르는 자라와족은 이런 방식들로 불을 유지했다. 지금도 그들이 사는 땅에는 커다란 불더미가 타고 있고, 그들은 숙영지를 옮길 때마다 횃불을 몸에 지녀 언제나 불이 꺼지지 않도록 유지한다.

인류의 어린 시절 석기 시대

석기 시대는 인류가 자신만의 세계를 최초로 만들어나가기 시작한 시기이다. 멀고 끝이 보이지 않던 원시 시대에 인류는 지혜를 발휘하여 가장 단순하고 거친 석기 도구를 만들었다. 이때부터 인류는 지구의 주인으로 성장하면서 역사 발전의 초석을 닦았다.

인류는 맨 처음에는 돌을 가지고 도구를 만들었지만 시간이 흐르고 난 후에는 동이나 철 등과 같은 금속을 이용하여 도구를 만들었다. 고고학에서는 보통 돌을 가지고 도구를 만든 시기를 석기 시대라고 부르는데 이 시기의 역사는 매우 길다. 인류의 역사는 300만 년이고 석기 시대는 거의 229만 5천 년에 달한다. 비록 석기 시대는 원시적이었지만 인류의 뛰어난 창조력을 보여주었고, 풍부한 문화적 가치를 내포하고 있었다.

석기의 발전

인류가 처음으로 숲에 걸어 들어갔을 때는 이미 원인과 비교도 안 되는 엄청난 발전 잠재력을 드러내고 있었다. 범접할 수 없을 것만 같았던 대자연을 향해 그들은 지혜롭게 한발자국씩 다가갔고, 인류의 손보다 훨씬 더 효율적인 생산도구를 발견했다. 그것이 바로 석기였다. 석기 시대는 구석기, 중석기, 그리고 신석기 시대로 분류할 수 있다. 구석기 시대는 아주 기나긴 시대로 300만 년 전에 시작해서 1만 년 전에 끝이 났다. 이 험난한 세월 속에서 인류가 만든 최초의 석기는 '찍개'였다. 찍개는 제작 과정이 매우 간단했고, 만드는 데 걸리는 시간도 아주 짧았다. 단지 조약돌의 한쪽 부분을 날카롭게 만들기만 하면 되었다. 비록 초라하고 볼품없이 보이는 도구였지만 이러한 것들이 인류와 동물 사이에 엄청난 차이를 생기게 했다. 호모에렉투스 단계에서 석기는 더 큰 발전을 이루었다. 대표적으로 외형이 타원형에 가까운 손도끼로 보

▼ 고대 메소포타미아 거주민이 황금으로 만든 여과기

이는 도구가 나타난 것이다. 한쪽은 비교적 예리했고 다른 한쪽은 무딘 편이었다. 사용할 때는 손으로 무딘 쪽을 꼭 쥐기만 하면 그만이었다. 비록 찍는 성능은 그다지 뛰어나지 않았지만 용도는 매우 다양해서 '만능도구'로 불렸다.

시간이 흐르면서 석기의 제작 기술에도 많은 발전이 있었고, 도구의 모양은 더욱 정교하고 아름다워졌다. 이 시기 일상생활에서는 폭이 좁고 긴 돌조각으로 만든 석기가 비교적 큰 비중을 차지했다. 이 석기는 돌조각을 깎고 구멍을 내는 가공기술을 통해 완성되었다. 원시인은 이외에도 물체를 자르는 도구, 물체의 표면을 깎아내는 도구, 돌로 만든 창과 칼 등을 제작했다. 이러한 도구의 출현은 화창한 봄날 갑자기 몰아치는 천둥처럼 깜짝 놀랄만한 사건이었다. 이렇게 인류는 문명사회를 향해 성큼성큼 나아갔다.

약 1만 5천 년 전, 구석기 시대는 신석기 시대로 이행되는 과도기를 겪었는데 학자들은 이 시기를 중석기 시대라고 부른다. 석기의 제작 기술은 날로 숙련되었고 화살촉, 돌칼, 조각 도구 등과 같이 점차 크기가 작고, 정교한 가공기술이 필요한 석기까지 등장했다. 이 모든 석기는 대자연에 더 잘 적응하고 이를 더욱 잘 이용하려고 만들어졌다. 예를 들어, 멀리 날아가는 화살은 당시 경제생활에 중요한 역할을 하는 발명품이었다. 원시 수렵 경제는 화살의 사용으로 놀라운 발전을 이룰 수 있었다. 이러한 과도기를 거치면서 인류는 새로운 세계, 즉 신석기 시대로 무사히 진입하게 되었다.

신석기 시대가 되자 광범위한 도기의 사용과 석기표면의 연마와 같은 커다란 변화가 일어났다. 이 시기에 만들어진 칼, 도끼, 방망이, 화살촉 등의 표면은 빤질빤질하게 매끄러웠고, 날 부위는 날카로웠으며 그 기능 또한 매우 뛰어났다. 도기는 신석기 시대로 접어들면서 크게 발전했다. 도기의 출현과 발전은 농업 생산의 발전에 박차를 가했고, 결국 농업혁명이 도래하기에 이르렀다. 이러한 농업의 발전은 인류가 정착해서 살아가는 데 도움을 주었다.

▼ 초기인류가 사용했던 장신구

모계 씨족의 생산과 번영

구석기 시대 말기, 인류가 변화하고 발전하면서 원시의 혈연가족 내부의 집단혼이 점차 씨족 외 집단혼제로 대체되었다. 씨족과 부락은 이렇게 해서 탄생했다.

신석기 시대는 모계 씨족사회의 전성기였다. 여자는 당시 사회에서 자손번성에 큰 역할을 담당했다. 특히 신석기 시대의 집단혼 상황에서는 자녀가 아빠는 몰라도 엄마는 알고 있었기 때문에 여자는 씨족 내에서 높은 지위와 위엄을 누렸고 혈통 또한 여자가 기준이 되었다. 사회의 기본세포는 모계씨족이었고 씨족의 수장은 종종 나이 많은 여자가 도맡았다. 가장 높은 권력과 정책결정기구는 씨족의사회였고 씨족 사회 전체의 젊은 남녀들이 참여했다.

모계씨족의 자손이 번성하고 인구가 증가하면서 씨족 외 집단혼을 행하기가 점차 어려워졌으므로 '대우혼[33]'이 출현하게 되었다. 대우혼 제도는 부부가 정해진 짝을 이루는 것이었다. 보통 남성이 여성의 집으로 들어가 생활을 했지만 이러한 혼인은 그다지 견고하지 못하여 쉽게 헤어질 수밖에 없었다. 당시 씨족이 기본 생활과 생산의 단위였기 때문에 대우혼은 독립된 경제로써 의미를 지니지 못했고 대우혼으로 낳은 자녀는 일반적으로 부인 쪽의 씨족 내에 남았다. 이러한 모계 씨족 사회의 번영기에 농업과 목축업이 출현했으며 이는 인류 문명의 지속적인 발전에 든든한 밑바탕이 되었다.

33) 원시사회에서 한 혈족의 형제자매와 다른 혈족의 형제자매가 교차하여서 짝을 짓는 혼인 형식

화전경작 농부의 시대

먼 옛날 사람들은 줄곧 자연이 베풀어준 환경에 기대어 살아왔다. 구석기 시대 말기까지 부녀자들은 주로 채집을 해왔지만 점차 씨를 뿌리고 식물을 심는 방법을 터득하면서 농업으로 발을 디디게 되었다. 사람들은 자연계에서 적극적으로 생계를 도모하기 시작했다. 화전경작은 비록 초라하고 원시적이었지만 인류가 문명사회로 나가는 중요한 발걸음이었다.

농업의 발명

인류 최초의 분업 형식은 자연 분업이었다. 성별에 따라 남자와 여자는 서로 다른 노동에 종사했는데 남자는 주로 사냥을 했고 여자는 열매를 채집했다. 이러한 분업 형식이 대대로 이어지는 동안 부녀자들은 서서히 여러 식물의 생장 법칙을 깨달았다. 이렇게 시작된 원시 농업으로 인류 역사 또한 이전과 전혀 다른 새로운 시대로 진입했다. 이 위대한 농업의 시작은 부녀자들의 공이었다.

만약 원시 농업의 대표적인 특징을 한마디로 표현한다면 그것은 바로 화전경작일 것이다. 옛날 사람들은 불로 숲의 나무를 태워 토지를 개간하고 가장 거친 돌칼로 경작했다. 그러나 그 방식은 매우 원시적이었고 자연에 의존하는 면이 강했다. 고고학 자료를 보면 세계 각지의 농업 생산은 그 발전 정도가 제각각이었음을 알 수 있다. 서남아시아 일대, 다시 말해서 오늘날의 이라크와 파키스탄 지역에서는 석기 시대에 인류 역사상 최초로 보리, 밀 등을 재배하고 있었다는 점을 보아도 그러하다. 고고학자들은 이 지역의 가장 오래된 농업 부락에서 돌도끼, 돌낫, 돌절구와 곡물들을 발견했다. 기원전 10만 년에서 기원전 9000년에, 이 일대의 사람들은 '화전경작'이라는 원시농업을 시작했고, 이로써 이곳은 농경문명의 발원지가 되었다. 뒤이어 온화한 기후, 충분한 강수량, 비옥한 토지의 조건을 갖춘 동아시아, 남아시아 지역이 원시 농업 시대로 서서히 들어섰다. 대략 기원전 6000년에서 기원전 5000년이었다. 또한 서반구에 있는 중앙아메리카와 남아메리카 지역도 독립적인 농경의 발원지로 성장했다.

▼ 저장성 위야오현 허무두마을에서 출토된 뼈로 만든 삽

원시 농업이 정착되면서 농경세계에는 문명의 중심이

매우 빠르게 생겨났다. 또한 수공업, 상업, 항해업까지 성행하기 시작하면서 인류에게는 찬란한 신세계가 열렸다.

농작물의 뿌리

발전 시기는 달랐지만 수많은 민족이 여러 지역에서 다양한 농작물을 재배했다.

밀은 서아시아에서 가장 먼저 재배되었고 북아프리카, 유럽 역시 밀의 고향이라고 할 수 있다. 보리는 서아시아와 아라비아에서 기원했다. 아메리카 주의 인디언은 옥수수와 고구마, 감자를 최초로 재배했다. 인도인 역시 앞장서서 면화를 파종했다. (인디언과 거의 동시대인 약 5000년 전에 목화를 재배했다.) 고고학자들은 인도와 파키스탄의 고대 무덤에서 5000년 전의 무명실과 면직물 유물을 발견했다. 이것은 오늘날까지 세계에서 가장 오래된 면직물 유물로 인정받고 있다. 그래서 인도인은 자랑스럽게 인도를 '면화의 나라'라고 이야기한다.

중국 역시 세계에서 농경문명을 앞장서서 이끈 나라 중 하나였다. 최초로 재배한 농작물은 차와 참마였다. 조 역시 중국에서 가장 먼저 재배에 성공한 농작물이었다. 그것의 종자는 '강아지풀'이었는데 고서에서는 이를 '가라지莠'[34]라고 일컬었다. 6, 7000년 전, 중국인들은 황하유역에서 조를 재배하기 시작했는데 그 증거로 시안西安의 반포유적에서 대량의 난알들이 발견되었다. 조는 중국 고대의 가장 중요한 농작물로서 벼, 기장, 콩, 보리 등보다 우위를 차지했다. 조는 중국인을 키워온 농작물이라고 해도 과언이 아니며 아라비아와 유럽 각국으로 유입되기도 했다. 지금까지 중국의 조는 그 생산량이 세계 1위이다.

▼ **채색된 토기 잔**
기원전 6세기 농사를 짓고 수렵생활을 하는 모습이 채색된 토기 잔

영양이 풍부한 대두는 야생 콩에서 재배된 것이다. 대두의 고향 역시 중국으로 그곳의 서남지역에서 생장했다. 신석기 시대 때 중국인은 이미

34) 가라지 유

대두를 재배했으며 고서에는 '숙菽'[35]이라고 불렀다. 그리고 오늘날까지 중국은 '대두의 왕국'이라는 명성을 갖고 있다.

중국에서 꼽는 장수 식품 중에는 옥수수가 포함되어 있다. 옥수수는 남아메리카 주의 인디언이 야생풀에서 배양한 것으로 약 7000년의 역사를 가지고 있다. 그리고 지금까지 옥수수는 인류의 양식으로서 그 몫을 톡톡히 해내고 있다. 원시 옥수수는 낟알이 작고 그 수가 적었으며 단단한 껍질을 가지고 있었다. 이후 후대인이 오랜 기간 키우며 좋은 씨앗을 골라내어 지금의 옥수수가 탄생할 수 있었다. 그러므로 원시 옥수수와 오늘날 옥수수의 모습은 많이 달랐다. 서유럽 식민주의자는 옥수수 씨앗을 유럽으로 가져가 광범위하게 재배했다. 이러한 옥수수는 약 16세기 초기에 중국으로 다시 전해졌다. 제일 처음 연해 일대에서 파종했던 옥수수가 훗날 내륙으로 유입된 것이다.

인류의 조상은 세계의 서로 다른 토지에서 각양각색의 농작물을 재배했고 이는 후세에게 큰 축복이 되었다. 문명사 역시 이때부터 진정한 막이 올랐으며 그 내용 또한 훨씬 더 풍성해졌다.

35) 콩 숙

숭배의 대상 원시종교

원시사회는 인류의 어린 시절과 매우 흡사했다. 천진한 원시인은 자연계의 모든 것에 대한 호기심이 충만했지만 자연에 대한 두려움 또한 컸다. 매일 밤 꾸는 특이한 꿈들도 그들을 혼란스럽게 만들었다. 해, 달, 별, 꽃, 풀, 나무, 날짐승, 길짐승 그리고 꿈을 꾸는 자기 자신까지, 원시인은 만물에 영혼이 있다는 굳은 믿음을 가졌다. 그래서 이들은 경외심을 가지고 다양한 종교를 믿기 시작했다.

종교의 기원

고대 원인이 인간의 시대로 이제 막 접어들었을 때, 그들의 생산력 수준은 낮았고 두뇌 역시 아주 단순했으며 사고력 또한 매우 부족했다. 그들은 마치 어린 아이 같아서 보고 듣는 것 이외의 추상적인 사고는 전혀 할 줄 몰랐다. 게다가 생존이 삶이 전부였던 그들에게 신기한 자연현상을 탐구한다는 것은 상상할 수조차 없는 일이었다. 신령한 대상에 대한 숭배 등과 같은 종교 관념은 원인시대에는 절대로 출현할 수 없는 일이었다.

그러나 고고학자들은 네안데르탈인, 다시 말해서 호모사피엔스 시대에 인류가 구덩이를 파서 조상의 시체를 묻었다는 사실을 발견했다. 게다가 시체를 매장할 때는 일정한 규칙이 존재했다. 오늘날까지 전 세계에서 발견된 호모사피엔스의 무덤을 살펴보면, 안치된 수많은 시체가 특정한 자세를 취하고 있었다. 이 시체들은 대부분 굽은 다리를 하고 몸을 웅크리고 있었으며 양손 혹은 한 손을 굽혀 손바닥을 얼굴 쪽으로 가까이 붙이고 있었다. 마치 잠을 자는 것처럼 보였다. 이탈리아 로마의 남쪽으로 100킬로미터 정도 길게 뻗어 있는 동굴 속에서 돌들로 빙 둘러싸인 호모사피엔스의 두개골을 발견했다. 프랑스의 한 동굴에서는 호모사피엔스의 시체가 발견되었는데 머리에는 부싯돌을 베고 있었고 시체 주변에는 74개의 석기가 놓여 있었다. 왼쪽에는 돌도끼가, 머리와 어깨 부위에는 돌판으로 만든 보호대가 있었다. 이 호모사피엔스의 무덤은 당시에 사람이 죽은 뒤에도 영혼은 계속해서 생활한다고 믿고 있었다는 사실을 보여준다. 이것은 마치 이 세상에서 해가 뜨면 일어나서 일하고, 해가 지면 휴식을 취하는 이치와 같았다. 그들의 머릿속에는 만물은 모두 영혼을 가지고 있다는 관념이 자리 잡고 있던 것이다. 이런 그들에게 변화무쌍한 대자연은 더할 나위 없이 신비한 대상이었으므로 자연에 대한 경외심은 저절로 생겨날 수밖에 없었다.

자연숭배

아름답고 신비로운 자연계는 인류 생명의 보호소였고 인류는 그런 자연을 떠나서는 잠시도 살아갈 수 없었다. 하늘에 떠있는 해와 달과 별, 갑자기 몰아치는 비바람과 천둥번개, 대지를 에두르며 흐르는 하천 등 자연에 대한 옛사람의 숭배는 매우 당연한 일이었다. 이러한 자연숭배는 인류의 원시적인 종교숭배 중 하나로 인간 생활과 매우 밀접한 관계를 맺고 있었다. 자연 혹은 자연현상을 숭배할 때 원시인들은 종종 자연을 신격화하거나 인격화해 사람과 사람 사이에 생겨나는 인정을 사람과 자연 사이로 전이시켜 자연물 역시 사람처럼 생각하고 똑같은 감정을 지니고 있다고 여겼다.

조상숭배

옛사람들은 자연을 경배하고 조상에게서 경외심을 느꼈다. 자신의 부모나 조부가 세상을 떠나면 자손들은 먼저 시신을 잘 보존한 뒤 일정한 시기를 정하여 제사를 올렸다. 이것이 바로 또 다른 원시종교 중 하나인 조상숭배이다. 조상숭배는 호모사피엔스 시대부터 등장했다. 그들은 사고가 점차 발달하면서 꿈속에서 죽은 조상이나 수장의 모습을 보기라도 하면 조상의 영혼이 여전히 살아서 자신들을 도와주고 현실세계에 간섭하는 것이라고 생각했다. 그래서 그들은 조상의 시신을 온전히 보존해야 선조가 영혼 세계에서 계속해서 살 수 있고 자자손손 보호해 줄 것이라고 여겼다. 이렇게 해서 원시인은 토장土葬, 수장水葬, 풍장風葬, 화장火葬 등 다양한 방법으로 시신을 매장했다. 그들은 매장과정에서 사소한 부분까지 중요시했는데 호모사피엔스는 죽은 조상이 쓰던 물건, 무기, 음식물과 장식품을 죽은 조상의 시신과 함께 묻었다. 매장이 끝난 후에는 오랫동안 죽은 조상을 기리는 여러 가지 제사를 지내고 각양각색의 제물을 바쳤다. 원시인이 이렇듯 경건하게 선조를 숭배한 이유는 물론 자신들의

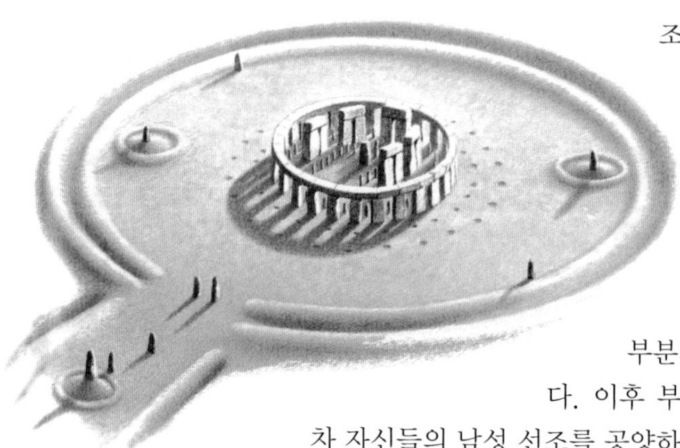

▲ **영국 에이브버리(Avebury)**
거대 석상의 복원 모형 영국의 에이브버리에는 거대석상이 서 있는데, 이것은 선사시대 때 한 부락이 종교의식을 거행하던 장소로 추측된다. 게다가 이곳의 사당, 돌기둥의 조합 순서는 태양, 달, 별의 운행과 관련이 있는 것으로 추정된다.

조상을 그리워하는 마음 때문이기도 했지만, 큰 어려움이 닥쳤을 때 조상의 영혼이 보호해주기를 바라는 마음 때문이기도 했다. 인류 최초의 조상숭배는 여성을 숭배하는 데서부터 시작했다. 모계 씨족 시대에 원시인이 바친 대부분의 물품은 여성 선조를 위한 것이었다. 이후 부권사회가 도래한 후에야 그들은 점차 자신들의 남성 선조를 공양하기 시작했다.

조상숭배는 자기 종족의 훌륭한 선조나 지도자를 칭송하고 찬미하는 데 큰 의미가 있었다. 그들은 생산활동에서 조상이 보여준 투지, 성실함, 지혜로움을 찬양했다. 또한 자신들의 지도자가 자기 종족을 위해 했던 많은 공헌과 업적을 기념했다. 《신농본초경》에는 '신농은 백 가지 풀을 먹어 하루에 72가지 독을 먹었는데 차를 마셔서 해독했다.' 라는 기록이 나온다. 다시 말해서, 신농씨가 100가지 풀을 먹어 하루에 72번이나 중독되어 이후 찻잎을 마셔서 이를 해독했다는 것이다. 오늘날 사람들은 찻잎을 이용하여 해독하고 부기를 빼며 염증을 가라앉힌다. 또한 중국의 왕이었던 대우大禹는 홍수를 다스린 공적을 세웠는데 후손은 이를 기리고 찬미했다. 분명 원시인에게 조상숭배는 씨족 공동체 내부를 격려하고 단결시켜 대자연이 주는 시련에 용감히 맞서 싸워나갈 수 있게 하는 원동력이었을 것이다.

토템(Totem) 신앙

원시 사회에 자연의 동식물을 숭배하면서 토템 신앙이 널리 유행했다. 토템 관념은 일반적으로 구석기 시대 말기에 생겨난 것으로 알려져 있다. 토템 신앙이 모계 씨족과 동시에 탄생했다는 학설도 있다. 토템은 인디언 부락의 언어로 '그의 친족'이라는 뜻이다. 토템 신앙은 주로 동식물을 숭배했는데, 농촌 부락은 식물을 토템으로 삼았고 어업과 수렵 혹은 목축 부락은 동물을 토템으로 정했다. 원시인이 동물이나 식물을 토템으로 삼아 숭배한 이유는 그 동물과 식물을 부락의 기원으로 여겼기 때문이다. 원시인은 토템이 된 동물

혹은 식물이 자신들의 씨족이나 부락에 특별한 호감을 보이며 자신들을 보살피고 보호할 것이라는 환상을 가졌다. 그리고 이 동식물이 그들 집단과 특수한 관계를 맺고 있다고 상상하며 그 동식물을 수호신 혹은 자신들의 조상이라고 여겼다. 이후 시간이 흐르면서 집단 내부에서는 토템으로 삼은 동식물을 죽이거나 먹지 못하게 하는 등 여러 가지 금기 사항이 생겨나기 시작했다. 또한 이 토템을 숭배하는 의식을 치르면서 토템의 공덕을 찬양하고 부락의 행복을 기원하기도 했다. 원시인은 이러한 의식과 찬양을 통해 자신들과 토템이 된 동식물 사이의 관계를 한층 더 친밀하게 만들었다. 게다가 토템이 된 동식물의 번식에 힘을 쏟으면서 토템을 씨족의 상징이자 보호자로 간주했다.

생식숭배

먼 옛날 사람들은 매우 힘든 생활을 했다. 생산력 수준은 매우 낮았고, 생존 환경은 매우 위태로웠다. 언제나 음식을 배불리 먹지 못했고 평균 수명도 매우 짧았으며 영아의 사망률 또한 아주 높았다. 그리하여 씨족 인구의 번성은 씨족의 번영과 발전에 직접적인 영향을 미쳤고 더 많은 후대를 번식시키는 것이 당시 인류의 공통 바람이었다. 이미 만물에 영혼이 있다는 믿음을 지니고 있던 사람들은 생식기관이 인구 번성에 중요한 역할을 한다는 사실을 인식하게 되었고 이때부터 생식기관에 관한 종교적 관념이 자리 잡게 되었다.

생식기관 숭배는 여러 번의 변화 과정을 거쳤다. 인류가 모계 씨족 시기, 즉 엄마만 알고 아빠는 누군지 모르던 때에는 왕성한 생식력이 씨족과 부족의 존속에 중요한 역할을 했다. 그래서 여성의 생식기관을 숭배하는 최초의 출산 신앙이 등장했다. 여성에 대한 숭배는 흔히 모계 씨족 사회의 산물로 여겨진다. 그러나 여성 생식기관을 숭배하는 사례는 그리 많지 않다. 이러한 사실은 모계 시대가 너무 오래된 일이기 때문에 문물의 고적이 대량으로 유실된 것과 관련이 있다. 하지만 생식기관 숭배의 흔적을 아예 찾을 수 없는 것은 아니다. 예를 들어, 중국의 모쒀인은 지금까지도 조상의 생식기관을 숭배하는 풍속을 여전히 유지하고 있다.

점차 사회 생산력이 발전했고 인류의 사고력도 향상되었다. 특히 모계 씨족 사회가 산산이 무너지고 부계 씨족 사회의 형성으로 사람들은 남녀의 결합과 자손 생산과의 인과관계를 점차 깨닫게 되었다. 출산의 신비한 베일이 벗겨진 것이다. 일부일처제 혼인의 출현은 출산에서 남성의 역할을 더욱 명백하게 만들었다. 이렇게 해서 여성 생식기관에 대한 숭배는 서서히 남성 생식기관에 대한 숭배로 대체되었다.

원시 종교의 근원은 만물이 영혼을 가지고 있다는 사상이다. 이 사상이 내포하는 숭배의 내용은 매우 넓고 그 형식 또한 다양하다. 자연현상, 동식물, 조상에 대한 숭배 외에도 영웅숭배, 무술숭배 등이 있다. 즉 원시사회의 모든 것은 종교라는 안개로 희뿌옇게 덮여 있던 것이다.

▶ **오스트레일리아 북부**
토착민의 모습으로 온몸에 자신들의 토템을 그려 넣었다. 그들은 몇 시간 동안 화려한 깃털을 이용하여 화장을 한다. 이들은 자신들의 토템인 뱀을 인류의 조상이라고 믿고 있다.

원시기술의 걸작 야금술의 발명

석기의 발명으로 인류는 동물과 유사한 상태에서 벗어나게 되었고 야금술의 발명으로 인류는 문명시대로 접어들었다. 금속의 사용은 생산력의 향상과 인류사회의 발전을 극대화했고 인류의 면모를 새롭게 개선했다.

금속의 발견

야금冶金[36]기술의 발명으로 인류는 신석기 시대 이후 쇠붙이와 돌을 동시에 사용하게 되었다. 일찍이 신석기 시대 때 서구유럽[37], 북아메리카와 이집트 등지에서는 이미 황금 제품이 등장했다. 금과 은은 희소한 금속이었고 재질이 매우 부드러웠다. 그래서 아주 오랫동안 인류는 금과 은을 장식품으로 사용했다.

동은 인류가 세 번째로 발견한 금속이었다. 인류는 신석기 시대 때 부싯돌을 채집하면서 우연히 천연동을 발견했는데 바로 녹색의 공작석이었다. 원시인은 이 천연동을 다른 동들과 같이 도구를 만드는 재료로 사용했고 돌도끼와 망치로 두드려 동으로 된 도구를 제작했다. 이것이 인류 역사상 최초의 금속 도구였다.

이후 원시인은 천연동이 불을 만나면 그 모양이 변한다는 사실을 발견했다. 불을 만난 동은 액체처럼 녹아버려 불 밑으로 새나가 버렸다. 원래의 동은 온데간데없이 사라지고 남아있는 것은 불 아래에 녹아있는 붉은색 동[38]이었다. 이때부터 원시인은 동을 녹이는 기술을 발명했다. 시간이 흘러 원시인은 동과 주석(천연주석)을 혼합하여 더욱 단단한 청동을 만드는 법을 습득하게 되었다. 이것은 인류 역사상 최초의 인공합금동이었다.

철은 인류가 네 번째로 발견한 금속이었다. 그러나 처음에 인류가 이용한 것은 천연철로서 하늘에서 떨어진 운석[39]이었다. 예를 들어, 고대 수메르인(Sumerian)은 철을 '하늘에서 떨어진 불' 이라고 불렀다.

---

36) 광석에서 금속을 골라내는 일이나 골라낸 금속을 정제, 합금, 특수 처리하여 여러 가지 목적에 맞는 금속 재료를 만드는 일

37) 아일랜드, 프랑스

38) 순동이라고 부른다.

39) 운철

맨 처음 원시인이 금, 은, 동, 철을 봤을 때 이 천연 금속들은 단지 길이가 늘어나는 돌에 불과했다. 이로쿼이족(Iroquois)이 생활한 곳에서는 동을 '붉은 돌'이라고 불렀다. 원시인은 돌도끼로 이 천연 금속들을 두드려서 자신들이 원하는 물건을 만들었는데 이렇게 금속 용구를 만드는 방법을 '냉간단조법'이라고 한다.

청동기의 발명

고고학 자료를 보면, 세계에서 동을 함유한 광석을 정련하여 순동기純銅器를 만든 최초의 지역은 서남아시아였다. 그러나 순동의 굳기는 부싯돌보다 약했기 때문에 동기는 석기 시대를 배제한 '동기 시대'를 형성하지 못했다. 인류 역사에서 이 시기는 단지 '동과 돌을 동시에 사용한 시대' 혹은 '쇠붙이와 돌을 동시에 사용한 시대'로 불릴 뿐이다.

청동은 동과 주석의 합금이다. 그 중 동의 굳기는 순동보다 훨씬 더 단단했지만 녹는점은 순동보다 더 낮았다. 순동의 녹는점은 섭씨 1,050도에서 1,330도이고, 청동의 녹는점은 섭씨 800도에서 1,000도 사이였다. 청동은 쉽게 주조할 수 있었기 때문에 날카로운 칼날을 만들 수 있었을 뿐만 아니라 모양도 아름답게 만들 수 있었다. 석기와 비교했을 때, 청동은 돌보다 도구, 무기, 각종 그릇과 장식품을 만드는데 적합했다. 그래서 인류는 상당히 오랫동안 청동을 주원료로 많은 물품을 제작했다.

▼ 고대 이집트 벽화 구슬과 옥을 가공하는 작업장의 모습

노동자들이 옥석에 구멍을 내고 표면을 매끄럽게 만든 구슬을 꿰어 목걸이를 만들고 있다. 그림에서 오른쪽 맨 아래에 야금 노동자가 취관吹管에 바람을 불어넣어 불을 세게 지피고 있다.

티그리스-유프라테스 강 유역과 이집트는 청동의 사용시기가 가장 빨랐다. 이 시기 인류가 사용한 청동은 여전히 자연계에서 이미 만들어져 있던 동과 주석의 혼합물이 대부분을 차지했다. 유럽에서 발견한 기원전 3500년경의 청동기는 아시아에서 스페인 또는 발칸반도를 통해 들어온 상품들이었다.

학자들은 고대 그리스의 에게 해(Aegean Sea) 지역이 기원전 3000년대 말기의 미노스(Minos) 문명 초기 문화시기에 이미 청동기 시대로 접어들었다고 생각한다. 서아시아 티그리스-유프라테스 강 유역의 청동 시대는 우르(Ur) 제3왕조 시기[40]이었다. 중국이 청동 시대를 맞이한 때는 하조夏朝였고, 상대商代에 이르러 청동은 더욱 광범위하게 생산도구의 재료가 되었다. 고대 이집트의 경우, 그곳의 청동 시대는 중왕조 시기[41]이었고, 북이탈리아는 기원전 2000년 초에 청동 시대의 문턱을 넘어섰다.

철기의 발명

철은 인류 역사에서 가장 중요한 금속으로 여겨진다. 철의 출현은 청동보다 늦었는데 철의 녹는점이 동보다 높아 섭씨 1,580도의 고온을 필요로 했기 때문이다. 철의 추출과 가공은 야금 역사에 새로운 문이 열린 것을 의미했다.

학자들은 고대 인도가 철기 시대로 진입한 때를 기원전 11세기로 보고 있다. 고대 그리스의 철기 시대는 대략 호메로스(Homeros) 시기(기원전 11세기)로 추정되며, 고대 이집트는 후제국 시기[42]에 철기 시대로 진입한 것으로 보인다. 고대 로마는 기원전 1000년대 초에 철기 시대로 접어들었고, 고대 서아시아는 아시리아제국 시기[43]에, 중국은 춘추시대[44]에 철기 시대로 들어섰다.

철을 사용할 수 있다는 사실은 앞으로 농업 기술을 발전시키는 데 유리할 수밖에 없었다. 철도끼와 철호미를 사용하지 않고서 대규모의 원시림을 제거하고 거대 농경지와 목장을 개척한다는 것은 거의 불가능한 일이었다. 또한 철의 출현은 수렵업의 발전에도 큰 역할을 했다. 학자들은 철이 역사상 가장 중요한 혁명을 일으킨 금속이라고 입을 모아 말한다.

---

40) 기원전 2113년~기원전 2006년
41) 기원전 2040년~기원전 1786년
42) 기원전 1058년~기원전 525년
43) 기원전 10세기 말~기원전 612년
44) 기원전 770년~기원전 476년

문명의 새벽빛 문명사회의 출현

인류는 원시 사회라는 기나긴 터널을 지나 마침내 문명 세계로 발돋움했다. 고기잡이와 사냥 · 채집생활에서 농사를 짓고 가축을 키우는 생활로 변화되었고, 돌로 거칠고 조악하게 만든 도구에서 쇠붙이와 돌을 동시에 사용하여 도구를 제작하는 단계로, 집단혼에서 일부일처혼으로 …. 문명은 마치 새벽빛처럼 서서히 대지를 두루 비췄다. 생산력의 발전, 사회 분업의 진행, 개인 소유라는 관념의 등장, 문자의 출현 및 국가의 탄생은 전에 없던 새로운 문명사회의 도래를 촉진했다.

사회분업

인류 역사상 가장 길었던 시기는 생산도구로 석기를 사용한 때였다. 신석기 시대 말기 금속기의 출현은 인류를 쇠붙이와 돌을 동시에 사용하는 시대로 이끌었고, 생산의 발전 속도는 크게 향상되었다. 농업이 적합한 지역의 경작지 면적은 점차 늘어났고, 경작 기술의 개선으로 농작물 생산량은 2배로 증가했다. 물과 풀이 풍성한 지역에서는 목축업이 나날이 발전하여 그 지역 사람들의 생계를 책임졌다. 이렇게 지역적 특색에 따라 농업과 목축업은 서서히 분리되었는데 이를 두고 '제1차 사회 대분업'이라고 부른다.

분업 이후 농업과 목축업은 신속하게 발전했고, 사람들이 필요로 하는 수요 역시 증가했다. 이로 인해 일부 사람들은 전문적으로 수공업에 종사하게 되었고, 금속 제조법, 도기 제작, 방직, 양주釀酒 등의 수공업 부문이 활기를 띠면서 교환이 빈번하게 일어났다. 이로써 상품 생산이 확대되었음은 물론이고 교환 범위 역시 씨족 내부의 구성원 사이에서 외부 사람에게로 점차 확대되어 갔다. 이렇게 농업으로부터 수공업의 분리가 나타난 현상을 '제2차 사회 대분업'이라고 부른다.

이 당시의 물품교환은 이미 옛날 사람들의 생활에서 없어서는 안 될 일반적인 행위였다. 그리고 이러한 물물교환은 점차 중개물을 사용하여 진행되었다. 씨족의 수장이 씨족을 대표하여 물품교환을 진행할 때면 그들은 자주 직권을 사용하여 우선 집단의 재산을 자기 것으로 만들었다. 그리고 평범한 씨족 구성원들도 교환횟수가 잦아

지면서 빈부의 격차는 날이 갈수록 심해졌다.

이후 상인 계층의 탄생을 뜻하는 '제3차 사회 대분업'이 발생했는데, 이로써 상업과 불가분의 관계에 있는 화폐가 등장했다. 상업은 물건의 소유와 직접적인 관계가 있었는데 이는 물품의 사유화와 사유제의 발전을 촉진했다. 상업이 완전하게 형성되자 원시 공동체제는 해체되었고 문명사회가 코앞까지 다가왔다.

진화된 노예제도

엥겔스(Engels, Friedrich)는 "역사상 사유재산의 출현은 노략질과 폭력의 결과물이 아니다."라고 명확하게 언급했다. 사유제는 원시사회 말기 씨족 수장의 사심 때문에 생겨난 것이 아니었고, 노예제 역시 원시사회 말기 부락의 수령이 전쟁포로에게 폭력을 사용해서 출현한 것이 아니었다. 사유제와 노예제의 출현은 잉여산물의 등장으로 가능했던 것이다.

그러나 이 시기의 노예제는 매우 원시적이었고 뚜렷한 가내 노예제[45]의 특색을 띠었다. 노예의 주인은 완전히 노동에서 벗어나지 못했으며, 노예는 가족 구성원의 한 사람으로 여겨졌다. 노예 생산은 노예 주인에게 일상생활에서 소비하는 것을 제공하기 위함이었지 판매 상품을 생산하려는 것이 아니었다. 예를 들어, 그리스의 호메로스 서사시에 나오는 주요 인물인 오디세우스(Odysseus)는 이타케섬의 국왕이었지만 그는 항상 직접적으로 생산노동에 참여했다. 그의 부인 페넬로페이아(Penelopeia) 역시 매일 부녀자의 생산 활동인 베틀 짜는 일에 종사했다. 호메로스 서사시 안에서 볼 수 있듯이 오디세우스 집안의 노예 역시 주로 가내 노예였다.

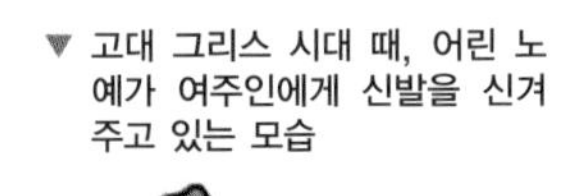

▼ 고대 그리스 시대 때, 어린 노예가 여주인에게 신발을 신겨 주고 있는 모습

노예제를 이야기할 때 우리는 노예제의 잔인무도함을 신랄하게 비판하는 동시에, 노예에게 깊은 동정을 느끼곤 한다. 그러나 만약 이 문제를 깊이 연구한다면 우리는 분명 이렇게 말할 것이다. "(비록 많은 모순과 이상한 점이 있지만) 당시의 조건에서 노예제 채용은 커다란 진보였다."

---

45) 혹은 가장 노예제

다시 말해서, 당시의 특정한 환경에서 노예제도는 원시 공동사회 제도를 대체했으며 사회 생산력의 발전을 촉진했다. 이는 역사 발전의 거대한 진보였다. 당시 인간의 노동 생산율은 매우 낮았다. 이러한 와중에 생명을 유지하는 것 이외의 물품은 여전히 몹시 적었다. 생산력의 발전은 '더 큰 분업을 통해서만 가능했다. 이러한 분업의 기초는 단순 육체노동에 종사하는 군중과 노동력을 관리하고, 상업을 경영하며, 국사國事를 주관하고, 훗날 예술과 과학에 종사하는 소수의 특권층 사이의 대분업이었다. 이러한 분업의 가장 단순하면서도 자발적인 형식이 바로 노예제였다.' 엥겔스의 말처럼 이 시기 생산력의 향상과 사회 발전은 노예제를 통한 분업 형식에서만 가능했다.

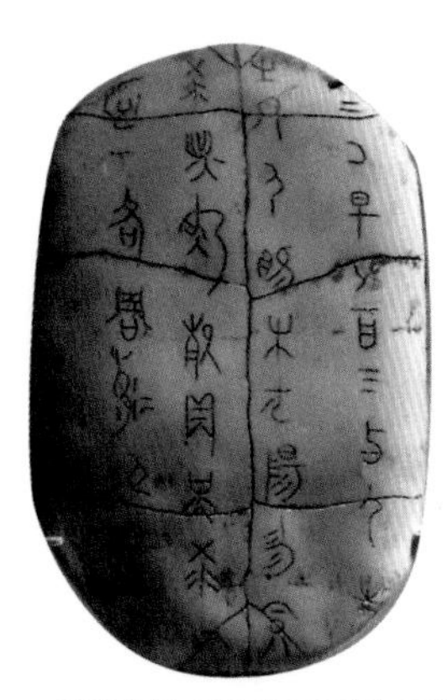

▲ 갑골문자는 중국에서 발견된 고대 문자 중 가장 빠른 연대의 문자로, 문자 체계가 비교적 완성되어 있다. 갑골문자는 주로 은허 갑골문자를 가리키므로 '은허문자'로 불린다. 이는 은상 시대에 거북이 껍데기 위에 새겨진 문자를 뜻한다.

대부분의 사람이 알고 있듯이, 원시 사회에서 수많은 전쟁 포로는 죽임을 당했고 심지어 오늘날까지도 오세아니아의 몇몇 지역에서 생활하는 석기 시대의 유민들은 '사람의 머리를 사냥하고 전쟁 패배자의 시체를 먹는 원시의 습속'을 그대로 유지하고 있다. 그러나 사유제와 노예제가 생겨난 후부터 전쟁 포로는 더 이상 살해되지 않았고, 노예가 되어 생산 노동에 종사했다. 이것은 물론 인류사에서 적극적인 의의를 갖는다. 엥겔스는 이렇게 말했다. "노예제에 대해 말해보자면, 이것 역시 일종의 진보였다. 노예제의 기원이 된 전쟁 포로는 예전에 모두 목숨을 잃었기 때문이다. 그리고 훨씬 전에는 심지어 잡아먹히기까지 했다. 그러나 이제는 최소한 생명을 보전할 수 있게 되었다." 전쟁 포로의 목숨을 살려둠으로써 사회는 대량의 건장한 노동력 혹은 생산력을 얻었다. 노예의 주인은 많은 수의 노예를 자기의 장원과 작업장으로 보내 노동을 시켰다. 그리하여 노동 분업이 더 세세히 이루어졌고 이로 인해 생산이 촉진되었을 뿐만 아니라 규모가 훨씬 더 큰 생산 협동이 조직되어 더 큰 생산 임무를 완성하게 되었다. 예를 들어, 고대 그리스와 로마의 광산에서, 그리고 고대 이집트의 댐 건설에서 사용한 노예의 수는 수만 명을 넘었다. 그들이 완성한 거대 공사는 씨족 구성원만으로는 결코 완성할 수 없었다. 동시에 노예는 생산활동에서 분업을 했는데 각각의 개인이 하나의 전문 기술에 종사하여 생산 효율이 크게 올랐다. 씨족 공동사회 제도에서 이러한 분업은 불가능한 것이었다. '오직 노예제만이 농업과 공업 사이의 대규모 분업을 가능하게 했으며, 이로써 고대 문화의 번영에 새로운 조건을 형성했다. 노예제가 없었다면 그리스

국가도, 그리스의 예술과 과학 역시 존재하지 못했을 것이고, 로마제국 역시 없었을 것이다. 그리고 그리스 문화와 로마제국이 세운 기초가 없었다면 현대화된 유럽 역시 존재하지 못했을 것이다.'

국가의 탄생

사유제와 계급의 출현은 착취와 억압을 동반했다. 노예와 노예 주인 사이의 계급이익은 근본적으로 대립했으며, 노예 주인의 잔혹한 약탈은 노예의 강렬한 반항을 일으켰다. 확대된 평민 계층 역시 노예 주인인 귀족의 착취와 억압에 언제나 반대했고 계급투쟁은 점차 격렬해졌다. 노예 주인 계급은 자신들의 통치를 유지하기 위해 서서히 씨족 기구의 성질을 변화시켜 군대, 법정과 감독 등 폭력 기관을 건립했다. 이러한 기관은 노예와 평민의 반항을 진압하는 도구였다. 결국, 국가는 원래 존재해온 것이 아니라 사회 생산력이 일정한 단계까지 발전하면서 계급 간의 모순이 해결되지 않자 생겨난 산물이라고 볼 수 있다.

인류 역사상 최초의 국가는 노예제 국가이다. 노예제 국가의 출현은 인류가 문명사회로 진입한 지표로 여겨진다. 국가는 줄곧 계급 간의 모순이 해결되지 않은 때와 모순이 나타나는 지역에서 등장했다. 세계에서 최초로 국가가 생겨난 지역은 고대 이집트, 고대 바빌론, 고대 인도와 고대 중국이며 '4대 문명 고대 국가' 라고 일컬어진다. 학자들은 여기에 고대 크레타(Crete)섬이 중심이 된 크레타 문명과 인디언 문명을 더해서 '6대 문명 지역' 이라고 부르기도 한다. 이들 지역에서 가장 오래된 국가가 형성된 것은 인류 역사가 기나긴 원시 공산사회에서 벗어나 새로운 역사 시대-노예제 사회-로 뛰어든 것을 뜻한다. 또한 고대 국가의 형성은 원시 공유제 사회의 종결과 사유제 사회의 시작을 의미했다. 이는 인류 역사가 야만적이고 낙후되며 거친 원시시대와 작별하고 드디어 문명사회로 접어들었음을 뜻하는 것이었다.

각 지역은 서로 다른 역사 조건으로 국가가 형성되는 경로가 매우 다양했다. 엥겔스는 《기원》이라는 책에서 국가 형성의 세 가지 모형에 대해 언급했다. 첫 번째, 씨족 내부에서 발전한 계급투쟁 과정에서 탄생한 형태로 외부의 작용이 거의 없는 모형으로, 아테네 국가를 예로 들 수 있다. 두 번째, 원래의 씨족 구성원(로마인-귀족)과 외부에서 온 평민 간의 투쟁 중에 형성된 것으로 로마 국가가 이렇게 탄생했다고 할 수 있다. 세 번째, 정복을 통해 형성된 게르만인(Germanen)의 국가형태이다. 이렇게 볼 때 오직 아테네 국가의 형성 과정만이 보편적 의의를 담고 있다고 할 수 있다.

문자의 출현

원시사회의 생산이 발달하고 왕래의 범위가 확대되면서 사람들은 언어 말고 좀 더 실용적인 교제 수단이 필요하다고 느꼈다. 이렇게 문자는 서서히 고개를 들게 되었다. 문자의 발생은 결코 한 번에 성공한 것이 아니었으며 실물문자, 그림문자, 상형문자의 세 단계를 거쳐 만들어졌다. 중국 고대 역사상 새끼에 매듭을 지어 일을 기록한 것은 첫 번째 단계, 즉 실물문자의 유형에 속한다. 그림문자 단계의 가장 유명한 사례는 인디언인 '오지브와(Ojibwa)의 연애편지' 이다. 그것은 간단한 그림을 이용하여 비교적 완전한 뜻을 표현했다. 상형 문자의 출현은 인류 사고의 진보를 반영했다. 상형문자는 사물의 가장 중요한 성분을 뽑아 가장 간단명료한 방식으로 비교적 복잡한 사상적 관념을 나타냈다. 사실, 문자의 발전사에서 상형문자 단계부터를 진정한 문자 단계로 진입했다고 볼 수 있으며 앞의 실물문자, 그림문자는 단지 진정한 문자가 형성되어가는 과정에 불과했다고 할 수 있다.

오브지와의 연애편지

전해지는 바에 따르면 이것은 오브지와라는 이름의 인디언 여자가 오리나무 껍질을 종이 삼아 특별한 '연애편지' 를 쓴 것이다. 특별하다고 말하는 이유는 이 연애편지 전문에는 글자가 한 자도 나오지 않고 모두 그림으로 그려져 있기 때문이다. 연애편지의 왼쪽 윗부분에는 오브지와의 토템인 곰이 그려져 있고, 오른쪽 아랫부분에는 그녀가 사랑한 남성의 도뎀인 미꾸라지가 그려셔 있다. 길은 곡선으로 표현되었고, 만나는 장소에는 천막이 그려져 있어 그곳에서 그녀가 기다리고 있다는 것을 나타냈다. 천막 옆에는 세 개의 '십자' 가 있었는데 이것은 천주교도의 거주지역이 근처에 있다는 것을 말해주는 것이었고 뒷면에는 크고 작은 세 개의 호수와 늪이 표현되어 있었다. 그녀가 사랑한 남자는 이 '연애편지' 를 받은 후 편지에서 가리키는 길을 따라가서 쉽게 자신이 사랑하는 여인을 만났을 것이다.

전 세계 초기 인류가 발명한 상형문자에는 3대 계통이 있다. 이집트의 상형문자 계통, 티그리스-유프라테스 강 유역의 설형문자[46]와 중국의 네모난 글자 계통이다. 그러나 장기간의 발전 과정에서 이집트 상형문자 계통과 티그리스-유프라테스 강 유역의 설형문자 계통은 기원전에 자모문자로 전환되었다. 오직 중국의 문자만이 지금까지도 상형문자의 특징을 보유하고 있다.

문자의 출현은 사회 생산과 생활 발전의 요구에 따른 것이었다. 문자의 발명은 인류가 야만시대에서 문명시대로 이행된 중요한 지표 중 하나로 간주된다. 인류는 문자를 통해 이후 사회 생산과 생활의 진보를 추진했고, 후세의 과학 문화와 사회 발전을 촉진했다.

46) 쐐기문자

History of the World

Human Civilization

제 2 장

나일 강 이야기

- 고대 이집트의 요람 나일 강
- 문명의 기원 고대 이집트의 상형문자
- 나일 강의 지혜의 빛 고대 이집트 천문 역법
- 저승의 지배자 오시리스
- 영생의 꿈 미라
- 인간의 기적 피라미드
- 창조의 신 태양신
- 찬란한 신전 카르나크 신전과 룩소르 신전
- 인간 세상에 사는 신들의 하인 제사장
- 승리의 왕 투트모세 3세
- 세계 역사상 최초의 종교개혁 아크나톤
- 파라오의 저주 투탕카멘의 수수께끼
- 파라오들의 안식처 왕가의 계곡
- 패배자가 없는 제국의 전쟁 카데시 전쟁
- 사회의 다양한 모습 고대 이집트인의 생활

고대 이집트의 요람 나일 강

> 영광이여! 나일 강의 대지에 깃들라! 나일 강, 너는 이집트의 소생을 위해 쉼 없이 흐르는구나! …너의 물을 마시고 초목은 무성하게 자라난다. 네가 보리와 밀을 키워주니 신당은 즐겁게 명절을 보낼 수 있구나. 만약 네가 우리에게 물을 내어주지 않는다면 식물은 더 이상 자라지 못하고 백성은 가난에 허덕일 것이다. 너의 물이 풍성할 때, 대지는 더할 나위 없이 당당해지고, 모든 생물은 기뻐 날뛰며, 사람들은 함박웃음을 짓는다.
>
> 〈나일 강 찬양〉

생명의 강

강줄기는 고대 문명의 요람이다. 세계 4대 문명국은 모두 커다란 강 주변에서 발생했다.

이집트는 아프리카 대륙의 동북부 지역에 있으며 남에서 북으로 뻗어 있고, 이집트의 어머니 강으로 불리는 나일 강이 남북을 관통하여 흐른다. 이집트인의 삶은 나일 강의 보살핌 속에서 이루어졌다. 강수량은 매우 적었지만 나일 강은 신선한 물을 언제나 공급해주었다. 나일 강은 양쪽 강기슭에 있는 대지에 물을 먹여주었을 뿐만 아니라 대지를 기름진 충적토로 만들어주었다. 그래서 나일 강이 흐르는 이집트의 대지는 아프리카 대륙에서 가장 비옥한 토양을 갖게 되었다. 비옥한 토양 덕분에 이집트인은 1년에 몇 번씩이나 농작물을 거둬들일 수 있었다. 나일 강은 정기적으로 범람했는데 이집트인은 범람을 통해 충분한 수원을 공급받아 식수와 논밭의 관개용수로 사용했다. 나일 강 상류는 열대 초원지역이었는데 강물이 범람할 때면 대량의 광물질과 부식된 식물들이 하류로 떠내려갔다. 이러한 광물질과 부식된 식물들은 이집트 국경 안으로 흘러들어 서서히 침전된 후 식물이 자라는 데 도움이 되는 천연 비료가 되었다. 이집트인의 역사책에는 매우 중요한 사실이 기록되어 있는데 그것은 바로 매년 여름 아비시니아(Abyssinia)의 높은 산에 쌓여 있는 눈이 녹아 홍수를 일으킨다는 내용이었다.

▼ **나일 강의 새벽**
새벽빛이 깊이 잠들어 있던 나일 강을 소생시킨다. 고대 이집트인은 파라오(Pharaoh)가 죽은 후 그 영혼이 매일 새벽 태양에 앉아 나일 강의 동쪽 연안에서 떠올라 사당으로 가서 제사를 받고 나서 저녁이 되면 서쪽 연안 무덤으로 가서 휴식을 취한다고 생각했다.

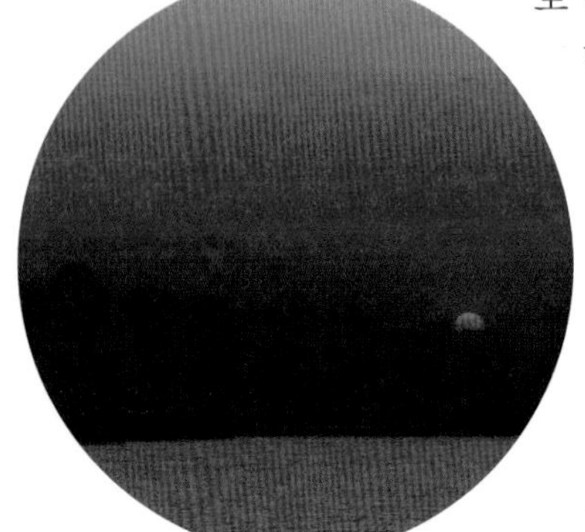

고대 그리스 역사학자인 헤로도토스(Herodotos)는 "이집트

◀ 물새 사냥
이미 발견된 이집트 벽화 가운데 이렇게 물새를 사냥하는 장면은 흔히 볼 수 있다. 이러한 벽화를 통해 나일 강 유역의 풍요로움, 고대 이집트인이 생활한 모습과 여흥을 엿볼 수 있다.

는 나일 강의 선물이다."라고 말했다. 사실 그의 말대로 이집트는 과거나 현재나 항상 나일 강의 선물이었다. 나일 강은 인간 생활에 필요한 물을 공급해주었을 뿐만 아니라 나일 강 양쪽 기슭과 삼각주에 비옥한 충적토를 덮어주었다.

나일 강 역시 하늘이 이집트인에게 내려준 선물이었다. 이집트인은 그런 나일 강에 찬란한 문명으로 답례했다. 고대 이집트인은 물에 특별한 애정을 가지고 있었다. 물은 인간에게 생명을 주고 대지의 목을 적셔 토지를 비옥하게 만들어 만물이 생장할 수 있게 했다. 이집트의 토지는 어느 한 부분도 물의 은혜와 인간의 힘, 신의 지혜가 미치지 않은 곳이 없었다. 이것이 고대 이집트인의 신비한 우주관이자 고대 이집트 문명에 새벽빛을 밝혀주는 존재였다.

물은 바로 나일 강이었고 불은 태양이었는데 이집트인의 생명과 지혜는 태양과 나일 강으로부터 떨어질 수 없었다. 그들은 태양이 제일 먼저 떠오르는 나일 강 동쪽 기슭이 산 사람의 세계이고, 태양이 지는 나일 강 서쪽 기슭이 죽은 자의 세계라고 굳게 믿었다. 이런 이유로 이집트인은 나일 강의 동쪽 연안에서 생활했고 피라미드는 나일 강의 서쪽 연안에 세웠다. 이집트인에게 나일 강은 생사의 경계선이었던 것이다.

관개의 발원지

이집트에는 이런 속담이 있다. '나일 강물을 마셔본 적이 있는 사람의 마음은 언제나 이집트에 머무른다.' 이집트인은 나일 강을 숭배했다. 그들에게 나일 강은 생활자원을 공급해주는 존재이자 신의 화신이었다.

나일 강 유역의 거주민은 일찍이 기원전 4000년부터 나일 강의 수위 변화의 규칙을 이용하여 토지를 고르지 않고 수로나 두렁도 없이 물의 흐름대로 물을 대는 자연 관개 방법을 시작했다. 사람들은 홍수가 가져오는 이점을 충분히 이용할 줄 알았다. 그리하여 토지를 분할하여 관개용수로를 지나가게 했다. 기원전 2300년 전후로 이집트인은 파이윰(Fayoum)에 댐을 세우고 유수프 운하를 통과시켜 나일 강에 홍수를 일으켰다. 상류의 물을 가두어서 하류의 유량을 조절하여 관개한 것이었다. 이러한 관개방식은 수 천 년 동안 이어졌다.

▼ **카이로 중심부를 지나는 나일 강**
카이로를 꿰뚫고 지나는 나일 강 위를 하얀 돛을 단 배들이 점점이 수놓고 있다. 나일 강에 대한 현대인의 애정과 즐거움이 나일 강에 가득 넘쳐흐르고 있다.

수해를 방지하기 위해 사람들은 가까운 마을과 협력하여 하천의 양 기슭 바닥에 높고 거대한 제방을 쌓아 홍수를 막고 틈이 생길 때마다 보수했다. 고대 이집트 국가의 중요한 역할 중 하나는 바로 제방, 저수지, 그리고 운하를 건설하는 대형 공사였다. 백성은 강을 파서 용수로를 만들어 논밭에 물을 대면서 수해를 방지하는 일을 자신들의 피할 수 없는 책임으로 받아들였다. 이렇듯 국가와 백성 스스로의 자각은 협력의 출발점이 되었다. 다시 말해서, 수해 방지 작업, 관리제도와 지방정부를 조직할 수 있는 기원이 된 것이다. 이렇게 지역적 통일과 지방정부의 초기단계는 다른 지역에서 국가 조직이 출현하기 전에 나일 강 유역에서 등장했다. 나일 강의 축복과 나일 강 수리 공사에 대한 필요로 이집트는 가장 먼저 야만 시대의 굴레에서 벗어나 국가 조직을 형성하였고 효과적으로 관리와 협조 기능을 발휘하게 되었다. 또한 나일 강 삼각주에 가로세로로 교차하는 수로망 건설은 농업 생산 발전을 가속화했다.

파종과 수확의 땅

나일 강은 매우 규칙적으로 범람했는데 그 시기는 매년 7월 19일이었다. 그날 태양과 시리우스(Sirius)가 동쪽 지평선에서 떠오르면 나일 강은 범람하기 시작했는데 엄청나게 많은 강물이 빠른 속도로 밀려 들어왔다. 범람한 물은 연안을 넘쳐 논밭을 매몰시켰다. 양쪽 강기슭에 쌓여 있던 침적토와 무기물질이 평원지역으로 흘러들어 연안의 낮은 땅에 쌓이면서 카이로(Cairo) 아래쪽으로 2만 4천 제곱킬로미터의 나일 강 삼각주를 형성했다. 범람은 4개월 동안 일어났고 10월 말이 되면 강물이 차츰 빠져나가면서 논밭에서 두껍고 비옥한 토양을 덮어씌웠다. 그래서 사람들은 강물이 완전히 빠져나간 후 새롭게 땅을 측정하고 논밭 경계를 확정하여 땅을 갈고 씨앗을 뿌렸다.

이집트에서 재배한 농작물은 주로 보리와 밀이었고, 이 보리와 밀은 빵과 술의 원료가 되었다. 씨 뿌리기가 끝나면 이집트인은 돼지와 양을 논밭으로 몰아넣었다. 돼지와 양들은 여기저기 뛰어다니면서 논밭에 뿌려진 씨앗을 토양 속으로 꼭꼭 잘 밟아 넣었다. 그리고 3~6개월이 지나면 보리와 밀이 이삭 물결을 이루었다. 그러면 사람들은 즐거운 마음으로 보리와 밀밭에 들어가 희망을 수확했는데 어떤 때는 군대가 수확을 돕기도 했다. 농작물을 수확해 본 경험이 많은 이집트인은 찌는 듯한 여름이 오기 전에 반드시 보리와 밀을 전부 거둬들여야 한다는 사실을 알고 있었다. 그래야만 다음번 홍수가 오기 전에 도랑 보수를 마칠 수 있기 때문이었다.

나귀는 수확한 보리와 밀을 등에 싣고 보리, 밀을 타작하는 마당으로 갔다. 사람들은 보리와 밀을 평평하게 편 뒤 나귀와 소로 하여금 그 위를 밟게 하여 곡식의 낟알과 껍질이 분리되도록 했다. 농민은 수확물의 십 분의 일을 국왕에게 바치고 그 나머지를 가지고 식구들과 둘러앉아 풍작의 기쁨을 나눴다.

'역사의 아버지'라고 불리는 헤로도토스는 이집트에 도착한 후 놀라운 사실을 발견했다. 이곳 거주민은 세계 어떤 지역의 미족들보다 힘들이지 않고 쉽게 대지의 과실을 얻는 것이었다. 농민들은 나일 강이 범람하기를 기다렸다가 물이 빠져나가면 논밭에 씨앗을 뿌리고 돼지로 하여금 씨앗들을 밟게 한 후 몇 개월 뒤 수확만 하면 그만이었다. 이는 나일 강이 이집트인의 농업 생활에 가져다준 엄청난 축복이었다.

과학과 예술의 기원

나일 강은 고대 이집트 문명사를 그대로 품고 있다. 나일 강이 없다면 이집트는 그저 하나의 사막에 불과할 뿐이었다. 다시 말해서 나일 강이 없었다면 이집트 또한 존재할 수 없었다. 나일 강은 이집트의 생명의 강이자 고대 이집트 문명의 요람이었다. 고대 이집트인이 볼 때, 나일 강과 태양은 하나로 합쳐진 후 음양으로 이루어진 전체 우주를 창조한 존재였다.

▼ **농경 생활을 하고 있는 농민의 조각상**
고대 이집트인이 농경 생산을 하고 있는 모습

이러한 관념에 따라 고대 이집트인은 인류 역사상 최초로 태양력을 만들었다. 태양력은 나일 강의 물이 붇는 시기와 빠지는 시기를 계산하는 데 사용되었다. 태양력은 나일 강의 수위변화 시기의 규칙에 따라 1년을 12개월로 나누어 365일로 정했다. 이러한 연대 계산은 매우 정확하여 현재 사용하는 역법보다 겨우 하루의 4분의 1이 적을 뿐이었다. 이집트인은 또한 농작물 생산과 나일 강의 수량 상황에 근거하여 1년을 범람, 파종, 수확이라는 세 가지 계절로 구분했다. 첫째 해의 6월부터 9월까지는 강물이 붇는 범람기, 10월부터 두 번째 해 1월은 씨를 뿌리는 파종기였다. 강물이 빠져서 하천이 원래 수위로 돌아오고 평원에 대량의 침적물이 남아있으면 농민들은 비옥한 땅을 갈고 씨를 뿌렸다. 마지막으로 두 번째 해의 2월부터 5월은 수확기로, 이 시기는 기후가 가물고 강물이 가장 낮아졌는데 농민들은 농작물을 이 시기에 수확했다.

매년 실제 경작주기는 짧았으므로 이집트인은 종교에 매진하고, 궁정에 대규모 건설을 한다든지 기타 예술 활동에 참여할 수 있었다. 그들은 주위 자연현상에 대해 깊이 생각할 수 있었고 나일 강의 위풍당당함을 느끼며 나일 강을 찬양했다. 사람들은 나일 강을 끊임없는 달콤한 샘물이자 예술의 요람으로 여겼다. 그리고 이 모든 관념은 나일 강의 삼각주에 뿌리를 내렸다. 이는 이집트인의 예술 창작에 커다란 영감을 주었고, 고대 이집트 문화의 주체를 구성하여 이집트 문명의 형성과 발전을 추진시켰다.

문명의 기원 고대 이집트의 상형문자

'이집트' 라는 나라를 떠올리면서 우리는 거대한 피라미드의 위엄에 두려워 떨었고, 천 년이 지나도 사라지지 않는 미라(Mummy)에 감탄했으며, 파라오의 신비한 저주에 경외심을 품었다. 18세기에 출토된 상형문자를 보면서, 우리는 문자 해독에 매혹되었고, 수많은 학자 역시 수수께끼와도 같은 문자에 빠져들어 자신들의 열정을 불태웠다. 이집트 문자는 그 베일을 벗기고자 하는 사람들에게 잊을 수 없는 강한 매력을 내뿜는다.

신비의 베일을 걷어 올리다

세계 4대 고대 문명국 가운데 최고의 나라로 불리는 이집트, 이 몹시 뜨거운 대지에서 부지런히 일해 온 이집트인의 번영은 끝이 없었다. 그들은 온갖 전란의 고통을 겪으면서도 묵묵히 모든 것을 참아내고 지혜를 발휘하여 찬란한 고대 이집트 문명을 창조했다.

이집트인의 독특한 예술적 품위는 그들의 풍부하고 다채로운 예술품과 거대 건축물에 표현되어 있다. 우뚝 솟은 피라미드, 신비로운 무덤, 화려한 색채의 벽화, 천 년이 지나도 부식되지 않는 미라, 사람을 두렵게 만드는 파라오의 저주 등 이 모든 것이 고대 이집트를 신비한 베일로 뒤덮었다. 놀라운 전율을 뒤로하고 수많은 학자가 오매불망 이집트 문명을 마주하길 바랐지만, 연구는 난관을 거듭할 뿐이었다.

그리고 마침내 사람들이 감탄해 마지 않는 고대 문명이 전혀 예상치 못한 때에 수천 년의 잠에서 깨어났다. 시간은 1789년, 최강 부대라고 자부하던 나폴레옹 군대가 이집트를 침략한 때로 거슬러 올라가야 한다. 비록 이 전쟁은 프랑스 군대의 참패로 끝났지만 오랫동안 사라졌던 '보물' 이 다시 햇빛을 보게 되었다는 점에서 주목할 만하다. 이 모든 것은 한 프랑스 군관

▼ **로제타석(Rosetta Stone)**
기원전 196년 현무암으로 제작되었다. 높이 1.14미터, 넓이 0.73미터이며, 표면에는 이집트 국왕 프톨레마이오스 5세에 대해 칭송한 제사장의 송덕문頌德文이 새겨져 있다. 석비 위에는 똑같은 내용이 그리스 문자, 고대 이집트 성각문자, 민중문자로 새겨져 있다. 이로써 근대 고고학자들은 각각 언어의 판본을 대조한 끝에 천여 년의 긴 세월이 지나면서 알 수 없게 된 이집트 상형문자의 의미와 구조를 해독할 수 있게 되었다. 그것은 오늘날 고대 이집트 역사를 연구하는 사람들에게 중요한 이정표가 되었다.

덕분이었다. 그는 이집트 로제타(Rosetta) 지역 부근에서 검은색 현무암 돌비석을 발견했다. 그리고 그는 돌비석 위에 고대 이집트의 성각문자, 민중문자 및 그리스 문자가 새겨져 있는 것을 발견했다. 그래서 당시 학자들은 이 세 가지 문자가 설명하는 것은 같은 문헌일 것이라는 가설을 세웠다. 사람들은 그리스 문자를 알고 있었으므로 정확하게 그리스 문자로 새겨진 부분을 해석한 뒤 다시 그리스 문자와 비석에 새겨져 있는 상형문자 사이의 관계를 찾아냈다. 그러고 나서야 수수께끼와 같던 이집트 고대 상형문자를 막힘없이 해독할 수 있었다.

사람들은 또다시 24년이라는 기나긴 기다림 끝에 상형문자를 해독해낼 수 있었다. 그것은 1822년의 일이었다. 훗날 '현대 이집트학의 아버지' 라고 불리게 된 프랑스의 언어학자이자 고고학자인 샹폴리옹(Jean-Francois Champollion)은 '프랑스 비문 순수문학 학원' 에 연구논문을 제출했는데 이 논문을 통해 그는 신비로운 상형문자의 세계를 탐험할 수 있는 열쇠를 찾아냈다. 이때부터 현대 이집트학이 생겨났다. 샹폴리옹 교수는 42세라는 젊은 나이로 세상을 떠났지만 그는 현대 이집트학에서 매우 중요한 기초가 되는 책을 여러 권 출간했다. 예를 들면《이집트어 사전》,《상형문자 입문》,《상형문자 말소리 초보》,《고대 그리스 민중문자론》,《이집트어 어법》(미완성) 등이 있다.

서서히 고대 이집트의 수수께끼와 같은 상형문자와 그 속에 담겨 있던 찬란한 고대 문명이 수 천 년의 베일을 걷어 올리고 사람들에게 신비한 천 년의 미소를 빼꼼히 드러내 보였다.

상형문자의 발전

역사의 수레바퀴가 기나긴 시간의 터널을 지나면서 고대인의 위대한 공적은 역사 속으로 사라져버렸다. 그러나 유일하게 고대 문명을 담고 있는 문자는 하나로 엉기어 사람을 미혹시키는 불빛을 반짝이고 있었다. 다시 말해서 문자가 존재했기 때문에 인류의 지식이 기록될 수 있었고 시공을 초월하여 전해질 수 있던 것이다.

이집트의 상형문자는 점차 간단한 모양으로 발전했다. 인류의 일부 글자체의 발전 과정처럼 그러한 변화는 시대의 맥박을 뛰게 하였고, 사람들에게 고대 문명의 찬란함과 화려함을 드러내 보였다.

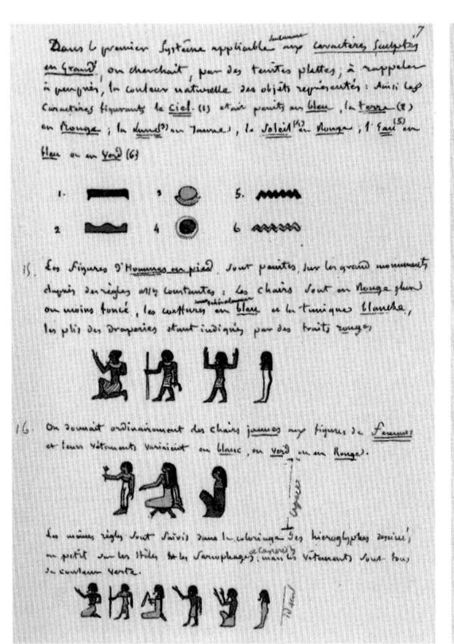

7

Dans le premier Système applicable aux caractères sculptés en Grand, on cherchait, par des teintes plates, à rappeler à peu près, la couleur naturelle des objets représentés : Ainsi les caractères figurants le Ciel (1) étaient peints en bleu, la terre (2) en Rouge ; la Lune (3) en Jaune, le Soleil (4) en Rouge ; l'Eau (5) en bleu ou en Vert (6)

1. 3 5.

2 4 6

15. Les figures d'Hommes en pied sont peintes, sur les grands monuments d'après des règles assez constantes : les chairs sont en Rouge plus ou moins foncé, les coiffures en bleu et la tunique blanche, les plis des Draperies étant indiqués par des traits rouges

16. On donnait ordinairement des chairs jaunes aux figures de Femmes et leurs vêtements variaient en blanc, en Vert ou en Rouge.

Les mêmes règles sont suivies dans le coloriage des hiéroglyphes dessinés en petit sur les stèles et les sarcophages ; mais les vêtements sont tous de couleur verte.

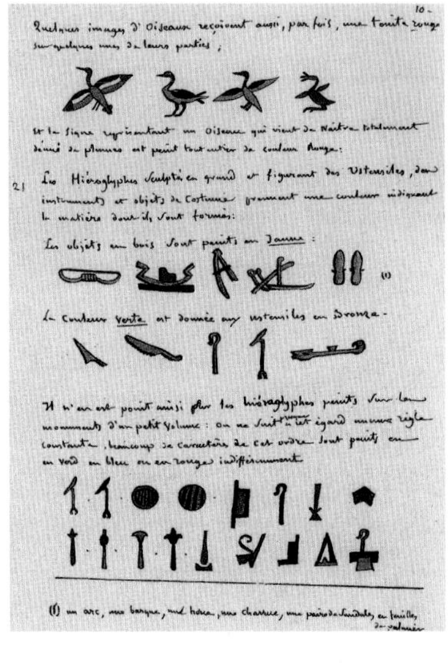

10.

Quelques images d'Oiseaux reçoivent aussi, parfois, une teinte rouge sur quelques unes de leurs parties ;

et le signe représentant un Oiseau qui vient de Naître totalement dénué de plumes est peint tout entier de couleur Rouge :

21 Les Hiéroglyphes sculptés en grand et figurant des Ustensiles, des instruments et objets de Costume prennent une couleur indiquant la matière dont ils sont formés :

Les objets en bois sont peints en Jaune :

(1)

La couleur verte est donnée aux ustensiles en Bronze.

Il n'en est point ainsi pour les hiéroglyphes peints sur les monuments d'un petit Volume : on ne suit à cet égard aucune règle constante, beaucoup de caractères de cet ordre sont peints en vert en bleu ou en rouge indifféremment

(1) un arc, une barque, une houe, une charrue, une paire de sandales en feuilles de palmier

▲《이집트어 문법》

고대 이집트의 상형문자는 5000여 년 전에 출현했다. 초기에는 기록이 필요했으므로 간단하게 그린 도형과 부호를 사용했으며, 약 기원전 3100년에 이르러 비교적 완전한 상형문자를 형성했다. 그리스인은 신당의 벽화에 새겨져 있는 상형문자를 가장 먼저 봤기 때문에 사람들은 이것을 사원에서만 전문적으로 사용하는 문자로 생각했다. 그러므로 랑 가드너의《이집트어 문법》에서는 상형문자의 명칭이 고대 그리스 문자에서 기원한다고 보고, '신성'과 '조각'을 조합하여 불렀으며 '신성한 조각'이라는 뜻을 갖게 했다.

이집트 상형문자는 처음에 파라오와 하늘의 신을 찬양하기 위해 만들어졌으며 역사, 종교의식, 시가詩歌, 법전, 기도문 등을 기록하는 데 사용되었다. 또한 사원의 벽과 종교기념물 위에 많이 새겨져 있었으므로 고대 그리스인은 이를 '성각문자'라고 불렀다.

오랜 세월동안 이집트 상형문자의 최초 문헌은 줄곧 1890년에 발견한 나르메르 팔레트(Narmer Palette)로 여겨졌으며 연대는 기원전 3000년대 것으로 추정되었다. 그러나 1987년에 사람들은 아비도스(Abydos)에서 이보다 연대가 더욱 이른 상형문자를 발견했다. 또한 독일의 고고학 연구진은 그전 왕조의 통치자 묘지에서 몇백 개의 뼈 조각을 복원했다. 그런데 그 과정에서 반듯하게 정리되고 규모도 갖춘 이집트 상형문자를 발견했다. 고증해보니 이 묘지의 연대는 약 기원전 3150년의 훨씬 오래된 것으로 밝혀졌다.

시간이 흘러, 이집트 역사상 제5왕조(기원전 약 2498년~기원전 2345년) 시기가 되자 상형문자는 간체화되어 '사제문자'로 변화되었다. 이름 그대로 이 문자는 제사장만이 사용하도록 제한되어 있었다. 기원전 700년 전후로 사제문자보다 더욱 간체화된 초서체가 등장했는데 이 문자는 매우 간단한 편이었고 부호는 붙여 쓰기에 아주 쉬웠다. 이 문자는 주로 평상시 기록이나 편지를 쓸 때 혹은 장부를 정리할 때 등 세속적인 사무를 볼 때 사용되었다. 그런 이유로 이 문자는 '민중문자' 라고 불렸다. 사람들은 '사제문자' 와 '민중문자' 를 갈대로 만든 붓에 먹물을 묻혀 파피루스(papyrus)에 썼다. 파피루스는 이집트 소택지에서 사는 갈대와 모습이 닮은 수생식물이었다. 고대 이집트인은 가공을 거쳐 이 식물의 줄기를 햇빛에 말리고 눌러서 평평하게 만든 뒤 사용하기 편리한 파피루스를 만들었다. 이는 당시 글을 쓰는 데 많이 사용했던 재료로 얼마 후 고대 지중해 동부 지역에 급속도로 퍼졌다.

▲ 최초의 상형문자는 선을 이용하여 사물의 기본 특징을 묘사했다.

이 밖에 이집트 상형문자는 계속해서 변화와 발전을 거듭했는데 가장 흥미로운 점은 상형문자의 쓰기 방식이었다. 이집트 상형문자는 쓰기 방식이 자유로운 편이어서 위에서 아래로 쓰기도 하고, 오른쪽에서 왼쪽으로, 혹은 그와 반대로 아래에서 위, 왼쪽에서 오른쪽으로 쓰기도 했다. 이집트인의 예술과 신앙은 밀접한 관계에 있었으므로 그들의 문자는 자유로웠지만 엄격함이 묻어났고 대범했지만 세심한 아름다움을 잃지 않았다.

상형문자의 해독

역사의 수레바퀴는 앞을 향해 힘차게 굴러갔다. 고대 이집트인이 기독교를 믿게 되면서 서기 1세기 후부터 이집트의 상형문자는 더 이상 통용되지 않았다. 이집트 본토에서 오래된 종교의 마지막 초록원[47]이 세상을 떠나면서 상형문자를 읽고 쓰는 기법 역시 점차 사람들에게 잊혀 갔다.

'이집트학의 아버지' 라고 불리는 프랑스 역사학자 샹폴리옹은 로제타석에 대한 연구를 진행하면서 고대 이집트 상형문자의 구조를 해독해내는 데에 성공했다. 그는 몇 번의 현지 조사를 거치고 난 뒤 자신 있게 말했다. "나일 강의 하구에서 제2폭포까지 걷고 난 후 나는 말할 수 있게 되었다. 우리가 연구한 자모는 정확하므로 상형문자의 자모에 관한 보고서는 수정할 필요가 없다고 말이다. 이 자모

47) 각종 서적이나 기록 등에서 필요한 것만을 뽑아 기록하는 사람

표는 로마인 시대와 프톨레마이오스 시대의 이집트 문물을 해독하는 데에도 사용할 수 있다. 파라오 시대의 신당, 궁전과 무덤 안의 비문에 있는 문자들 역시 그러하다. 이것은 정말 흥분되는 일이다."

▲ 높은 하늘을 찌를 듯 서 있는 오벨리스크(obelisk)[48]에는 뚜렷하고 아름다운 상형문자가 가득 새겨져 있다.

상형문자는 대략 표의부호, 표음부호, 그리고 한정부호의 세 부분으로 구성되어 있다.

표의부호: 표의부호는 도형을 사용하여 그린 물체 혹은 그 물체와 긴밀한 연관이 있는 뜻을 가리키는 것이다. 예를 들어, '★'은 '별'을 뜻했고 물결모양인 '≋'은 '물'을 나타냈다. 이후 표의부호는 '동작'의 뜻을 표현할 수 있었다. 만약 '걷다'라는 의미를 나타내고 싶을 때는 한발은 뒤에, 한발은 앞으로 그려 두 다리가 발걸음을 내딛는 모습을 그렸다. 또 '먹다'라는 뜻을 전달하고 싶을 때는 사람이 손을 입 안에 넣는 모습을 그렸다. 동작을 표현하는 것 외에도, 표의문자는 한 가지 문자 안에 여러 가지 뜻을 나타내기도 했다. 예를 들어, '먹다'라는 표의문자는 '밥을 먹는다'는 동작의 뜻과 더불어 '그리워하다', '말하다', '배가 고프다', '열렬히 사랑하다'라는 뜻을 표현했다. 그러므로 도형으로 나타내는 여러 가지 추상적 관념에 대해 지혜로운 이집트인들은 표의와 파생의미를 결합시키는 방법으로 뜻을 전달했다. 예를 들어, 종려나무의 나뭇가지는 '해, 년'을 뜻했다. 이집트인은 종려나무가 1년에 12가지만 자라난다는 것을 관찰해냈기 때문이었다. 그리고 타조의 양 날개 털의 길이가 똑같다는 이유로 타조의 깃털을 사용하여 '진리'를 나타냈다.

표음부호: 이름에서 알 수 있듯이 표음부호는 표의부호를 바탕으로 단어의 발음을 표시하는 문자이다. 표음부호는 표의부호의 발전 과정에서 등장한 것으로 표의부호 원래의 뜻은 가지지 않았다. 그리하여 원래 도형의 뜻은 서서히 사라져버렸고 순수한 발음부호로 전환되었다. 이집트인의 표음부호는 끊임없이 발전하여 24개의 단음

48) 고대 이집트에서 태양 신앙의 상징으로 세워진 기념탑. 하나의 거대 돌기둥으로 위쪽으로 올라갈수록 가늘어지는 형태로 꼭대기는 피라미드 모양으로 되어 있으며 측면에는 상형문자가 새겨져 있다.

부호, 쌍음부호 및 삼음부호를 형성했다. 이집트인이 고안한 24개의 표음부호는 인류 역사상 가장 오래된 표음부호로 인정받고 있다. 이런 이유로 일부 전문가들은 이 시기 이집트 상형 문자의 단음부호를 자모의 초기 형태로 생각하기도 한다. 몇 년 후 페니키아(Phoenicia)인은 이집트인이 만든 24개의 표음부호를 바탕으로 세계 최초로 자모문자를 창조했다. 훗날, 고대 그리스인은 다시 페니키아인이 만든 22개의 자모를 기본으로 하는 모음 자모를 고안하여 마침내 그리스의 자모문자를 탄생시켰다. 현대 유럽 각국의 자모문자는 이 그리스 자모문자를 바탕으로 발전한 것이다. 이를 보았을 때 이집트의 상형문자가 세계 문명 발전 과정에서 갖는 중요성을 짐작할 수 있다.

한정부호 : 단어의 끝에 놓인 일부 표의문자는 한정부호를 형성했다. 한정부호는 어떤 단어가 어떤 사물의 범위 속에 포함된다는 것을 한정하는 역할을 하여 문자의 뜻을 정확하게 설명할 수 있게 했다. 이밖에 한정부호는 문자를 읽는 사람이 문자의 정확한 뜻을 파악할 수 있게 했다. 예를 들어, '쟁기' 와 '따오기' 라는 두 단어의 표음부호는 상형문자에서 똑같다. 그러므로 이 두 단어에 '쟁기' 와 '따오기' 라는 뜻을 표시할 수 있는 한정부호를 첨가하여 그 둘을 구분했다. 한정부호 역시 표음부호처럼 표의부호에서 변하여 나타난 것이었다. 비록 이집트 상형문자의 전체 구문에는 어떠한 구도점도, 칸 띄우기도 없지만, 한정부호가 고정적으로 단어 끝에 온다는 규칙만 파악한다면 정확하게 각각의 상형문자가 지닌 뜻을 알 수 있었다.

표의부호, 표음부호와 한정부호는 일정한 언어규칙에 따라 조합되어 단어의 뜻 그리고 발음과 그 범위를 나타냈다. 다시 말해서 상형문자가 '발음', '형태', '의미' 를 완전히 갖춘 문자 체계로 변화된 것이었다.

문자는 문명의 영혼이다. 이집트 상형문자를 발견하고 해독함에 따라 그 문자 속에 감춰져 있던 이집트 문명이 더욱 명확하게 설명되었다. 물론 더 많은 것을 기다리던 사람들은 이집트 상형문자의 발굴과 연구에 직접 뛰어들었다.

나일 강의 지혜의 빛 고대 이집트 천문 역법

고대 이집트인의 화려하고 찬란한 문화는 인류문명에 위대한 공헌을 했다. 천문 역법 역시 예외가 아니다. 기원전 3000년, 메네스(Menes)가 이집트를 통일하고 기원전 332년에 마케도니아(Macedonia) 왕국이 알렉산드로스 대왕(Alexander the Great)에게 정복당할 때까지 이집트는 총 31개의 왕조를 겪었다. 그중 제3왕조부터 제6왕조(약 기원전 27세기~기원전 22세기)까지가 이집트의 고대 왕국 시기이다. 이 시기에는 수학, 의학과 천문학 등 여러 분야가 꽃을 피웠다.

별이 빛나는 하늘을 바라보다

태양이 서쪽으로 지고, 어둠의 장막이 서서히 나일 강가에 내리면 별들이 까만 밤을 수놓고, 북두칠성이 은하 가운데에서 반짝거린다. 적막이 온 세상을 뒤덮고 갈대의 흔들림만이 보일 뿐이다. 사제단은 높은 곳에 올라가 별이 한가득 빛나는 신비한 하늘을 바라본다. 이집트의 천문을 관측하는 작업은 맨 처음에는 사제들의 몫이었다. 종교는 이집트인의 일상생활에서 매우 중요한 부분을 차지하고 있었고 이집트인이 숭배하는 신들은 대부분 하늘에서 살고 있었기 때문이었다. 약 제3왕조 때부터 전문적으로 밤하늘을 관찰하는 사제들이 생겨났는데 이들은 주로 별의 위치 변화에 관심을 기울였다. 별밤을 관측하는 지점은 자연스럽게 신전의 지붕 꼭대기에 설치되었다. 이집트 최초의 천문학자 역시 별밤 관측을 전적으로 담당하던 사제들 가운데에서 나왔다. 그들은 태양, 달 그리고 별의 운동을 아주 유심히 관찰했다. 이집트인에게 가장 중요한 신은 태양신이었으므로 태양신의 운동을 관측하는 것은 세상에서 가장 중요한 사안이었다. 이 사제들은 간단한 관측도구를 사용하여 관찰하는 동시에 성도星圖[49]를 그렸다. 이러한 신비스런 관측방법을 소수의 사제만이 알고 있었다는 점이 아쉽다.

일 년 내내 관찰한 끝에 이집트인은 항성[50]과 행성[51]의 차이점을

49) 항성의 적위 및 직경, 등급 등을 표시한 그림

50) 천구 상에서 서로의 위치를 거의 바꾸지 않고 별자리를 구성하는 천체, 태양과 같이 스스로 발광한다.

51) 태양 주위를 타원 궤도를 그리며 운행하는 비교적 큰 천체의 총칭으로 수성, 금성, 지구, 화성, 목성, 토성, 천왕성, 해왕성이 있다.

깨달았다. 출토된 관 뚜껑 위에 그려져 있는 성도를 살펴볼 때 그들은 금성, 목성, 수성, 화성과 토성을 확실하게 알고 있었고 백조, 카시오페이아(cassiopeia), 오리온(Orion) 등의 별자리를 인식하고 있었다. 이집트인은 적도 부근의 별을 36개 그룹으로 나누었는데 각 그룹은 여러 개의 별 혹은 하나의 별로 이루어졌다. 제12왕조의 무덤 안에서 가장 먼저 별자리를 발견했고, 신전과 왕릉의 천장에서도 대량의 성좌도[52]를 발견했다.

신전의 빛

고대 이집트인의 비범한 지혜를 가장 잘 설명해주는 것은 아스완(Aswan)에서 남쪽으로 280킬로미터 밖에 지어진 아부심벨 신전(Abu Simbel Temple)이다. 아부심벨 신전은 신왕국 시기 이집트에 출현한 새로운 형식의 암굴 신전이었다. 신전 전체는 산을 뚫은 낭떠러지 내부에 있었고 지금으로부터 3300년 이전에 만들어진 것이었다. 아부심벨 신전의 구조는 방대했고 배치는 합리적이었다. 신전 전체 높이는 33미터, 넓이는 37미터로, 21미터 높이의 람세스 2세(Ramses II)의 좌상이 4개 놓여 있었다. 1963년, 이집트는 아스완 댐을 건설했는데, 이 때문에 아부심벨 신전은 물에 잠겨버릴 위기에 처했다. 그리하여 이집트와 세계 각국 전문가들이 신전을 절단하여 새로운 장소로 이동시킨 뒤 미리 찍어둔 사진 기록에 따라 다시 이어 맞췄다. 천문에 정통했던 고대 이집트인은 매년 춘분과 추분에 태양광이 람세스 2세의 신전 안에 있는 신상들을 비추도록 만들었다. 그런데 태양광은 람세스 2세와 태양신 아몬만 비추고 다른 신상들을 비추지는 않았다. 신전을 옮긴 후, 천문학자들은 선진 천문 도구를 사용하여 햇빛이 비추는 시간을 하루 늦추고 더불어 햇빛을 받는 각도를 조절하여 예전에는 암흑 속에 놓여 있었던 신상들도 빛을 받도록 했다.

뛰어난 역법

천체 관측을 통해 이집트인은 매우 오래전에 고유의 역법을 제정했는데 그것이 바로 세계 최초의 태양력이었다. 고대 이집트인은 태

52) 별자리를 그려 넣은 천체의 그림

▶ **카르나크(Karnak) 신전의 별자리 조각(부분)**

고대 이집트에는 천문대가 아주 많았는데 그것은 바로 신당이었다. 예를 들어 테베(Thebes)에 있는 신당이 유명하다.

양과 큰개자리 α성(즉 시리우스(Sirius)를 가리킴)의 움직임을 통해 역법을 만들었다. 매년 양력 6월 15일[53] 경에는 나일 강 조류가 멤피스(Memphis)까지 이르렀는데 이 날은 하 이집트[54]에서 큰개자리와 태양이 동시에 지평선 위로 떠올랐다. 고대 이집트인은 이러한 현상이 두 차례 반복되는 시간을 1년으로 정했다. 이집트인은 이러한 주기를 큰개자리 주기라고 불렀다.

고대 이집트인은 나일 강의 수위와 농작물의 생장 규칙에 따라 1년을 세 계절로 나누었는데 각 계절은 4개월씩이었다. 첫 번째는 나일 강이 범람하는 '범람'의 계절이었다. 두 번째는 범람했던 물이 빠지고 토지가 물 위로 나오는 '파종'의 계절로 파종과 농작물 생장에 아주 좋은 시기였다. 마지막 세 번째는 '수확'의 계절이었다. 매 계절은 4개월로 구분되었고 1년은 12개월, 매달은 30일이었으며 연말에는 5일을 더하여 명절로 삼아 1년은 총 365일이었다. 이것이 바로 인류 역사상 맨 처음으로 탄생한 태양력이었다. 기원전 1세기 고대 로마의 율리우스 카이사르(Gaius Julius Caesar)는 이집트 역법을 바탕으로 '율리우스력(Julian calendar)'을 제정했고 16세기에는 교황 그레고리우스(Gregorius de Tours)의 개혁을 통해 '그레고리력(Gregorian calendar)'이 등장했다. 이것이 바로 '양력'의 유래이다.

53) 고대 이집트력 7월 19일

54) 나일 강 삼각주 부분

저승의 지배자 오시리스

전설에 따르면 오시리스(Osiris)는 고대 이집트의 파라오였다. 그는 연회에서 자신의 남동생에게 살해당했다. 그러나 불가사의한 경험을 한 후 갑자기 고대 이집트의 9대 신 중 하나가 되어 생산의 신, 풍작의 신, 나일 강 홍수의 통치자, 죽은 자의 심판관이자 저승의 왕이 되었다. 도대체 그는 어떤 불가사의한 경험을 했던 것일까?
종교는 고대 이집트 문명의 탄생과 발전에 중요한 원동력이다. 이집트 문명에서 종교는 고대 이집트 사회생활 및 문화를 각 방면에서 하나로 연결하여 거대 문명체계를 형성하는 밑바탕이었다. 다른 고대 문명과 같이 고대 이집트도 처음에는 다신교였다. 해, 달, 별부터 바람, 비, 천둥번개. 높은 산과 큰 강 및 몇몇 동식물까지 고대 이집트인에게 신령하지 않은 것은 하나도 없었다.

연회의 음모

오시리스는 대지의 신 게브(Geb)와 하늘의 여신 누트(Nut)의 첫째 아들이었다. 게브와 누트에게는 오시리스 외에도 이시스(Isis), 세트(Seth), 네프티스(Nephthys)라는 자녀가 더 있었다. 그의 죽음과 부활 및 그 후 그가 저승의 신이 된 것과 관련된 이야기는 고대 이집트에 널리 전해졌다. 이야기에 따르면 어느 여름날 저녁, 위풍당당하고 건장한 남자와 아름답고 자태가 우아한 여자가 고대 이집트에 나타났다. 그들은 바로 오시리스와 그의 여동생 이시스였다. 논밭에서 일하던 사람들은 이 두 남녀의 고고한 품격과 매력에 푹 빠져 하던 일을 멈추고 그들을 바라보았다. 오시리스와 이시스는 사람들에게 곡물을 파종하고 과일을 재배하는 방법을 알려주었고 사람들과 함께 수리사업을 일으켰다. 또한 오시리스와 이시스는 사람들에게 의술과 건축 기술을 가르쳐주었다. 얼마 후 파라오는 친히 이 두 남녀를 불러 이야기를 나눴고 이들의 꾸밈없는 모습과 따뜻한 애정에 크게 감동했다. 이후 시간이 흘러 파라오는 세상을 떠났다. 그런데 그는 어떤 자식에게도 왕위계승에 관한 유언을 남기지

▼ 이집트 박물관에 전시되어 있는 오시리스의 신상

▲ 오시리스가 악의 신 세트에게 살해당한 후 그의 부인 이시스는 곳곳에서 그의 시신을 찾아냈다.

않았다. 그래서 사람들은 성격이 온화하고 품성이 우아한 오시리스를 새 국왕으로 지지하며 그가 국가를 책임져주기를 바랐다. 사람들의 바람대로 오시리스는 파라오가 되었고 그의 여동생인 이시스를 왕후로 맞이했다. 그들은 나일 강 유역을 번성시켰고 이집트의 세력은 나날이 강성해졌다. 오시리스는 국가를 질서정연하게 통치했고 사람들은 평화롭고 행복하게 살 수 있었다. 또한 오시리스는 진심으로 국가와 국민을 위했는데 그 마음에 이집트인들은 깊은 존경과 사랑을 보냈다. 그러나 그런 그와는 반대로 오시리스의 형제인 세트는 질투심이 많았고 교활하며 악랄하기까지 했다. 세트는 오시리스가 사람들에게 존경받는 모습을 보고 그를 살해하여 왕위를 찬탈할 결심을 했다.

그 결심 이후 몇 년이라는 시간이 흘러갔다. 세트는 오시리스를 해칠 기회를 호시탐탐 노리며 불량배들을 모아 사람들을 괴롭히고 마구 짓밟는 행위를 멈추지 않았다. 그러던 어느 날 마침내 기회가 찾아왔다. 오시리스가 아시아로 원정을 갔다가 승리하여 돌아온 것이었다. 세트는 마음속으로 쾌재를 불렀다. 그는 오시리스를 제거할 악랄한 계책을 세워 놓고 있었던 것이다. 저녁이 되자 세트는 오시리스의 궁전으로 가서 그에게 매우 아름다운 옷을 선물해주었다. 오시리스는 매우 흡족해했지만 옷의 크기가 맞지 않는 점이 아쉬웠다. 세트가 말했다. "제가 옷 크기를 마음대로 생각해서 형님께 맞지 않는 것 같습니다. 형님의 신체 치수를 정확하게 잴 수 있게 해주십시오." 오시리스는 세트의 말대로 하였고, 세트는 재봉사에게 오시리스의 신체 치수를 꼼꼼하게 재도록 했다. 며칠 후, 오시리스는 성대한 축하 연회를 열었다. 모두 연회에 모여 매우 기뻐하며 원정에서의 승리를 축하하고 있을 때 세트와 그의 수하 십여 명이 동시에 나타났다. 세트는 이들에게 돌로 만든 호화로운 궤짝을 들고 오게 했다. 그리고 이렇게 소리쳤다. "누구든지 자기의 체구와 이 궤짝의 크기가 딱 맞아떨어진다면 이 궤짝을 드리겠습니다!" 오시리스는 사람들이 부추기자 어리둥절해하면서도 궤짝 안에 들어가 누웠다. 이 궤짝은 바로 며칠 전 재봉사가 잰 오시리스의 신체 치수에 따라 제작한 것이었으므로 당연히 그의 몸에 꼭 맞았다. 그러자 세트와 그의 수하들은 즉시 계획했던 행동을 개시했다. 그들은 뚜껑에 못질을 단단히 해 오시리스를 돌 궤짝 안에서 죽게 만든 후 나일 강 바닥으로 던져버렸다.

▲ **기원전 14세기 묘혈[55]의 벽화**
오시리스의 머리에 이집트 왕관이 씌워져 있고 손에는 왕권을 상징하는 긴 갈고리와 도리깨를 들고 있다. 몸통은 마치 미라처럼 흰 천으로 둘러싸여 있는데 이것은 죽음을 상징한다. 오시리스는 원래 농업과 식물의 신이었다. 고대 이집트의 파라오로서 오시리스는 태양신 라(Ra)의 화신으로 여겨졌고 사후에는 저승을 통치했다. 저승의 왕이 된 오시리스는 저승에 온 죽은 자를 심판했다.

다시 살아나다

이 궤짝은 나일 강 강물을 따라 큰 바다로 세차게 흘러갔다. 그리고 돌 궤짝은 레바논의 해안까지 표류하다가 작은 나무에 걸려 더 이상 흘러가지 않았다. 오시리스의 영혼이 깃든 것이었을까? 돌 궤짝을 막은 작은 나무는 순식간에 하늘에 닿을 듯 커다란 나무로 자랐다. 때마침 근처에서 사냥을 하던 페니키아 국왕은 이 나무가 비범한 기운을 품고 있다는 것을 알았다. 그래서 그는 자신의 궁전 기둥을 세우는 데 이 나무를 사용하기로 했다. 죽은 자의 신 아누비스(Anubis)는 이 일을 즉시 이시스에게 전해주었다. 이야기를 전해 들은 이시스는 변장을 하고 페니키아에 도착했다. 이시스는 궁에 들어가려고 궁녀 한 사람과 친해졌고 얼마 뒤 궁 안으로 잠입할 수 있었

55) 시체가 놓이는 무덤의 구덩이

다. 궁에 들어간 이시스는 의술 실력을 발휘하여 페니키아의 어린 왕자가 오랫동안 고생해오던 병을 치료해주었다. 페니키아 국왕은 크게 기뻐하며 그녀에게 보답해주고자 했다. 그러자 이시스는 자신의 남편 오시리스가 어떻게 살해되었는지, 자신이 이 궁에 오게 된 이유가 무엇인지 자세히 이야기했다. 페니키아 국왕은 그녀의 마음에 크게 감동하여 나무로 된 기둥을 뜯어내 이시스에게 주었고 이시스는 천신만고 끝에 남편의 시신을 이집트로 옮겨 올 수 있었다. 그러나 오시리스의 시신이 세트의 눈에 띌까 봐 밀림 저 깊숙한 곳에 숨겨두었다.

그로부터 많은 시간이 흐른 어느 날, 숲 속에서 사냥을 하고 있던 세트는 생각지도 못한 곳에서 오시리스의 관을 발견했다. 그는 매우 분노하며 오시리스의 시신을 갈기갈기 찢어 이집트 각지에 버렸다. 그러나 이시스는 낙심하지 않고 이집트 곳곳을 찾아다니며 남편의 시신을 전부 찾아내었다. 이후 태양신의 도움으로 오시리스는 다시 살아나게 되었고, 이시스와 오시리스는 행복한 나날을 보냈다. 하지만 행복은 오래가지 못했다. 교활하고 잔인한 세트는 또다시 오시리스를 찾아내 살해했고, 이시스는 간신히 세트의 끔찍한 마수에서 벗어날 수 있었다. 그 후 그녀는 나일 강 삼각주의 늪지대에서 유복자인 호루스(Horus)를 낳아 키우며 살았고, 호루스는 어머니의 보살핌 속에서 하루가 다르게 성장해나갔다. 그리고 호루스가 성인이 되었을 때, 오시리스의 영혼은 자신의 억울한 죽음을 이야기하며 자신의 한을 풀어달라고 부탁했다. 이후의 이야기는 두 가지 결말이 있다. 하나는 호루스가 신이 되어 세트를 멸망시킨 후 이집트의 왕위에 오르는 것이고, 다른 하나는 신들의 중재로 호루스가 왕위를 계승했다는 내용이다.

저승의 왕이 되어 심판하다

죽은 자의 신 아누비스는 오시리스의 시신을 아마포로 감아서 최초의 미라를 만들었다. 그리고 이시스가 자신의 날개로 시신을 부채질해주자 오시리스는 다시 살아났다. 오시리스는 더 이상 인간이 사는 세상에 머무르고 싶지 않았다. 그래서 그는 인간세계의 왕위를 아들인 호루스에게 물려주었다. 오시리스는 사람들에게 깊은 존경과 애정을 받고 있었으므로 사람들은 그가 저승의 왕이 되어 죽은

◀ **오시리스와 이시스**
이집트 아비도스 신전의 조각(부분)

자를 심판하는 것을 지지했다.

오시리스는 지하의 태양신이었으며 파라오 사후의 화신[56]이었다. 죽은 사람의 영혼은 죽은 자의 신 아누비스의 인도를 받아 저승으로 와서 오시리스의 심판을 받았다. 심판은 12명의 신이 심판단이 되어 이루어졌다. 오시리스는 어떤 이들이 영원한 생명의 축복을 받고, 어떤 이들이 축복을 받지 못할지 결정했다. 고대 이집트인들은 영혼과 심장이 같다고 여겼기 때문에 영혼을 심판하는 것은 심장을 심판하는 것이라고 생각했다. 언젠가 이집트 왕실의 미라가 출토된 무덤의 부장품 중에 파피루스에 그려진 《망령서》의 사본이 있었다. 그림에서 오시리스는 녹색 옷을 입은 채 그림의 오른편에 앉아 있었고, 죽은 자의 신 아누비스와 지혜의 신 토트(Thoth)가 그의 조력자 역할을 했다. 아누비스는 천칭의 기울기를 조절하는 일을 맡아 정의의

56) 어떤 추상적인 특질이 구체화 또는 유형화된 것

신의 깃털과 죽은 자의 심장 무게를 달았다. 이는 죽은 자가 생전에 얼마나 깨끗하게 살았는가를 검증하는 절차였다. 지혜의 신 토트는 그 결과를 기록했다. 죄악을 담고 있는 심장은 그 무게가 아주 무거웠고, 반대로 순결한 심장은 깃털보다 가벼웠다. 일단 천칭이 심장 쪽으로 기울어져 무거운 죄악을 졌다는 것이 증명되면 옆에 웅크리고 앉아 있던 괴물이 죽은 자의 영혼을 먹어버려 영원히 살아나지 못하게 했다. 반대로 순결한 심장이라고 판결이 난 사람은 오시리스의 앞으로 이끌려와 오시리스가 내리는 큰 축복을 받았고, 천국에서 행복하고 즐거운 생활을 누렸다.

부활의 꿈

오시리스의 이야기는 후대 사람들의 관념에 커다란 영향을 주었다. 오시리스는 최초의 미라였다. 이집트의 모든 파라오는 오시리스의 신화처럼 자신들도 다시 태어나기를 바랐다. 그들은 백성에게 이렇게 말했다. "파라오는 신의 도움을 받는다. 그러므로 파라오는 살아있을 때 인간을 통치하고 죽은 뒤에는 죽은 자를 통치한다. 파라오에게 대항하는 자는 살아있을 때는 징벌을 받고 죽은 후에는 저승에서 오시리스의 심판을 받아 영생을 얻지 못한다."

오시리스는 과연 실존 인물이었을까? 현재로서는 이를 증명하기 어렵다. 그러나 그는 '국왕은 신이다' 라는 이집트의 원시 관념을 세상에 남겼다. 물론 오시리스는 그저 추상적인 형상일 수도 있고, 구체적인 사상을 바탕으로 만들어진 인물일 수도 있다. 그러나 그가 어떤 존재이든지 간에 다양한 의미를 지닌다는 것은 사실이다. 오시리스의 전설이 이집트인의 마음속 깊은 곳에 자리 잡은 것은 그의 전설이 현실의 권력투쟁을 반영하고, 정의와 악의 싸움의 진리를 보여주었기 때문이다. 아내가 남편에게 충실하고 아들이 아버지의 원한을 갚는 내용은 고대 이집트인이 소중하게 여기는 생각이었다. 그러나 더욱 중요한 것은 오시리스의 부활이 사람들에게 커다란 위안을 준 것이었다. 그는 사람들에게 모든 사람은 죽은 뒤에도 부활할 수 있다는 희망을 안겨주었다. 오시리스는 저승의 신이었지만 악마나 암흑의 신이 아니었다. 오히려 그는 이집트인에게 죽은 뒤에 누리는 영원한 생명의 상징이었다.

영생의 꿈 미라

사람이 죽은 뒤에도 정말로 영혼은 계속해서 살아가는 것일까? 죽은 사람이 부활할 수 있을까? 이 문제는 사실 매우 오묘해서 현대 과학 기술로도 그 해답을 찾지 못하고 있다. 고대 이집트인은 미라를 이용하여 해답을 얻었다. 그들은 사람의 생명은 끝나지 않으며 죽음 또한 끝이 아니라고 믿었다. 죽음은 또 다른 여정의 시작이었다. 세계 수많은 지역에서 미라를 발견했지만 이집트에서 발견한 미라의 숫자가 가장 많았고 시기도 가장 빨랐으며 그것을 만든 기술 역시 가장 복잡했다. 이집트인에게 미라 제작은 하나의 풍속이었기 때문이다. 그들에게 미라 제작이 풍속이 된 까닭은 무엇일까?

생사의 순환

최초의 미라에 관한 감동적인 전설이 하나 있다. 이집트 파라오 오시리스는 친형제 세트의 질투 때문에 여러 번 살해당했다. 그의 충실한 아내 이시스는 포기하지 않고 끝끝내 그를 부활시켰다. 그리고 유복자 호루스는 성인이 된 후 세트를 몰락시켜 아버지의 복수를 하고 인간의 왕위를 계승했다. 저승과 죽은 자의 신 아누비스는 오시리스를 최초의 미라로 만들었다. 그리고 오시리스는 사람들의 지지를 받으며 저승을 관장하게 되어 죽은 자를 심판하는 저승의 왕이 되었다. 또한 그는 파라오를 보호했다.

이 신화는 고대 이집트에서 널리 전해져 사람들의 마음속에 깊이 새겨졌다. 파라오뿐만 아니라 일반 백성도 죽은 후 자기를 미라로 만들어 영원한 생명을 얻고자 했다. 사실 고대 이집트에서는 파라오만 미라를 만든 것이 아니라 신분이나 지위의 높고 낮음과 상관없이 모든 사람이 자신도 미라가 되기를 바랐다. 그들은 미라가 되면 몸속 기관들도 모두 다시 살아나 영원한 생명을 얻을 수 있다고 생각했다. 그래서 고대 이집트의 종교 이념에서 신체와 영혼은 동일한

▼ **람세스 2세의 미라**
람세스 2세가 두 눈을 살짝 감고 평온한 표정을 짓고 있다. 두 손은 교차하여 가슴 앞에 모으고 깨끗한 흰색의 긴 옷을 입은 채 조용히 나무 관 안에 누워 있다.

것이 아니었고 영혼은 두 종류로 구분했다. 하나는 '바(Ba)' 였고 다른 하나는 '카(Ka)' 였다. '바' 는 사람의 머리에 새의 몸을 하고 있었는데 그 생김새는 본인의 얼굴을 하고 있었다. '바' 는 사람이 살아 있을 때 육체에 붙어 있다가 육체가 죽으면 날개를 펴고 떠나갔다. 만약 잘 보존된 어떤 사람의 시체가 있다면 그가 부활할 때 '바' 는 다시 그의 육체에 붙었다. 사람을 매장하고 나면 '바' 는 자주 묘혈로 날아와 시체의 보존 정도를 살펴봤다. '카' 역시 인간 영혼 중 하나인데 '바' 와 마찬가지로 육체에 붙어 있었다. 그 모습은 본인과 완전히 똑같았고 그 사람과 인생의 여정을 함께 했다. 그러나 그 사람이 죽기 전 '카' 는 먼저 육체를 떠나 저승에 가서 죽은 자가 저 세상에서도 왕성한 힘을 가질 수 있게 보장했으며 무덤에서 계속 생활했다. 그래서 고대 이집트인은 무덤 안에 많은 옷과 음식 등 일상용품을 넣어두었다. '바' 와 '카' 모두 시체에 붙어 있었으므로 고대 이집트인은 시체를 잘 보존하는 방법을 찾는 데 온 힘을 쏟았다.

그렇다면 고대 이집트인이 죽은 자의 부활과 영원한 생명이라는 개념을 갖게 된 이유는 무엇일까? 첫째, 이집트인은 태양신을 가장 높은 신으로 여겼다. 그래서 태양이 동쪽에서 떠서 서쪽으로 지는 것은 테양신이 겪는 '생사' 의 순환이라고 생각했다. 둘째, 나일 강의 '생사' 의 순환 때문이었다. 나일 강은 상류지역 기후의 영향으로 매년 7월이 되면 일정하게 범람했다. 강물은 제방을 넘어 양쪽 강기슭의 가문 토지를 물에 잠기게 했다. 그리고 대량의 광물질과 동식물의 부패물이 뒤섞여 있는 진흙과 모래가 침적되어 매우 비옥한 검은 색 토양을 만들어냈고 농작물은 1년에 3번씩 여물었다. 고대 이집트 문명은 바로 나일 강의 선물이었다. 나일 강이 정기적으로 범람하는 규칙은 생사의 순환과 같았다. 그러므로 고대 이집트인은 사람 역시 태양과 나일 강처럼 생사의 순환을 되풀이한다고 생각했다. 죽음은 단지 또 다른 여정의

▼ **이집트의 미라 내장을 담아 넣은 항아리**

각각의 항아리에는 서로 다른 신상이 있다.

시작이었다. 부식은 주로 세균이 일으키는 것이었다. 이집트의 뜨거운 사막은 시체에서 수분을 신속하게 없애버려 세균이 전혀 활동하지 못하게 했고 시체를 보존할 수 있도록 했다. 이집트인은 살아있는 것처럼 보이는 시신의 모습을 보고, 그들이 어느 날엔가 다시 살아날 것이라고 믿었다. 그래서 그들은 시체의 부패방지 기술을 연구하기 시작했고 이집트인이 영원한 생명을 추구했다는 것을 보여주는 수많은 미라가 대량으로 보존될 수 있었다.

제작 기술

고대 이집트는 미라를 만드는 제작에 관한 어떠한 기록도 남기지 않았다. 고대 그리스의 위대한 역사학자 헤로도토스는 자신의 저서 《역사》에 자신이 이집트 여행을 할 때 들었던 미라 제작 기술에 대해 썼다. 완전한 미라 한 구를 만드는 데는 약 70일이 걸렸다. 고대 이집트인은 미라의 제작을 하나의 산업으로 발전시켰으며 고객의

▼ **아누비스가 미라를 만들고 있는 모습의 벽화**
아누비스는 이리의 모습을 하고 있다. 이리는 제대로 매장되지 않은 시체를 파헤치는 동물이다. 이집트인은 사람이 죽은 후 가장 중요한 내장은 심장이라고 여겼다. 죽은 사람의 사상과 기억이 모두 심장 안에 들어 있었다고 생각했기 때문이었다.

요구에 따라 고급, 중급, 저급의 세 등급으로 미라를 제작했다.

지금부터 소개할 미라의 제작 방법은 왕실과 귀족에게 사용했던 고급 등급에 관한 설명이다. 능숙한 미라 제작사는 시신이 부패하지 않도록 세심하게 작업했다. 먼저 시신을 소다 안에 담가 건조했고, 향료의 충전물을 완성했다. 소다의 주요 성분은 탄산나트륨, 탄산수소나트륨, 소금과 황화나트륨의 혼합물로서 부패를 방지하고 살균하는 효과가 있었다. 미라 제작자는 잘 건조된 시체를 철 갈고리를 이용하여 콧구멍으로부터 뇌척수액을 꺼냈다. 끝이 뾰족한 고리는 대뇌 조직을 파괴했지만 두개골을 갈라지게 하지 않았다. 고리를 휘저으면 뇌척수액이 콧구멍으로부터 흘러나왔다. 두개골의 처리가 끝나면 내장을 처리했다. 구체적인 방법은 시체의 왼편에서 복강을 절개한 뒤 장기를 꺼내 각각의 항아리에 넣었다. 이 항아리들은 매우 정교하게 제작했으며 위, 장, 간 등을 건조하고 방부한 후 항아리 속에 집어넣고 뚜껑으로 닫았다. 심장과 콩팥은 몸통 안에 남겨두어야 했다. 몸통은 야자수 술과 향료를 이용하여 깨끗이 씻어냈다. 가슴과 배 안에 수지와 아마포, 혹은 톱밥 등 임시 물품을 넣어 내장을 뺀 시체를 원래 형태대로 복원시켰다. 그러고 난 뒤 시체를 소다 안에 약 70일 동안 담가두었다. 70일이 지나면 시체를 꺼내 다시 깨끗하게 씻은 후 연고, 향료와 기름 및 수지를 바르고 아마포로 꼼꼼히 쌌다. 신왕국 시기에 이르러 귀족들은 내장 이외에도 눈의 처리를 매우 중요하게 생각했다. 그들은 안구를 파내고 보석으로 만든 가짜 안구를 넣었다.

▼ **고대 이집트 부인의 관**
관은 흰색 천으로 감쌌다. 상형문자가 쓰여 있는 황색 띠로 관을 고정했는데 띠 사이에는 장례모습이 그려져 있다.

미라를 싸는 것 역시 처리할 일이 많고 복잡한 과정이었는데 여기에는 매우 엄격한 순서가 있었다. 미라를 쌀 때는 손가락과 발가락부터 시작했다. 70일 동안 소다에 담겨 있던 손발톱은 매우 쉽게 빠져버리기 때문에 아주 세심한 주의가 필요했다. 미라를 쌀 때 필요한 아마포는 보통 매우 길었고 어떤 경우에는 수백 미터에 달하기도 했다. 파라오처럼 중요한 인물의 미라는 머리에 황금가면을 씌웠고 그 위에 죽은 자 생전의 얼굴을 새겨 넣었다고 한다. 그러나 이 얼굴은 미화된 것으로 추측되어 진다. 이 밖에, 시체를 싸기 전 외부의 습격에 대항하기 위해 호신부 종류의 물건을 넣어 심장을 보호했다. 가장 많이 볼 수 있는 호신부는 바로 가슴에 놓인 성갑충이었다. 성갑충의 이름은 들었을 때 매우 거창한 듯 느껴지지만 이것은 흔히들 쇠똥구리라고 알고 있는 곤충이다. 고대 이집트인은 왜 쇠똥구리를 숭배했을까? 고대 이집트인의 눈에는 새벽에 가장 먼저 떠오르는 태양의 모습이 마치 쇠똥구리가 굴리는 똥공처럼 보였기 때문이다. 그래서 쇠똥구리를 성갑충이라고 부른 것이다. 처리를 마친 시체는 관 안에 집어넣었는데 어떤 관은 대리석이나 황금으로 제작했다. 이 모든 단계가 끝나면 가족들은 시신을 가지고 가서 매장했다.

70일 동안의 긴 제작과정을 거치는 고급 미라는 오직 왕실, 귀족들만이 부담할 수 있을 정도로 비용이 비쌌기 때문에 대부분 사람은 중 · 저급 미라를 선택했다. 비용이 비교적 저렴한 미라 제작 방법은 시체에 수지를 주입하고 소다에 얼마간 담근 후 시체를 꺼내 근육을 뽑아내고 오직 피부와 뼈만 남기는 것이었다. 조금 더 싼 미라 제작 방법은 시체를 소다에 담가 씻기고 시체에 어떠한 처리도 하지 않는 것으로 하루, 이틀이면 미라가 완성되었다. 미라의 제작은 사실 시체를 해부하는 것이었다. 그래서 고대 이집트의 의사는 오래전부터 인체의 내부구조를 이해하고 있었고 인체 기관의 형태와 위치에 익숙했다. 해부학에 관한 뛰어난 지식은 고대 이집트 의학 기술을 당시 세계의 선두주자 위치에 올려놓았다.

고양이 신의 숭배

고양이 신인 바스트(Bast) 숭배의 중심은 나일 강 삼각주였는데 이 일대의 일부 집들에서 바스트는 매우 중요한 신상이자 형상이었다. 그러나 바스트가 고양이 신으로 숭배받는 것과 반대로 이집트의 수많은 고양이에게는 불행이 찾아왔다. 이집트인이 고양이 신을 경배했으므로 상인들이 고양이를 죽여 미라로 제작한 뒤 고양이 신을 '모시는' 신도에게 판 것이다. 기원전 4세기 이후, 바스트 신의 숭배가 유행하면서 고양이는 '인기상품'이 되었고 미라 제작을 위해 수많은 '성스러운 고양이'가 2살이 채 되기도 전에 목이 비틀려 죽거나 독살당했다. 사람들은 이렇게 죽은 고양이의 머리를 석고로 고정하고 나서 앞다리를 가슴 앞까지 접고, 뒷다리를 배 부위까지 접었다. 그리고 화려하게 색칠하여 장식한 뒤 매장해버렸다.

인간의 기적 피라미드

밝은 빛을 내며 광대한 사막을 통과하는 나일 강은 오늘도 조용히 흐르고 있다. 황야에 우뚝 솟아 있는 피라미드(pyramid)는 마치 시간의 흐름을 잊은 듯하다. 그 옛날, 자신의 위대함을 과시하던 파라오는 바싹 말라 쪼글쪼글해진 미라와 내세 부활의 소망만을 간직한 채 사람들에게 자신의 화려했던 과거의 영광을 끊임없이 하소연하고 있다.
고대 이집트의 기술 중 가장 돋보이는 것은 바로 돌로 세운 피라미드이다. 현존하는 고대 이집트의 피라미드는 70여 개로 모두 파라오의 왕릉이다. 고대 이집트의 건축가들은 방대한 규모, 간결하고 안정적인 기하학적 구조, 명확한 대칭축과 공간 배치를 통해 피라미드의 웅대함과 장엄함, 그리고 신비로움을 드러냈다.

피라미드의 성쇠와 변화

고대 이집트에서는 국왕을 파라오라고 불렀다. 고대 이집트인은 신에 대한 경건한 신앙을 바탕으로 뿌리 깊은 '내세 관념'을 형성했다. 그들은 '속세는 잠시 머무르다 가는 곳이고 내세는 영원한 행복을 누리는 곳'이라고 생각했다. 그래서 이집트인은 속세의 연속인

▼ **쿠푸의 피라미드**
쿠푸 피라미드(오른쪽), 카프레 피라미드와 멘카우레 피라미드는 '一(일)' 자형으로 기자 고원의 사막에 배열되어 있다. 이는 이집트에서 보기 드문 아름다운 광경 중 하나이다. 이집트 여행객들은 이 피라미드 앞에서 발걸음을 멈추고 우러러볼 수밖에 없다.

내세를 위해 살아있는 동안 정성껏 모든 준비를 했다. 부유한 이집트인은 자신의 무덤을 각종 물품으로 장식하면서 죽은 뒤 영원한 생명을 얻고자 했고, 이러한 행동은 파라오나 귀족도 크게 다르지 않았다. 그들은 많은 시간을 들여 무덤을 세웠으며 공인들에게 벽화를 그리게 하고 부장물을 제작하도록 명령했다. 벽화에는 무덤의 주인이 될 사람이 배를 조종하거나 사냥을 하는 모습, 혹은 하인들의 시중을 받으며 연회를 즐기는 모습이 담겨 있었다. 이 그림들은 죽은 뒤 저승에서 영원한 삶을 누리는 모습을 묘사한 것이었다. 그들은 사후 생활이 생전과 마찬가지로 편안하고 안락하기를 바랐다.

▲ 인간과 하늘 간 소통의 매개체로 여겨지는 피라미드

고대 이집트 제3왕조 이전, 이집트인은 진흙을 사용하여 직사각형의 형태를 띤 무덤을 만들었다. 사람들은 이를 '마스타바(Mastaba)'라고 불렀다. 전해지는 말에 따르면 임호텝(Imhotep)이라는 공인이 건축 양식을 바꾸려고 연구하던 중에 산에서 채집한 커다란 바위를 이용하여 사다리꼴 모양의 건축물을 세웠다고 한다. 이 건축물로부터 피라미드가 탄생한 것이다. 고고학자들은 고대 이집트 상형문자의 연구를 통해 초기의 피라미드는 사다리꼴 형태였고, 후기에 이르러서야 각뿔 형태로 서서히 변화되었다고 말했다. 피라미드의 외형과 한자 '金(금)' 자의 모양이 매우 유사해서 피라미드를 '금자탑'이라고도 부른다.

문화 인류학자들은 고대 이집트의 종교에 대해 연구하다가 어떤 사실을 발견했다. 이집트 제2왕조에서 제3왕조 시기에 생겨난 관념으로 국왕이 죽으면 신이 되어 그 영혼이 하늘로 오른다는 것이었다. 훗날 발견한 《금자탑명문》에는 이를 뒷받침하듯 이런 기록이 남아있었다. '파라오를 위해 하늘로 통하는 사다리를 만들어 그 영혼이 자유롭게 하늘로 오르도록 했다… 하늘은 빛의 손을 당신께 뻗어 당신을 안고 저 멀리 날아간다… 마치 태양신의 눈과 같은…' 즉, 피라미드는 인간과 하늘이 소통하는 매개체였던 것이다. 동시에 고대 이집트인의 태양신에 대한 숭배를 표현하고 있었다. 고대 이집트의 태양신인 '라'의 상형부호는 사방으로 퍼져 나가는 태양빛인데 피라미드가 상징하는 것이 바로 그러한 모습의 태양빛이기 때문이다. 만약 당신이 피라미드 근처에 서서 피라미드 모서리 선의 각도를 따라 서쪽을 바라본다면 피라미드가 마치 인간을 향해 내리쬐는 태양빛과 같다는 것을 알 수 있을 것이다.

제4왕조 시기는 피라미드의 황금기였다. 세계 최대의 피라미드인 쿠푸(Khufu)의 피라미드는 이 시기에 건설된 것이었다. 쿠푸의 자손들 역시 이에 질세라 그의 피라미드를 그대로 따라했다. 왕실과 귀족들은 작은 피라미드를 세워 자기 사후의 안식처로 삼았다.

제4왕조 이후 다른 파라오들 역시 계속해서 피라미드를 세웠지만 규모와 질적인 면에서 이전 피라미드와 비교가 되지 않았다. 제6왕조 이후, 고대 왕국의 분열, 파라오의 권력 약화와 이집트 백성의 대항이 이어지자 파라오들은 더 이상 피라미드를 세우지 않았다. 그리고 이전 파라오의 미라들은 피라미드 안에서 끌려나와 모욕을 당했다. 그래서 파라오들은 깊은 산 속 안에 비밀 무덤을 만들기 시작했다.

피라미드의 건축

죠세르(Djoser) 왕조 이후, 고대 이집트에는 피라미드 건축 열풍이 불기 시작했다. 고대 왕국 시기를 피라미드 시대라고 부르기도 하는데 그 시기에 피라미드가 생겼기 때문이다. 그런데 이처럼 웅대한 건축물이 어떻게 세워질 수 있었을까? 사람들은 여전히 이 질문에 대한 확실한 해답을 찾지 못하고 있다.

헤로도토스는 피라미드의 건축과정을 기록한 적이 있다. 그는 이렇게 서술했다. '돌은 아라비아 산을 파서 가져온 것이고 파라오는 모든 이집트인에게 노동을 시켰다. 이집트인은 10만 명씩 무리를 이루어 3개월 동안 일해야만 했다. 이들 노동자 중에는 노예도 있었지만 평범한 농민과 수공업자들도 많았다. 고대 이집트 노예들은 가축의 힘을 빌리고, 나무를 굴려 커다란 돌을 건설 지점까지 운반했다. 그들은 또한 건설 장소 사방에 있는 천연 모래로 경사면을 쌓고 그 면을 따라 바위를 이동시켜 피라미드 위까지 끌어올렸다. 쿠푸 피라미드를 건축하는 데에 꼬박 20년이라는 시간이 걸렸다고 한다.

후대인은 헤로도토스가 남긴 기록에 많은 의문을 제기했다. 그중 가장 큰 논란의 주인공은 고대 이집트인의 과학기술 수준이 과연 얼마나 되었는가이다. 1889년 파리의 에펠탑이 완성되기 전까지 지구상에서 가장 높은 건축물은 피라미드였기 때문이다. 서양인들은 4500년 전의 고대 이집트인이 현대의 장비도 없는 상태에서 이렇게 까다롭고 방대한 공사를 독립적으로 완성할 수 있었다는 것을 믿지 못한다. 더군다나 피라미드에 쓰인 돌들이 매우 긴밀하게 쌓여 있다는 점도 신기했다. 이처럼 돌들을 꼭 맞게 끼워넣기란 아무리 날카로운 칼을 이용한다고 해도 어려운 일이었다. 그래서 심지어 어떤 이들은 피라미드는 외계인이 세운 건축물이라는 결론을 내리기도 한다. 얼마 전 미국의 과학자가 통계과학, 원리, 역학, 건축학, 고고학 등 다양한 학문을 종합하여 컴퓨터를 통해 고대 이집트인이 피라미드를 건설하는 장면을 복원했다.

채석장은 보통 건축 지점 부근의 산속에 있었고 채석하는 데는 수많은 채석 노동자가 필요했다. 당시 고대 이집트인이 다루는 금속 중 동은 가장 단단한 금속이었다. 그래서 각각의 채석 장인은 동으로 제작한 끌을 여러 개 가지고 있었다. 그들은 그 끌을 사용하여 커다란 바위에 작은 구멍을 내고 거기에 나무 쐐기를 끼웠다. 그리고 나무 쐐기 위에 물을 끼얹으면 쐐기는 물을 흡수하여 팽창했다. 커다란 바위는 팽창하는 힘으로 균열이 갔다. 그 균열을 동시에 몇 개의 끌로 쪼면 작업의 효율성이 크게 높아졌고 매일 필요한 채석량을 채울 수 있었다. 채석된 돌들은 그 무게가 종종 1톤을 넘었는데 어떤 것은 2톤이 넘었다. 이러한 돌들을 어떻게 운반하였는가

▼ **스핑크스(Sphinx)**
스핑크스는 카프레 피라미드 옆에 있으며 왕릉을 건축하고 남은 거대 바위를 조각하여 만들었다. 높이 20미터, 길이 5미터, 얼굴 길이 5미터이다. 머리에 쓴 왕관과 두 귀 옆에 있는 부채 모양의 '네메스' 두건, 이마 위에 있는 뱀은 양각으로 조각되었다. 아래턱에는 제왕의 상징인 늘어진 수염이 있다.

하는 것도 정확한 해답을 알 수 없는 문제 중 하나였다. 기자(Giza) 피라미드를 예로 들어보자. 기자의 토질은 점토로 이루어져 있다. 점토가 잘 깔린 길 위에 물을 뿌리면 무거운 돌은 그 위에서 미끄러졌다. 하지만 물의 양을 조절하는 일이 매우 중요했다. 만약 물의 양이 너무 많으면 커다란 돌이 점토 바닥으로 들어가 버렸고 물의 양이 부족하면 운반하는 데 더 많은 힘이 필요했다. 돌이나 노면이 단단한 편일 때 장인들은 길 위에 통나무들을 깔고, 통나무가 구를 때 마찰력이 줄어드는 원리를 이용하여 커다란 돌을 그 위에 놓고 굴렸다.

커다란 돌이 건설 지점으로 운반되면 전문 석공이 돌을 잘라 가공하는 일을 맡았다. 그리고 각각의 돌 위에 표시해 둔 기호에 따라 놓아야 할 위치에 끼워 넣었다. 그들은 간단한 삼각판과 추를 이용하여 돌들을 매끄럽고 평평하게 갈아서 윤을 냈다. 이러한 과정을 통해 돌과 돌 사이는 마치 시멘트로 붙인 것처럼 긴밀하게 맞물릴 수 있었다.

높은 곳으로 돌을 운반하려면 아주 긴 고갯길을 만들어야 했다. 노동자들은 모래와 깨진 돌, 점토를 물과 함께 혼합하여 경사면을 쌓아 거대한 돌을 피라미드 위로 끌어올렸다. 고고학자들은 경사의 길이와 높이 비율을 약 10대 1로 계산해냈다. 이것은 운송의 효율과 최소 경사면 재료를 얻기 위한 최적의 비율이었다. 그러나 피라미드의 고도가 점점 높아지면서 더 이상 경사면을 이용할 수 없게 되었다. 계산에 따르면 피라미드 꼭대기로 통하는 경사의 길이와 높이는 1,463미터에 달해야 했으므로 경사면 제작에 필요한 흙의 양이 피라미드 건축에 필요한 흙의 양의 3배가 넘었다. 그래서 건축가들은 재료가 적게 드는 나선형 고갯길을 선택했다.

피라미드가 끊임없이 높아지면서 건축가는 피라미드 내부의 현실[57] 구조를 어떻게 할지 고민했고 결국 현실로 통하는 회랑(corridor)[58]을 만들었다. 피라미드의 현실은 보통 세 부분으로 나누어졌는데 첫 번째 부분은 피라미드의 토대를 만들 때 착공하는 지하 기반으로 깊이는 지하 61미터에 달했다. 두 번째 부분은 피라미드 내부의 약 31미터 지점에 만들지는 곳으로 이른바 '왕비의 방' 이었다.

57) 무덤 안의 관을 놓는 곳
58) 사원이나 궁전건축에서 주요 부분을 둘러싼 지붕이 있는 긴 복도

세 번째 부분은 가장 높고, 가장 중요한 곳으로서 파라오 최후의 안식처였다. 현실로 통하는 회랑은 구불구불하고 길었으며 내벽은 광을 낸 석회암판을 긴밀하게 끼워 맞췄다. 그리고 마지막으로 칠을 한 뒤 정교하고 아름다운 벽화를 제작했다. 벽화의 내용은 파라오 생전의 화려한 생활을 반영하는 그림과 죽은 후 저승의 모습이 대부분이었다.

'세계 7대 불가사의' 중 최고

기원전 3세기, 페니키아 여행가 안티파토루스(Antipater)는 직접 본 '세계 7대 불가사의'를 기록했는데 그 중 기자의 피라미드를 1위로 뽑았다.

이집트 기자에는 총 10개의 피라미드가 있는데 모두 나일 강 서안의 사막에 우뚝 솟아 있으며 고대 이집트의 수도 멤피스와 그리 멀지 않은 곳에 있다. 가장 크고 보존 상태가 좋은 피라미드는 제4왕조의 세 번째 파라오인 쿠푸와 카프레(Khafre), 그리고 멘카우레(Menkaure)의 것으로 대략 기원전 2600년에서 기원전 2500년에 세운 것이다. 그 중 쿠푸의 피라미드는 높이 146.6미터, 밑변 길이 230.35미터이다. 카프레 피라미드는 높이 143.5미터, 밑변 길이 215.25미터이며, 멘카우레 피라미드는 높이 66.4미터, 밑변 길이 108.04미터이다.

세 개의 피라미드는 오리온자리를 따라 배열하고 나일 강을 은하수로 삼았다. 이집트인은 오리온자리에 신이 살고 있다고 생각했기 때문에 오리온자리를 매우 중요하게 여겼다. 그래서 그들의 신화에 나오는 천국은 오리온자리였다. 피라미드는 정북, 정남, 정동, 정서의 정방위에 있었고 오차범위는 1도가 채 안 되었다. 사람들이 이러한 피라미드의 배열을 보면 들쭉날쭉한 느낌을 받을 수밖에 없다.

3개의 피라미드 중에서 가장 큰 것은 200여만 개의 커다란 돌을 쌓아서 만든 쿠푸의 피라미드이다. 처음 피라미드의 외층을 덮었던 회백색 석회석은 이미 완전히 떨어져 버려 오늘날에는 내층의 황색 돌만 볼 수 있다. 피라미드의 중심에는 현실이 있고 회랑을 통해 들어갈 수 있다. 현실의 꼭대기는 몇십 톤에 달하는 몇 개의 거대 돌이 받치고 있다. 쿠푸의 피라미드 옆에는 몇몇 파라오와 귀족의 작은 피라미드, 그리고 직사각형의 탁상식 무덤이 있다.

파라오의 도굴방지 비책

파라오는 무덤 속에 수많은 저주의 말을 새겨놓아 보는 사람의 간담을 서늘하게 했지만 날로 극심해지는 도굴 행위를 막기에는 역부족이었다. 세티(Seti) 1세의 무덤은 왕의 계곡에서 1, 2위로 꼽히는 피라미드로 장식이 지극히 화려할 뿐만 아니라 도굴 방지 장치 역시 매우 정교하다. 은폐된 입구를 찾아 무덤 안의 회랑을 따라 내려가면 갑자기 깊이를 알 수 없는 우물 속으로 떨어진다. 이 경우 살아있기 어렵거나 살아남는다고 해도 밖으로 빠져나올 수 없다. 만약 다행히 우물에 빠지지 않았다면 금방이라도 무너질 것 같은 별에 문이 있는 것을 발견하게 된다. 사람들은 흔히 이것이 파라오의 현실로 직접 통하는 문일 것이라고 생각하지만 사실 이 문은 가짜 문이다. 만약 진짜 파라오의 현실로 들어가고 싶다면 반드시 복잡하게 숨겨져 있는 계단을 찾아야 한다. 그리고 그 계단의 끝에 다다른다면 파라오 무덤 현실의 참모습을 볼 수 있다. 그러나 이렇듯 고심해서 만든 장치도 도굴꾼의 손바닥에서 벗어날 수 없었다.

▲ 피라미드를 건축한 거대 돌은 그 무게가 수 톤 혹은 수십 톤에 달했다. 돌들 사이에는 어떠한 점착물도 사용하지 않았지만 빈틈없이 밀착되어 있다.

카프레 피라미드의 옆에는 세계적으로 유명한 스핑크스가 있다. 스핑크스는 높이 20미터, 길이 약 57미터로 생동감 있는 모습이다. 이것이 피라미드에 무한한 매력을 더해준다. 1789년 나폴레옹은 이집트를 침입했을 때 피라미드와 스핑크스를 보고 크게 감탄하여 전쟁기간 중이었는데도 일부러 학자들을 불러 피라미드와 스핑크스에 관한 많은 이야기를 들었다. 이집트학의 탄생 배경에는 이 일도 관련되어 있다고 전해진다.

미라의 귀환

미국 할리우드 영화에 자주 등장하는 장면이 있다. 주인공이 피라미드 안에서 미라를 향해 주문을 외우면 천 년 동안 잠들어 있던 미라가 갑자기 부활하는 장면이다. 물론 실제로는 일어날 수 없는 일이다. 다시 말해서 감독의 뛰어난 연출은 믿을 만한 근거에 따라 만들어진 것이 아니다. 고대 이집트인이 미라를 제작한 목적은 분명히 죽은 자의 부활이었지만 그것은 속세가 아닌 내세에서의 부활이었다.

고대 이집트의 파라오는 죽은 뒤 도굴꾼의 침입을 두려워하여 피라미드 입구에 저주를 설치해놓았다. 그러나 사람들을 공포로 몰아넣을 것 같은 파라오의 저주도 금은보석에 눈이 먼 도굴꾼의 욕망을 막을 수 없었다. 대다수의 피라미드는 어느 정도의 도굴을 당했는지 그 정도만 다를 뿐이었다. 심지어 수많은 파라오의 미라는 이미 유골이 남아 있지도 않다. 다행히도 일부 피라미드는 도굴꾼의 약탈을 피할 수 있었는데 고대 이집트 신왕국시기 제18왕조의 파라오인 투탕카멘(기원전 1334년~기원전 1323년)의 피라미드가 그 중 하나이다. 이 파라오는 고대 이집트 역사상 이름이 잘 알려지지 않았는데 오히려 오늘날에 이르러서는 저주와 아름다운 미라로 널리 알려졌다. 1922년, 투탕카멘의 묘혈이 열린 뒤부터 최소한 40여 명의 고고학자와 관련 인물들이 뜻밖의 재난으로 목숨을 잃었고 그 '저주'는 계속해서 이어졌다. 1964년 5월, 이집트를 방문한 소련 공산당 서기장 흐루쇼프(Nikita Sergeevich Khrushchyov)는 KGB[59]로부터 절대로 피라미드 안에 들어가지 말라는 내용의 통지를 받았다. 오늘날 수많은 과학자는 '저주'의 본질에 대해 수많은 연구를 진행했다. 그러나 지금까지 그 어떤 결론도 얻지 못했다. 그 와중에 생물학자들은 피라미드 고고학자의 비정상적인 죽음이 치명적인 세균과 관련되어 있을 것이라고 생각했다. 고대 이집트 문서를 연구하는 전문가들은 '고대 이집트 발진'이라고 부르는 기괴한 병을 겪었다. 이 병은 호흡이 곤란해지고 피부에 붉은 점이 나타나는 증상을 보였다. 생물학자들은 이 병을 실마리 삼아 이집트의 파피루스에서 이 병을 일으키는 종류의 세균을 추출했다. 전문가들은 이것을 근거 삼아 피라미드 안에 현재는 알아내지 못한 고대 세균과 바이러스가 존재한다고 단정했다. 피라미드의 양호한 밀폐성과 이집트의 건조한 기후로 병원체가 온전하게 보존된 것이었다. 그래서 일단 피라미드 안으로 진입하면 병원체는 우선 호흡 계통을 통해 인체로 들어가 신속하게 발병한다고 보았다. 이외에 화학자의 해석 역시 매우 일리가 있는 듯 보였다. 그들이 피라미드의 방사성 원소를 측정했는데 피라미드 안의 우라늄(uranium)과 라돈(radon)이 심각한 초과수치를 보였기 때문이다. 그래서 장기간 피라미드 내부에서 작업을 하면 방사능에 노출될 수밖에 없었고, 환자는 방사능 감염으로 사망에 이르게 되었다고 보았다.

신기한 에너지

1930년대, 앙뚜안느 보비라는 프랑스인이 쿠푸의 피라미드로 참관 여행을 갔는데 피라미드의 3분의 1지점에 있는 넓은 방 안에 쓰레기통이 놓여 있었다. 당시 이집트는 한여름이었고 그 넓은 방은 온도가 매우 높았다. 그러나 쓰레기통 안에 쌓아 둔 유기물질과 작은 동물의 시체는 변질하거나 부패하지 않았고 오히려 바짝 말라 있

59) 구 소련의 국가보안위원회

었다. 보비는 이 일을 매우 이상하게 느꼈지만 그 이유를 찾을 수 없었다. 그는 미심쩍은 마음을 품은 채 이집트를 떠나야 했다.

프랑스로 돌아온 뒤, 그는 흥미로운 실험을 했다. 모래와 자갈로 비율을 맞춘 축소된 피라미드 모형을 만들고 죽은 고양이 한 마리를 피라미드의 3분의 1지점에 있는 평평한 곳에 놓았다. 그 결과 죽은 고양이는 이집트에서 본 것처럼 부패하지 않고 미라화 되었다. 이후 그는 다른 유기물질을 사용하여 같은 실험을 진행했는데 마찬가지의 결과를 얻었다. 이 소식은 재빠르게 전해졌고 사람들은 이 현상에 대한 체계적인 연구를 시작했다. 비록 지금까지 과학자들은 피라미드 에너지의 본질과 작용 원리를 정확하게 밝혀내지 못하고 있지만 대다수 과학자는 피라미드 내부의 공간 구조가 공간 내에서 직접적으로 진행되는 물리적 · 화학적 · 생물적 변화과정에 영향을 주었다고 생각한다. 만약 우리가 어떤 기하도형 형태로 외형을 만든다면 이러한 외형은 그 내부 공간 안에서의 자연적 변화를 빠르게 하거나 느리게 할 것이다. 이런 놀라운 현상을 발견할 때마다 고대 이집트인의 위대한 지혜를 다시금 느끼게 된다.

▶ **피라미드 투사도**
이집트의 고대 왕국 시기는 위대한 피라미드의 시대로 여겨진다. 죠세르 왕의 계단형 피라미드가 등장한 뒤 역대 왕들은 앞다투어 모방하며 더 높고 거대한 피라미드 건축의 서막을 열었다.

창조의 신 태양신

'성갑충이 떠받치는 태양의 찬란한 빛은 화려한 사막의 궁전을 밝게 비추고 파라오 생명의 상징인 지팡이를 눈부시게 비추며 이집트 백성에게 행복과 행운을 가져다준다.' 이집트에서 태양신은 영광을 상징할 뿐만 아니라 만물을 잉태하여 사람들의 깊은 숭배를 받았다. 고대 이집트 무덤의 호신부 중에서 가장 흔히 볼 수 있는 형상은 뜻밖에도 우리가 쇠똥구리라고 부르는 갑충이다. 똥공을 필사적으로 굴리는 갑충이 어떻게 해서 고대 이집트인이 숭배하는 태양신의 화신이 된 것일까?

태양신의 화신-쇠똥구리

이집트에서는 산 사람이든 죽은 사람이든 성갑충 모양의 호신부를 몸에 달고 있었다. 그들은 매일 아침 동쪽에서 가장 먼저 떠오르는 태양빛을 맞이하며 땅을 뚫고 나오는 갑충을 태양의 화신이라고 믿었다. 그들에게 갑충은 부활과 영원한 생명을 상징했고 산자의 건강과 행운을 지켜주고 죽은 자가 평안하게 내세로 갈 수 있도록 해주는 존재였다. 성갑충은 속칭 쇠똥구리이다. 겉모습도 변변치 않고 심지어 더럽기 짝이 없는 쇠똥구리가 어떻게 해서 고대 이집트인에게 행운의 호신부가 되었을까?

프랑스의 유명한 곤충학자 파브르(Jean Henri Casimir Fabre)는 《곤충기》에서 이렇게 말했다. "전에 이집트인은 이 둥근 똥공이 지구의 모형이라고 상상했다. 쇠똥구리의 동작이 천체의 운동 모습과 똑같았으므로 그들은 갑충을 매우 신성하다고 생각했고 그것을 '신성한 갑충, 즉 '성갑충'이라고 불렀다." 고대 이집트인들은 매일 태양이 뜰 때 쇠똥구리도 일을 시작한다고 생각했다. 쇠똥구리가 사람이나 동물의 똥을 굴려 만든 똥공의 모양은 천체와 같았다. 이런 이유로 쇠똥구리는 인류와 태양신이 소통할 수 있도록 해주는 사자가 되어 고대 이집트인의 숭배를 받았다.

이외에 쇠똥구리는 똥공을 다시 땅속에 묻고 그곳에 알을 낳았다. 그리고 대부분의 쇠똥구리는 기진맥진해서 죽었다. 다음해가 되면 쇠똥구리의 알은 부화하여 성충이 된 후 흙에서 나왔다. 당시 사람들은 쇠똥구리가 알을 낳고, 그 알이 부화하여 성충이 되어가는 과정을 관찰할 수 없었기 때문에 갑충이 다시 살아났다고 생각했다. 부활을 신봉하는 이집트인은 그런 쇠똥구리를 '성갑충'으로 숭상했고 성갑충 호신부를 미라 안에 넣어 죽은 자가 성갑충처럼 다시 살아나기를 희망했다. 그래서 사람들은 쇠똥구리에게 'Scarab beetle', 'Scarab'이라는 이름을 붙였는데 이는 고대 이집트 언어에서 생명이 있는 모든 만물을 부르는 말이었다. 이렇게 해서 매일 똥 무더기 안을 힘들게 오르내리고 굴러다니던 쇠똥구리는 '성스러운 곤충'의 반열에 올라 전체 이집트인의 숭배대상이 되었다.

최근 캐나다 《오타와 시티즌(Ottawa Citizen》이라는 지방 신문에는 오타와에 사는 노인 한 명이 피라미드의 거대 돌을 어떻게 운반했는지 그 비밀을 찾아냈다고 주장하는 기사가 실렸다. '타원형의 원목판을 거대 돌의 가장자리 네 곳에 묶어 불규칙한 원기둥 모양을 만든다. 이렇게 하면 쉽게 그것을 굴려 운반할 수 있다.' 이것은 쇠똥구리가 똥공을 굴리는 모습에서 영감을 얻은 것이었다. 비록 이러한 견해가 사람들에게 큰 신뢰를 주지는 못했지만 쇠똥구리가 고대 이집트 종교에서 차지하고 있던 중요한 위치를 다시 한 번 확인할 수 있었다. 물론 이 모든 영광은 쇠똥구리와 태양신의 긴밀한 관계에서 나온 것이었다.

태양신 라

만일 태양신이 고대 이집트에서 절대적인 지위를 가지고 있지 않았다면 쇠똥구리 역시 그러한 축복을 얻지 못했을 것이다. 고대 이집트는 푸른 하늘의 신 호루스를 최초로 신봉했다. 그의 화신은 매였고 매 머리에 인간의 몸을 한 호루스의 형상은 하늘의 숭고함을 상징했다. 제5왕조에 이르러 헬리오폴리스(Heliopolis)의 제사장이 통치자가 되었고 그들이 신봉한 태양신 라가 이집트의 주신主神이 되었다. 태양신 라는 지평선 상의 호루스로 불렸고 그의 화신은 성갑충이었다. 성스러운 뱀 우라에우스(uraeus)가 장식된 태양원반 관을 머리에 쓴 남성과 이와 똑같은 관을 쓴 사냥매 머리에 사람 몸을 한 형상은 태양의 찬란한 빛을 상징했다. 호루스와 라는 모두 고대 이집트인의 창조의 근원인 태양에 대한 숭배를 드러내 보였다.

모든 민족은 그 나름의 신화 체계를 갖고 있다. 신화는 가장 오래된 민족문학이다. 세상의 탄생 및 인류의 기원 역시 고대 이집트 신화의 주요 화제였다. 고대 이집트 신화에 나오는 조물주는 태양신 라였다. 이집트 신화를 보면 최초의 세계는 혼돈의 세상이었고 생명이라곤 찾아볼 수 없었다고 한다. 오직 끝이 보이지 않는 큰 바다만이 있을 뿐이었다. 그러던 어느 날, 연꽃 한 송이가 붉은 태양을 받쳐 든 채 물 위로 유유히 떠올랐다. 태양신 '라'가 자신을 드러내는 순간이었다. 이때부터 하늘은 바다로부터 분리되었다. 라는 '슈(Shu)를 토해내고 테프누트(Tefnut)를 기침으로 뱉어냈다.' 이렇게 해서 라의 가족인 바람의 신 슈와 그의 부인인 비의 신 테프누트가 탄생했다. 이외에 라에게는 3대 후대가 있었는데 대지의 신 게브와 하늘의 여신 누트, 그리고 게브와 누트의 자식인 오시리스와 이시스, 그리고 세트, 네프티스였다. 이들이 탄생한 날부터 선과 악의 끊임없는 투쟁은 시작되었다.

▲ 고대 이집트 《망령서》 중에 나오는 삽화

매의 머리를 하고 있는 신 호루스가 죽은 자와 함께 배에 앉아 항행을 하는 모습. 매의 머리를 하고 있는 신 호루스는 태양신이 대낮에 항행할 때의 화신이었다.

라의 눈물이 대지로 흘러내리자 인류가 그곳에 출현했는데 몇몇 고대 이집트 문헌에서는 '라의 눈물'이라는 말로 인류를 가리켰다. 라는 매일 태양배를 타고 사방을 순찰하며 인류의 행동을 살펴 분쟁이 일어나지 않도록 했다. 또한 그들에게 집을 짓고, 농사를 지으며 천을 짜는 등 여러 가지 지식을 전수해주었다.

라는 무한한 힘을 가지고 있었는데 힘의 비밀은 변화무쌍한 이름에 있었다. 라는 새벽에는 '케프라'라고 불리면서 막 솟아오른 태양을 상징했는데 갑충 혹은 갑충 머리에 인간의 몸을 하고 있는 모습이었다. 오후가 되면 중년이 되어 '라'로 불렸다. 사람 몸에 매의 머리를 하고 있었는데 정수리에는 태양 원반이 달려 있었다. 저녁이 되면 노인으로 변하였고 이름은 '아툼'이었으며, 뱀, 도마뱀, 갑충, 사자, 수소를 합친 모양이었다. 라는 밤이 되면 배를 타고 저승을 여행했고 그때는 라고 불렸다.

그러나 이 모든 것은 단지 사람들이 그를 부르는 호칭이었을 뿐이

▲ **기원전 13세기 고대 이집트 왕릉의 벽화**
고대 이집트 최고의 신 태양신 라의 모습을 묘사했다.

었다. 라는 태어난 날부터 자신의 이름을 알고 있었고 다른 사람은 그의 이름을 알지 못했다. 그러나 총명한 여인 이시스는 이 비밀을 눈치 채고 있었다. 그녀가 라를 열심히 관찰해보니 라의 침에는 신기한 효능이 있었다. 그리하여 그녀는 기회를 틈타 라의 침이 묻은 진흙으로 코브라를 빚었다. 그러자 진흙 코브라는 라의 힘 덕분에 곧바로 살아 움직였다. 이시스는 그 코브라를 라가 매일 지나다니는 길에 풀어놓았다. 얼마 후 라가 그곳을 지나게 되었는데 이시스가 빚은 코브라가 라를 물어버리고는 그대로 사라져버렸다. 라는 몸속에 코브라의 독이 들어오자 밤낮으로 괴로워했다. 그 코브라는 자신이 창조한 것이 아니었기 때문에 라는 코브라 독에 대해 아는 것이 없었다. 그러자 여신들은 의술에 뛰어난 이시스를 불렀다. 이시스는 조용히 라에게 다다가 자기의 진짜 의도를 밝혔다. "저에게 당신의 비밀 이름을 알려 주십시오. 그러면 제가 당신을 그 고통에서 벗어나게 해 드리겠습니다." 나이가 많은 라는 더 이상 고통을 참을 수 없어서 하는 수 없이 자신의 비밀 이름을 이시스의 마음속으로 알려주었다. 이때부터 이시스는 가장 강대한 여신이 되어 운명의 지배자가 되었다. 그리고 라는 다시 평온한 일상으로 돌아가 대낮에는 하늘 높이 떠 있었고 저녁이 되면 태양배를 타고 위험이 도사리는 저승을 여행했다.

태양신 아몬과 아톤

고대 이집트가 신봉한 신들은 정치의 중심이 바뀔 때마다 변화했다. 그러나 태양신은 언제나 창조의 신이었고 가장 높은 지위에 놓여 있었다. 중왕국 시대에 이르러 테베가 고대 이집트의 정치 중심이 되자 그 지방의 신 아몬(Amon)의 지위는 점차 높아졌다. 신왕국 시대 때 아몬과 라는 하나로 합쳐져 새로운 신 '아몬-라'가 되었다.

아몬-라는 라의 모든 신성神聖을 계승했고 전체 이집트에서도 신 중의 신으로 신봉되었다. 신왕국 시기에 아몬은 더 이상 예전의 지방신이 아니었다. 그는 태양신과 결합한 '아몬-라'가 되었다. 아몬은 라처럼 신화적 색채가 짙은 신이 아니었다. 고대 이집트의 남방에서 기원한 신 무트(Mut)는 아몬의 부인이었고, 달의 신 콘스(Khonsu)는 아몬의 아들이었다. 그래서 아몬, 무트, 콘스는 테베의 3대 신이 되었다. 아몬은 일반적으로 사람의 형상으로 묘사되었다. 머리에는 매우 곧은 두 개의 깃털 장식이 있고, 손에는 권력을 상징하는 지팡이를 들고 있었는데 이는 남성의 기개를 상징했다. 어떤 때에 아몬은 청개구리 머리나 코브라 머리로 묘사되었고 숫양과 암거위는 그의 신성한 동물이 되었다. 파라오는 아몬의 대변인임을 자처하며 자신이 신의 특성과 신의 이름을 가지고 있다고 여겼다. 파라오들은 자신의 모든 업적과 전쟁에서의 승리를 아몬의 은혜로 돌렸으며 테베에 아몬을 위한 신전을 지었다. 아몬에게 바친 신전 중 테베 동쪽 언덕에 있는 카르나크(Karnak) 신전과 룩소르(Luxor) 신전이 가장 유명하다. 카르나크 신전 문 앞의 큰길 양옆에는 사자의 몸에 양의 얼굴을 한 조각상이 있는데 이는 아몬에 대한 무한한 경외심을 표현한 것이었다. 태양신의 신전은 왕릉을 대신하여 파라오가 숭배한 기념비적 건축물로서 가장 중요한 지위를 차지했다.

제18왕조 때 아몬 신전을 돌보는 제사장의 세력은 날로 성장했다. 그들은 풍성한 물질적 재산을 가지고 있었을 뿐만 아니라 정사를 좌지우지하여 파라오의 통치에 심각한 위협이 되었다. 그래서 아멘호테프(Amenhotep) 4세는 유일신을 섬기는 종교개혁을 단행하였다. 그는 아몬에 대한 숭배를 금지하고 아톤을 절대적인 태양신으로 섬겼다. 아톤은 원래 태양원반의 상징이었다가 신왕국 시대에 신격화되었다. 아톤은 다른 신과는 달리 어떤 사람이나 짐승의 모

▼ **고대 이집트가 아톤을 숭상하는 모습의 조각**
파라오 아크나톤과 그의 부인이 태양원반 아톤을 향해 충성 의식을 올리고 있는 모습

습이 아닌 붉은 태양의 형상이었다. 아멘호테프 4세는 여기저기 남아있는 아몬의 영향력을 제거하기 위해 있는 힘껏 애를 썼다. 그는 기념물에서 아몬의 이름을 삭제할 것을 명령하고 자신의 이름을 '아톤의 찬란한 빛이 빛나는 영혼' 이라는 뜻의 아크나톤(Akhnaton)이라고 바꿨다. 그리고 왕후에게 '최고의 아름다움을 아톤' 이라는 뜻의 네프루네프루 아텐이라는 이름을 하사했다. 이밖에 그는 수도를 아케타톤(Akhetaton)으로 옮기고 아톤의 신전을 건축하여 그것에 아톤의 신상을 조각하고 아톤과 아크나톤을 찬송하는 불후의 시 〈아톤찬가〉 등을 창작했다. 그러나 아몬 신전의 위상이 굳건했으므로 신전 제사장의 세력은 수그러들지 않았다. 결국 아크나톤이 죽은 지 얼마 되지 않아 그의 개혁은 폐지되었고 아크나톤의 아들 투트앙크 아텐[60]이 왕위를 계승할 때 투탕카멘(Tutankhamen)으로 개명시켰다. 그것은 '아몬의 살아있는 형상' 이라는 뜻이었다.

아톤에 대한 숭배는 덧없이 사라져 버렸다. 아몬이 아톤을 격파하고 종교 무대로 화려하게 복귀한 것이었다. 태양의 찬란한 빛은 화려한 사막 궁전을 계속해서 비추었고 파라오의 신성한 얼굴에는 빛을 냈다.

---

60) '아톤의 살아있는 형상' 이라는 뜻

찬란한 신전 카르나크 신전과 룩소르 신전

사자 몸에 사람 얼굴을 한 스핑크스는 세상에서 손꼽히는 건축물 중 하나이다. 그러나 사자 몸에 양의 얼굴을 한 조각상은 사람들에게 생소하다. 어째서 사나운 사자의 몸에 온순한 양의 머리가 놓인 것일까? 원래 신왕국 시기, 아몬은 사람들의 폭넓은 신봉을 받았고 숫양은 아몬의 신력神力을 받아 그 권위가 대단했다. 이런 이유로 사자 몸은 위엄, 힘 그리고 왕권을 상징했고 양의 머리는 아몬을 상징했다. 사자 몸과 양 머리 조각상이 많이 집중된 곳은 고대 이집트인이 아몬에게 제사를 올리려고 세운 카르나크(Karnak) 신전과 룩소르(Luxor) 신전이었다.

신왕국 시기에 태양신 신전은 왕릉을 대신하여 파라오가 숭배하는 기념비적 건축물이 되었고 가장 중요한 위치를 차지했다. 당시 사회는 아몬을 신봉하고 있었고 파라오는 자신의 모든 승리를 아몬의 공덕으로 돌렸다. 그리고 자신을 아몬의 아들이라 자처하며 테베에 아몬을 위한 건축물을 대대적으로 세웠다. 제사장은 최고의 부와 권력을 가진 존재였다. 파라오가 엄청난 양의 재산과 노예를 신전에 예물로 보냈기 때문이었다. 신전은 매우 광범위하게 분포했는데 그 중에서도 나일 강 동쪽 기슭에 세워진 카르나크 신전과 룩소르 신전이 최고의 신전으로 꼽힌다. 이 두 신전은 신왕국 시기에 지혜로운 고대 이집트인이 인류에게 남긴 문화적 재산으로서 이집트 건축 예술의 정수가 응집되어 있다. 이집트인은 이렇게 이야기한다. "룩소르에 가 본 적이 없다면 이집트에 와본 적이 없는 것과 같다." 이 말은 이집트 문명 역사에서 이 두

▼ 카르나크 신전의 조각

신전이 얼마나 중요한 위치를 차지하고 있는지 보여 준다.

카르나크 신전

카르나크 신전은 '백문의 도시'인 룩소르에서 북쪽으로 5킬로미터 떨어진 곳에 있는 고대 이집트제국이 남긴 가장 아름다운 신전이다. 신전은 테베의 주신인 태양신 아몬을 신봉하는 아몬 신전, 아몬의 부인인 무트를 신봉하는 신전 및 아몬의 아들인 콘스를 위한 신전의 세 부분으로 구분된다. 아몬 신전은 총 면적 24.28헥타르로 길이 336미터, 폭 110미터이다. 아몬 신전은 중왕국 시기에 최초로 건축되었고 신왕국 제18왕조 때 증축한 뒤 이후 보수했다. 신왕조의 파라오는 신전의 경건함을 과시하기 위해 카르나크 신전에 벽돌과 기와를 더했다. 신왕조 시기 말기에 이르러 카르나크 신전은 총 10개의 문루를 보유하게 되었다. 일반적인 신전의 문루가 1개뿐이었던 것에 비추어보면 대단한 수준이었다고 할 수 있다.

▼ 카르나크 신전의 대열주실

높은 곳에서 내려다보면 전체 신전은 사다리꼴을 이루었고 6층짜리 건물이 앞뒤로 겹겹이 있었다. 신전에서 가장 중요한 건축물은 대열주실인데 무려 134개의 거대 원형 기둥이 있었다. 이는 제19왕조의 람세스 1세와 세티 1세 그리고 람세스 2세가 삼대에 걸쳐 건설한 것으로 기둥들은 모두 파라오의 위엄을 상징했다. 대접받침[61]은 파피루스 꽃 모양을 하고 있었다. 이러한 거대 원기둥의 설계는 그리스 건축과 세계 건축에 영향을 미쳤다. 신전 내 기둥 벽과 담에 있는 조각 및 벽화는 고대 이집트의 신화와 사람들의 일상생활 모습을 기록했다.

61) 기둥머리의 장식으로 끼우는 대접처럼 넓적하게 네모진 나무

신전 내의 돌기둥은 마치 중앙 홀의 사면이 삼림에 둘러싸인 듯 빽빽이 세워져 있어 사람들의 시선을 차단했으며 사람들에게 그윽하고 신비스러운 감정을 주었다. 이러한 감정은 파라오의 '왕권 신화'의 요구에 정확하게 맞아떨어졌다. 물질적 무게에 정신이 압도되는 중압감이 '숭배'의 시작점이 되었다. 탑문과 대열주실의 원기둥은 많은 조각으로 장식되어 있었고 전쟁의 참상, 전원생활의 행복 그리고 신과 파라오 사이의 친밀함이 그대로 담겨 있었다.

기원전 1567년 신왕국의 파라오와 관리, 그리고 백성은 매일 새벽 카르나크 신전 앞에서 떠오르는 태양을 맞이하며 태양신의 축복, 풍요로운 생활과 이집트가 강대한 국가가 되기를 기원했다. 이른 새벽 아몬의 찬란한 빛이 거대한 탑문을 비추며 대열주실의 파피루스 꽃이 '활짝 핀 원기둥'을 붉게 물들였다. 그리고 이 빛은 람세스 3세의 신전 위로 옮겨와 신권을 파라오에게 부여했다. 이는 "그는 나의 화신이니 모든 관리와 백성은 그의 통치를 받으라."라고 명령하는 듯했다.

얼마 후 태양빛은 사자 몸에 양의 얼굴을 한 채 카르나크 신전 대문 앞에 가지런히 늘어선 조각상을 비췄다. 이 아몬의 화신 역시 신의 비호를 받고 있었다. 매년 오페트 축제(Opet Festival)가 되면 제사장들은 제물을 두 손에 받쳐 들고 금박, 은박으로 장식된 석판으로 만들어진 큰길을 따라 룩소르 신전을 향해 성큼성큼 나아갔다.

▼ **룩소르 신전의 대열주랑**
룩소르 신전은 나일 강 동쪽 연안에 있으며 길이 262미터, 폭이 56미터이다. 탑문, 정원, 대열주랑, 오벨리스크와 함께 신전을 구성했다.

룩소르 신전

룩소르 신전은 카르나크 신전에서 3킬로미터도 채 떨어지지 않은 곳에 있다. 이 신전은 고대 이집트 제18왕조의 파라오(기원전 1398년~기원전 1361년에 재위) 아멘호테프 3세가 태양신 아몬과 그의 부인 무트, 그리고 아들 콘스에게 제사를 지내기 위해 세운 것이었다. 룩소르 신전 대부분의 공사는 아멘호테프 3세가 완성했고 이후 람세스 2세가 증축하고 탑문 양쪽에 자신의 돌 조각상 여섯 개를 세웠다. 하지만 현재는 탑문 양쪽에 가장 가까이 있는 높이 14미터 정도의 커다란 조각상 두 개만이 남아있을 뿐이다.

신전은 총 면적 31헥타르로 길이 262미터 폭 56미터이며, 탑문, 대열주랑, 정원, 신전 및 오벨리스크(Obelisk)[62] 등의 건물이 있다. 탑문은 신전의 입구이며, 탑문 위에는 아멘호테프 3세의 주랑[63]이 있다. 그 흔적을 보면서 사람들은 아멘호테프 3세가 신에게 이끌려 신전으로 걸어 들어가는 전경을 상상할 수 있다. 동쪽으로 들어가면 작은 예배당이 있는데 벽면에는 태양신 아몬과 무트 여왕의 결혼식 모습이 조각되어 있다.

고대 인류는 여러 가지 자연현상을 이해할 수 없었기 때문에 그 모든 것을 신의 힘이라고 생각하며 신전을 짓고 신을 신봉했다. 고대 이집트인은 태양이 동쪽에서 떠올라 서쪽으로 지는 모습이 사람의 생사와 같다고 여겼다. 그래서 고대 이집트인은 나일 강을 경계로 동쪽과 서쪽 연안을 구분했다. 동쪽 연안은 세속적 사회로, 서쪽 연안은 죽은 영혼의 안식처로 삼았다. 파라오의 왕릉은 나일 강의 서쪽 연안에 세우고 신전은 세속 사회와 연결하기 위해 나일 강의 동쪽 연안에 지었다. 매년 오페트 축제가 되면 아몬은 파라오와 사제단을 대동하고 카르나크 신전에서 출발하여 4개의 배로 나눠 타고 부인과 아들을 만나러 갔다. '신의 배' 호송단은 당당하게 룩소르 신전을 향해 전진했다. 이 배가 룩소르 신전에 다다르면 한자리에 모인 사람들은 소를 삶고, 양을 죽여 신의 일가를 열렬히 환호했다. 경축일이 끝날 때 이 장면들은 모두 룩소르 신전의 벽면에 조각되어 영원히 인간 세상에 남겨 졌다.

오벨리스크

태양신을 숭배한 건축물로 고대 이집트의 또 다른 걸작은 바로 오벨리스크이다. 원래는 신전 앞에 오랫동안 서 있던 돌기둥이었는데

62) 고대 이집트에서 태양 신앙의 상징으로 세워진 기념탑. 하나의 거대한 돌기둥으로 위쪽으로 갈수록 가늘어지며 꼭대기는 피라미드 모양으로 되어 있다. 측면에는 상형문자가 새겨져 있다.
63) 기둥만 있고 벽이 없는 회랑

훗날 오벨리스크로 발전했다. 오벨리스크는 방첨비라는 또 다른 이름에서 짐작할 수 있다시피 아래에서 위로 올라갈수록 폭이 좁아지다가 맨 꼭대기에서 뾰족한 끝을 이룬다. 고대 이집트인은 오벨리스크의 신성을 나타내려고 오벨리스크의 겉면을 금과 동, 혹은 금은의 합금으로 에워쌌다. 그래서 오벨리스크에 내리쬐는 태양빛은 태양의 찬란함을 드러내며 눈부시게 빛났다. 우뚝 솟은 오벨리스크는 고대 이집트제국의 강력한 권위를 드러내는 역할을 했기 때문에 파라오들은 죄인의 죄를 사하여 줄 때나 전쟁에서 승리했을 때 자신의 공적을 과시하려고 신전과 왕국의 양쪽 대문에 오벨리스크를 세웠다.

▲ 오벨리스크

룩소르 신전에는 원래 두 개의 거대한 오벨리스크가 있었는데 현재는 하나만 있고 나머지 하나는 파리의 콩코드 광장에 있다. 오벨리스크의 기반판 둘레에는 오벨리스크의 제작, 운반 과정이 그려져 있다. 오벨리스크를 세우는 작업은 어렵고도 방대한 공사였다. 오벨리스크는 이집트 아스완(Aswan) 지역의 화강암으로 조각되었고 아스완에서 테베까지 운반하는 데만 7개월이라는 긴 시간이 걸렸다. 룩소르에 현존하는 오벨리스크는 높이가 25미터로 곧게 뻗은 종려나무 두 그루와 함께 깊은 역사의 숨결을 전하고 있다.

카르나크 신전은 앞뒤로 두 개의 오벨리스크가 있는데 이는 고대 이집트의 여제[64] 하트셉수트(Hatshepsut)의 재위 당시에 세운 것이다. 그 중 하나는 이미 바람과 모래에 침식되어 무너져버렸고 현재까지 우뚝 솟아있는 오벨리스크는 현재 이집트 국경 내에서 가장 높은 오벨리스크로 높이가 29미터이다. 하트셉수트가 오벨리스크를

64) 여자 파라오

세운 목적은 자신의 왕위 계승이 합법적임을 드러내기 위함이었다. 하트셉수트는 투트모세 3세를 폐위시키고 자신이 정권을 잡은 인물이었는데, 당시 고대 이집트인은 여자는 파라오가 될 수 없다고 생각했다. 그녀는 정당한 명분을 얻으려고 자신을 아몬의 딸이라고 불렀고 아스완에서 석재를 운반하여 당시 이집트에서 가장 크고 높은 오벨리스크를 제작했다. 그리고 전 세계에서 가장 좋은 금으로 표면을 도금하여 아몬의 찬란함을 드러내려 했다. 그러나 투트모세 3세 역시 매우 영리한 군주였다. 그는 22년 후 신전의 제사장단 세력을 발판으로 정변을 일으켜 왕위를 되찾았고, 이때부터 하트셉수트의 행방은 전혀 알 수 없다. 그녀와 관련된 기록이 당시에 대부분 훼손되었기 때문이다. 그러나 이 오벨리스크는 파손되지 않고 3000여 년이라는 긴 세월동안 온전히 보전되었다. 과연 어떻게 된 일일까? 역사는 투트모세 3세의 뜻과는 정반대 방향으로 흘러갔다. 그는 높은 벽을 세워 하트셉수트가 세운 이 오벨리스크에 사람들의 접근을 막고 아몬을 찬송하는 문자만을 노출시키고자 했는데 이러한 그의 조치가 오히려 풍화를 막아줘 오벨리스크를 안전하게 보호해준 것이었다.

인간 세상에 사는 신들의 하인 제사장

제사장단은 파라오의 믿음과 원망을 동시에 받는 세력이었다. 파라오들은 백성에게 자신의 신성을 선전하여 자신의 통치하에 두기 위해 제사장단의 선전에 의지해야만 했다. 그러나 제사장단의 권력은 날로 강대해졌고 이는 파라오의 권력과 대등할 정도가 되어 제사장단의 촉각은 파라오의 옥좌를 향해 있었다.

최고 제사장에서 저급 제사장까지

고대 이집트인은 이집트 각지에 신전을 세웠고 파라오 역시 중대한 제사의식을 직접 주관했다. 그러나 파라오가 모든 제사 현장에 직접 참여할 수는 없었고 파라오는 자신을 대신하여 여러 신에게 제사를 지낼 사람을 선발했다. 이렇게 하여 서서히 고대 이집트의 제사장단이 형성되어갔다.

고대 이집트에서 제사장은 '신의 하인'이라는 의미를 가졌다. 그들은 각지의 신전에 분산되어 신을 위해 봉사했다. 그들이 신의 하인으로 있으면서 누릴 수 있는 가장 큰 영광은 신봉하는 신이 국가의 주신으로 승격하는 일이었다. 이렇게 되면 주신의 최고 제사장은 인생의 황금기를 맞을 수 있었다. 즉 나라 전체에서 최고의 권력을 가진 가장 부유한 사람이 되는 것이었다. 테베가 상하 이집트의 수도일 당시 지역신에 불과하던 아몬이 국가의 주신이 되어 아몬의 최고 제사장 또한 가장 많은 수의 수하를 거느리게 되었다. 그리고 재력과 권력이 급격히 증가함에 따라 점차 파라오의 자리를 위협하기 시작했다.

▼ 이 목걸이는 붉은 옥, 천청석 등으로 만든 19마리의 도마뱀과 물방울 모양의 장식을 번갈아 끼워서 만들었다. 도마뱀은 태양빛을 좋아하고 꼬리가 잘려도 재생하는 특징이 있다. 이런 이유로 도마뱀은 태양신 아몬의 화신이자 부활의 상징이었다.

제사장단 내부에는 직급이 매우 명확했을 뿐만 아니라 제도 또한 엄격했다. '제1선지자'라는 직급을 가진 최고 제사장은 파라오가 친히 위임했으며, 유일하게 파라오의 권력을 대표하는 인물이었다. 신전 안에서는 최고 제사장과 그의 주위에 있는 고급 제사장들만이 신상에 접근할 수 있는 영광을 누렸다. 보통 최고 제사장은 나이가 많고 지혜로운 남성이 맡았다. 그는 신전의 사무를 관리했고 점을 치는 의식 및 기

▲ 이 소형 제기용품은 제사장의 무덤에서 출토되었다. 동을 두드려 형체를 만든 것으로 탁자에는 상형문자와 명문[65]이 새겨져 있다. 이러한 물품들은 모두 죽은 자에게 음식을 제공하여 그들이 음식을 먹고 즐길 수 있게 하기 위함이었다.

타 다양한 의식을 주관했을 뿐만 아니라 파라오의 고문으로서 한 나라의 군주를 위해 계책을 세우기도 했다.

고급 제사장 밑에는 수많은 저급 제사장이 있었다. 이들은 보통 저마다 기술을 가지고 있었다. 어깨에 표범 가죽을 걸치고 매장을 담당하던 제사장은 장례의식을 주관하는 책임을 맡았다. 영접제사장은 마력을 지닌 경문이 순조롭게 신의 귀에 닿을 수 있도록 경문에 나오는 글자를 한 글자도 실수 없이 소리 내어 읽어야 했다. 풍수제사장은 천문학자였다. 그들은 중대한 경축일을 위해 길일을 선택하고 사람들에게 파종을 시작해야 하는 때와 나일강이 범람하는 시기 등을 알려주었다.

사실상 저급 제사장이 영구적으로 직무를 맡는 일은 거의 없었다. 그들은 보통 네다섯 개의 조로 나뉘어 3개월을 주기로 1개월씩 신전에서 봉사했다. 그리고 신전의 일이 끝난 뒤에는 세속의 직업을 이어 나갔다. 이러한 비전문적인 제사장 중 일부는 사람들에게 점을 봐주거나 꿈 해몽을 해주기도 했다. 또한 나쁜 마술을 풀어주는 주문과 호신부를 주기도 했고, 병자를 치료하는 일을 하기도 했다. 저급 제사장 중에는 필사원 제사장도 있었는데, 그들은 종교문장을 짓는 일 외에도 대량의 경문을 필사했다. 이 경문들은 절대적으로 비밀에 부쳐야 하는 것이었다. 일단 경문이 새어나가기라도 하는 날에는 파라오와 제사장들의 이익에 큰 손해를 미치거나 심지어 전체 이집트의 안전을 위협하기도 했다. 그래서 필사원 제사장은 종종 고급 제사장의 감독하에서 일을 처리했다.

저급 제사장 중에는 장인들로 구성된 수도 공사 제사장, 부녀자들로 조직된 악단과 가수 제사장들도 있었다. 다른 저급 제사장들처럼 그들 역시 대부분 아버지로부터 물려받은 직업을 갖고 있었고 신을 위해 일한 대가를 받았다.

---

65) 금석金石이나 기명器皿 따위에 새겨 놓은 글

의식을 치르는 제사장들

모든 신전 입구에는 맑은 연못이 있었다. 제사장들은 신에게 제사를 지내기 전에 반드시 이 연못에 들어가 하루에 네 차례 목욕을 해야 했고, 이를 결코 게을리해서는 안 되었다. 또한 제사장들은 반드시 머리털과 몸에 난 털을 깎아야 했으며 남성 제사장은 할례[66]를 받아야 했다. 제사 전에는 여색을 멀리하고, 담백하면서 정갈한 음식만 먹되 생선을 먹으면 안 되었다. 고대 이집트인들은 생선을 농민의 음식이라고 생각했기 때문이었다. 깨끗한 연못에서 목욕을 끝낸 고급 제사장은 흰색 아마포로 만든 긴 옷을 입고 발에는 파피루스로 만든 신발을 신었다. 그리고 태양신이 맨 처음 태양빛을 비출 때 신전 안으로 들어가 주신을 신봉하는 감실[67]앞에 가서 공손한 태도로 감실문을 열고 태양빛이 신상을 비추게 했다. 이렇게 신상을 '깨운 뒤' 제사장들은 향을 피웠다. 향로의 향기가 전당 안을 가득 채우면 제사장은 '호루스의 눈[68]'이 박혀 있는 거울을 들고 신에게 신전을 감상하게 하고 신의 하인들이 일하는 모습을 둘러보게 했다. 이 모든 절차가 끝나면 제사장들은 신에게 제물을 바쳤는데, 소, 양, 거위, 과일, 술 등 맛있는 음식이 제물 대부분을 차지하고 있었다. 이 제물들은 파라오가 하사한 것들로 신전의 재산이었다. 제사장들은 정성껏 제사를 올리면서 끊임없이 이런 말을 중얼거렸다. "이것은 파라오가 당신께 바치는 음식입니다." 그리고 신이 식사할 때는 신전 안팎에서 찬양가가 울려 퍼졌는데, 이 모든 것은 신을 즐겁게 만들기 위해서였다. 제사 의식이 끝난 후 고급 제사장은 감실문을 닫고 공물을 다른 제사장들에게 나눠주었다. 이러한 제사의식은 하루에 세 번 거행되었는데, 이는 고대 이집트인들이 신들 역시 사람과 똑같이 하루에 세 번 식사를 한다고 생각했기 때문이었다.

신의 정인情人: 여제사장

비록 고대 이집트 신전의 고급 제사장은 모두 남성이었지만 여제

66) 고대부터 많은 민족 사이에서 행하여져 온 의식의 하나로, 남자의 성기 끝 살가죽을 끊어 내는 풍습

67) 신상이나 위패를 모셔두는 장

68) 호루스 신의 눈을 의미하며 모든 것을 보는 것 혹은 완전한 자의 의미도 갖는다. 개인에게는 신체적 번영을, 우주에 대해서는 풍요를 주는 상징으로 삼아졌다. 인간의 눈과 같은 형으로, 통상은 한쪽 눈만 표현했다.

▲ **저승에서의 참배**
테베 주신 아몬의 여제사장이 사후에 저승에서 대지의 신 게브의 악어를 향해 절을 하고 있다.

사장의 지위 또한 만만치 않았다. 여제사장은 주로 신전 안에서 무용과 음악을 책임졌는데 그녀들 중에도 최고 여제사장이 있었다. 그리고 최고 여제사장이 주관하는 의식은 이집트 전체를 뒤흔들며 모든 사람이 경축하는 효과를 자아냈다. 이 최고 여제사장은 다름 아닌 파라오의 왕후였는데 그녀는 보통 신의 아내로 여겨졌다. 이러한 대우를 받은 첫 번째 왕후는 제18왕조의 창립자 아흐모세(Ahmose) 1세의 왕후였다. 그녀는 최초로 '아몬의 아내'라는 칭호를 얻었다. 물론 최고 여제사장 외에 일반 여제사장 역시 보통 신의 정인으로 간주되었다.

'아몬의 아내'라는 설정은 어떤 의미에선 대제사장의 권력에 대한 위협 수단이었다. 아몬 신전 대제사장의 권력이 파라오를 위협하기 시작하자 파라오는 어쩔 수 없이 '아몬의 아내'라는 특수성에 의지하기 시작했다. 고대 이집트인의 관념에서 파라오는 아몬의 화신이었다. 그 파라오가 왕후와 결합하여 낳은 왕자는 바로 신의 아들이었고 이 신의 아들은 정당하게 왕위를 계승했다. 이러한 관념은 몇몇 왕위를 노리는 불량한 자의 야심을 꺾어버릴 수 있었다. 또한 '아몬의 아내'는 테베에 머물면서 끊임없이 신성과 세속 권력의 위엄을 보였다. 이런 상황 속에서 반란을 일으키고자 하는 고급 제사장들은 심사숙고한 끝에 행동으로 옮겨야 했다.

물론, 여제사장들이 단지 음악과 무용에만 국한된 일을 하는 것은 아니었다. 그녀들은 장례의식과 다른 의식에도 참여했고 남성 제사장들처럼 풍성한 보수를 받았다.

제사장의 정치 간섭

고대 이집트에서 아몬의 지위가 나날이 굳건해지면서 아몬 신전의 최고 제사장의 권세 역시 같이 올라갔다. 파라오들은 야심을 드러내며 불순한 일을 도모하려는 지방 권력자에 맞서려고 제사장단과 손을 잡아야 했고 신전에 토지와 재물을 빈번히 하사해야만 했다. 신왕국 이전의 전쟁을 좋아하던 몇 왕조의 파라오들은 전쟁에서 승리할 때마다 그 공을 신에게 돌리며 신전에 수많은 노예와 대량의 전리품들을 하사했다. 최고 제사장의 권력은 점점 상승했고 평소 백성이 바치는 예물들로 신전은 날이 갈수록 풍요로워 졌다. 그리고 마침내 아몬의 최고 제사장은 왕좌를 향해 손을 뻗기 시작했다.

제20왕조 때 최고 제사장은 권세를 배경으로 사람들을 기만하여 파라오의 자리를 유명무실하게 만들었다. 카르나크 신전의 조각에는 람세스 9세가 아몬 신전 최고 제사장에게 선물을 하사하는 모습이 표현되어 있는데, 원래 고대 이집트에서는 예술품에서 파라오가 다른 군신들보다 훨씬 더 큰 비율을 차지해야만 했다. 그러나 이 조각에서는 최고 제사장이 파라오와 똑같은 크기로 표현되어 있다. 제사장의 권세와 야심이 그대로 반영된 조각이라고 말할 수 있다.

▼ 그림은 이집트 아비도스에 있는 세티 신전의 조각이다. 내용은 이집트 제19왕조의 2대 파라오 세티 1세와 람세스 왕자 부자 두 사람이 벽에 있는 파라오의 이름표를 응시하고 있는 모습이다. 이 왕의 이름표에는 이집트의 전통을 따르지 않은 아크나톤과 하트셉수트(Hatshepsut)의 이름이 제거되어 있다.

람세스 11세 시기에 이르러 아몬의 최고 제사장이자 이집트 군대 지도자인 헤리호르(Herihor)는 더욱 노골적으로 파라오를 손바닥 위에 놓고 가지고 놀았다. 결국 파라오가 즉위한 지 19년이 되던 해에 국가의 경제, 행정과 군사 권력을 장악하고 있던 헤리호르는 파라오를 밀어내고 국가 최고 권력을 찬탈하여 국왕의 휘장을 차지하고 말았다. 헤리호르가 죽은 뒤 그의 아들 피네젬(Pinudjem)이 최고 제사장의 직위를 계승했으며 제21왕조를 창설한 자의 딸을 부인으로 맞이하여 당당하게 왕실의 칭호를 받아 파라오 피네젬 1세로 등극했다. 이렇게 테베 제사장단은 400년이 넘는 세월 동안 정치 간섭을 했다.

제사장이 정치 간섭을 하는 동안 파라오들이 두 손을 놓고 가만히 있던 것은 아니었다. 가장 유명한 예로 아멘호테프 4세, 즉 아크나톤을 꼽을 수 있다. 그는 이전의 종교 제도를 폐지하고 유일신을 주장하며 아톤을 국가의 유일신으로 받들었다. 그러나 당시 최고 권세는 제사장단이 가지고 있었으므로 파라오의 개혁은 성공을 거두지 못했다. 제사장단과 지방 권력가들은 연합하여 파라오에 대항했고, 설상가상으로 아시아의 속국들이 독립하면서 이집트에 조공할 것을 거절했다. 아크나톤은 안팎으로 곤란한 상황에 몰렸고 결국 '죄명'과 '오명' 때문에 죽음에 이르게 되었다. 그가 죽자, 아몬은 다시 이집트 주신의 자리에 올랐고 모든 것은 개혁 이전으로 돌아갔다.

승리의 왕 투트모세 3세

어린 나이에 왕위에 오른 투트모세 3세(Thutmose III)는 청년 시절을 계모의 어두운 그림자 속에 갇혀서 보내야만 했다. 그러나 실권을 장악한 이후 그는 태양처럼 강렬한 빛으로 이집트 전역을 밝혔다. 투트모세 3세는 여러 번 대규모 원정길에 올랐는데 그때마다 언제나 승리했다. 그가 말을 타고 거침없이 내달릴 때마다 이집트의 영토는 광대해졌다. 투트모세 3세는 진정한 '이집트의 나폴레옹' 이자 '승리의 왕' 이었다.

자신의 능력을 드러내다

고대 이집트는 제13왕조부터 제2중간기로 진입했는데 당시 서아시아에서 온 힉소스(Hyksos) 민족의 침입을 받아 심각한 분열 국면을 맞게 되었다. 제17왕조 말기에 이집트 왕 카모세(Kamose)는 이집트 백성 스스로 힉소스 민족의 침입에 대항할 수 있도록 이끌었고 그 역시 백성과 함께 노력하여 힉소스 민족과의 전쟁에서 커다란 승리를 거두었다. 이후 왕위를 물려받은 동생 아흐모세는 마침내 힉소스 민족을 이집트로부터 완전히 몰아냈다. 이렇게 해서 아흐모세는 제18왕조를 세웠고, 이집트는 새로운 독립과 통일의 시대를 맞이했다. 이 시기는 고대 이집트 역사상 가장 강대하고 번성한 시기로 기록되었다.

▼ 투트모세 3세의 좌상
이 조각상은 고대 이집트의 전통적이고 고전적인 품격을 반영하고 있다. 이 조각상에서 투트모세 3세는 특이하게 얼굴에 미소를 띠고 있다.

투트모세 3세는 제18왕조 때 투트모세 2세와 그의 두 번째 부인인 이시스(Isis) 사이에서 서자로 태어났다. 그의 아버지인 투트모세 2세는 몸이 허약하고 병이 많았으며 지도능력 또한 그다지 뛰어나지 않았다. 반면 왕후인 하트셉수트는 총명하고 상황판단이 빠를 뿐만 아니라 야심 또한 매우 큰 인물로 당시 많은 실권을 장악하고 있었다. 그런데 이들 사이에는 왕위를 이을 아들이 없었다. 그래서 투트모세 2세가 세상을 떠나자 파라오의 지위는 어린 투트모세 3세에게 돌아갔다. 그러나 당시 투트모세 3세는 어수룩한 열두 살 소년에 불과했다. 상황이 이러하자 이집트의 대권은 태후 하트셉수트의 손에 떨어졌다. 소년 시절의 투트모세 3세는 테베에 있는 카르나크 신전에서 대부분의 시간을 보내며 정치와는 동떨어진 생활을 했다. 그는 제사장으로부터 전통문화, 예술, 군사, 말 타고 활쏘기 그리고 지도력 연마기술 등 다양한 분야의 지식을 배워나갔다. 이 모든 지식은 훗날 투트모세 3세가 이룬 대업의 견고한 초석이 되었다. 기원전 1482년, 하트셉수트가 갑자기 세상을 떠났고 이때부터 투트모세 3세는 이집트의 진정한 통치자로 거듭났다. 그러나 그의 마음 깊은 곳에는 여전히 하트셉수트의 그림자가 드리워져 있었다. 투트모세 3세는 하트셉수트의 그림자를 떨치려고 그녀가 남긴 자취를 대대적으로 제거해나가기 시작했다. 그는 신전에서 하트셉수트의 이름을 없애버리고 그 자리에 투트모세 1세, 투트모세 2세 그리고 자신의 이름을 새겨 넣었다. 투트모세 3세는 두려움의 존재이자 숭배의 대상이었던 계모 하트셉수트를 이집트의 역사와 자기 마음속에서 완전히 지워버리길 바랐다.

투트모세 3세가 정권을 잡을 당시 이집트의 정세는 매우 불안했다. 이집트는 일찍이 투트모세 1세 시기에 남시리아를 침범하여 그곳의 왕과 귀족들에게 이집트에 복종하고 공물을 바치도록 했다. 그러나 하트셉수트의 통치시기에 이르러 그들은 이집트의 통제에서 벗어났다. 게다가 서아시아에 있는 미탄니(Mitanni)왕국이 서쪽으로 영토 확장을 꾀하면서, 시리아와 파키스탄의 반反이집트 연합을 지지하고 나섰다. 결국 시리아 남부지역에 있는 카데시(Kadesh)왕국을 선두로 하는 반이집트 연맹이 형성되었다. 카데시왕국은 이집트가 정권의 신구교체로 정국이 혼란한 틈을 타 앞장서서 반란을 일으켰고, 연이어 시리아와 파키스탄 지역의 거의 모든 도시왕국이 이집트에 대항했다. 이러한 반이집트 정세는 걷잡을 수 없는 불길처럼 아시아 전역으로 번져나가는 듯했다. 그러나 투트모세 3세에게는 뛰어난 군사적 재능이 잠재되어 있었다. 그리고 그의 잠재력은 머지않아 역사의 한 페이지를 화려하게 수놓을 준비를 하고 있었다.

▼ 식물학실
카르나크 국왕 신전 벽화의 '식물학실'. 위쪽에는 투트모세 3세가 시리아로부터 수집해온 256종의 식물이 묘사되어 있다.

군대를 이용해 국내 정세를 빠르게 안정시킨 후 투트모세 3세는 시리아와 파키스탄을 향해 공격의 창끝을 겨눈 채 대군을 이끌고 원정길에

나섰다. 그 무렵 이집트에 대항하던 여러 도시국가의 군대는 카데시 왕국의 지휘 하에서 카르멜(Carmel) 산맥 북쪽 비탈에 있는 메기도(Megiddo) 요새를 점령했다. 이로써 이집트에서 유프라테스 강으로 통하는 통로가 봉쇄되었다. 투트모세 3세는 대군을 이끌고 메기도 골짜기를 통해 메기도 평원으로 진입했다. 투트모세 3세가 전투대형으로 전진 공격할 것을 명령했을 당시 카데시 국왕이 이끄는 연합군은 메기도 요새의 성 밖에 주둔하고 있었다. 투트모세 3세는 일부 군대를 키나 시내 남쪽에 있는 작은 산에 배치하고 대부분의 병력을 메기도 요새에 주둔시켰다. 그리고 그는 전차에 앉아서 그의 천군만마를 지휘했는데 마치 맹렬하고 사나운 호랑이가 먹잇감을 사냥하듯 그 무엇도 적군을 해치우는 그의 거친 기세를 막을 수 없었다. 폭풍우처럼 휘몰아치는 기세의 갑작스러운 공격을 적들은 미처 막아내지 못했고 방어선은 매우 빠르게 붕괴되었다. 연합군은 투구와 갑옷을 벗어 던지고 황급히 메기도 요새로 도망쳤다. 투트모세 3세는 성을 공격하라는 명령을 내리지 않고 우선 전리품을 수습한 뒤 메기도 성에 대한 포위를 명령했다. 그리고 포위한 지 7개월이 흐른 후 메기도 성은 마침내 항복의 뜻을 전달했다. 이렇게 투트모세 3세는 그의 인생 첫 전투를 완벽한 승리로 이끌어 내며 두각을 나타냈다.

공을 세워 이름을 날리다

첫 전투의 승리는 이 젊은 파라오의 야심을 크게 자극하였고 그로 하여금 원정길에 오르게 했다. 제6차 원정에서 그는 카데시 성을 함락했고 제8차 원정에서 이집트의 국경을 유프라테스 강(Euphrates)까지 넓혔다. 《투트모세 3세 연대기》에는 이런 기록이 있다. '폐하께서 유프라테스 강을 향해하시고 군대를 이끄시어 이 강의 동쪽에 다다랐다.' 그는 투트모세 1세가 이곳에 세운 돌비석 옆에 또 하나의 비석을 세워 자신의 승리를 기념했다.

유프라테스 강을 넘어서 투트모세 3세는 서아시아의 강대국 미탄니(Mitanni)에 직접 맞섰다. 맹렬한 두 용사가 만났으므로 격렬한 전투는 피할 길이 없었다. 미탄니는 그 실력이 강대했다. 그러나 전성기를 맞이한 투트모세 3세 역시 결코 쉽게 물러서지 않았다. 몇 차례의 교전 끝에 투트모세 3세는 승리할 수 있었고 미탄니는 어쩔 수 없이 머리를 숙여 이집트와 군신관계를 맺고 공물을 바쳤다. 이 거대한 승리에 서아시아 전체는 들썩였고 아시리아(Assyria)와 바빌론은 잇달아 이집트와 친선을 도모했다. 심지어 바빌론은 공주 한 명을 투트모세 3세에게 시집보내기도 했다.

투트모세 3세가 통치한 지 42년이 되던 해[69], 카데시가 모반을 일으키자 투트모세 3세는 원정길에 올라 다시 카데시 성을 멸망시켰다. 이것은 그가 자신의 통치시기에 떠난 최후의 원정이었다.

정권을 장악한 20년 동안 투트모세 3세는 총 17차례의 전쟁을 치

▶ 카르나크 신전 중 투트모세 3세가 지은 건축물

69) 기원전 1462년

렀다. 그는 이 모든 전쟁에서 승리하였고 이집트의 영토 역시 그의 힘찬 말발굽 소리와 함께 끊임없이 확장되어 최종 영토의 북쪽 국경은 멀리 시리아의 북단, 유프라테스 강가의 카르케미시(Carchemish)에 다다랐다.

비록 투트모세 3세는 북쪽에 중점을 두어 영토를 확장했지만 남쪽의 오랜 땅을 결코 잊지 않았다. 카르나크 신전의 탑문에는 누비아(Nubia)에서 이룬 그의 공적이 기록되어 있었는데 그 공적에는 150곳의 지명이 언급되어 있었고 다른 자료들과 합해보면 그가 함락한 곳이 총 400여 곳을 넘는다는 사실을 알 수 있다. 비록 누비아의 지명을 고증하는 것은 매우 어렵고 또 일부 지역은 오늘날 전혀 알 수 없는 곳이지만 우리는 이 시기 이집트 남부의 경계가 나일 강 제4폭포까지 이르렀음을 확실히 알 수 있다. 결국 투트모세 3세의 통치기가 고대 이집트 역사상 최대 영토를 이룬 시기였다.

역사에 길이 이름을 남기다

의심할 여지없이 투트모세 3세는 이집트 역사에서 파라오이자 뛰어난 사령관이었던 것이 틀림없다. 투트모세 3세는 과감하게 전쟁을 수행했을 뿐만 아니라 영민하고 지혜로웠다. 그는 용맹했고 사람들을 탄복시킬 만한 군사적 재능도 가지고 있었다. 이 뛰어난 재능은 그의 첫 전투에서 그대로 발휘되었다. 전쟁 전 실시한 군사 회의에서 투트모세 3세와 다른 장군들은 메기도로 진격하는 노선을 선택하는 문제를 두고 이견을 보였다. 당시 투트모세 3세는 자신의 권력으로 밀어붙여 협곡을 지나는, 매우 위험하지만 가까운 길을 선택했다. 비교적 안전하지만 멀리 돌아가야 하는 길을 포기한 것이었다. 이것은 아주 현명한 선택이었다. 세워 놓았던 계획이 틀어지자 적군은 그의 일격에 굴복하고 말았고 첫 전투의 승리는 그의 대외 확장에 대한 믿음을 더욱 강하게 만들었다. 어쩌면 그 시기의 투트모세 3세는 이미 마음속으로 훗날의 웅대한 청사진을 그려놓고 있었는지도 모른다. 그의 탁월한 군

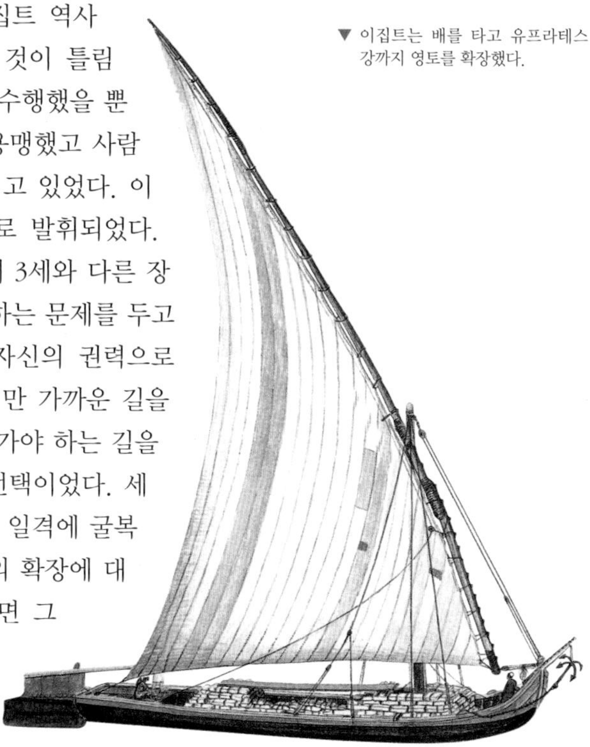

▼ 이집트는 배를 타고 유프라테스 강까지 영토를 확장했다.

사적 재능은 그에게 '진정한 의미의 제국을 세운 최초의 인물', '고대 이집트의 나폴레옹'이라는 칭호를 부끄럽지 않게 만들었다.

투트모세 3세는 정치적 재능 역시 아주 훌륭했다. 새롭게 정복한 지역의 통치를 공고히 하기 위해 투트모세 3세는 서아시아에 정예병을 주둔시키고 총독을 파견하여 관리했다. 그리고 현지의 토착 왕과 귀족을 이용하여 통치하기도 했다. 한편으로는 새로운 땅을 정복할 때마다 그는 현지 왕과 귀족의 아들, 딸을 이집트로 데려와 그들을 인질로 삼아 왕국들이 감히 반란을 일으킬 마음을 품지 못하게 하는가 하면 그들에게 이집트에 대한 애정을 심어 주어 이집트에 대한 그들의 충성심을 길렀다. 투트모세 3세는 훗날 세계 각 지역의 정복자들이 이 방법을 통해 정복지를 지배하게 하는 데 높은 공헌을 했다고 할 수 있다.

투트모세 3세는 육지에서 여러 차례 승리를 거두었을 뿐만 아니라 바다에서도 맹주의 모습을 드러냈다. 300여 년 전 이 영리한 제왕은 바다 패권에 대한 중요성을 깨닫고 있었다. 당시 그의 함대는 그 위세를 사방으로 떨쳤고, 키프로스(Cyprus)와 크레타 섬(Creta I.)이 이집트의 명령에 복종했다. 또한 멀고 먼 소아시아의 서쪽 서아시아와 에게 해에 있는 섬들까지 이집트에게 커다란 영향을 받았다.

이 위대한 제왕의 원정은 이집트를 명실상부한 대제국으로 성장시켰고 이집트 역사에 화려한 한 획을 그었다. 그의 원정은 엄청난 재산과 노예를 이집트로 유입시켜 대제국의 번영을 촉진했다. 또한 이집트 문명을 전파하여 각 문명 지역 사이의 교류를 활발하게 만들었다. 비록 이 호전적인 전쟁의 신은 이집트, 서아시아와 누비아 백성에게 심각한 재난을 초래했지만 그의 혁혁한 전과와 불후의 공적, 그리고 그가 이집트 문명에 끼친 위대한 공헌은 그의 이름을 세계 역사의 비석에 영원히 남겼다.

세계 역사상 최초의 종교개혁 아크나톤

> 기원전 14세기의 고대 이집트, 당시의 국왕 아멘호테프 4세는 온 힘을 쏟아 유일신교를 주장하며 다신교의 전통을 타파하려고 했다. 그는 새로운 태양신 아톤을 이용하여 전통적인 다신교의 신인 아몬을 대체하고자 했다. 이를 통해 그는 왕권의 강화와 종교개혁이라는 두 마리 토끼를 잡으려고 했다. 비록 그의 시도는 실패로 끝났지만, 세계 역사상 최초로 단행된 종교개혁은 세상에 깊은 영향을 미쳤다.

보이지 않은 움직임

기원전 16세기, 이집트는 신왕국 제18왕조 시기로 진입했다. 제18왕조는 고대 이집트 역사상 통치 기간이 가장 길고 영토가 가장 넓었으며 국력 또한 가장 번성했던 시기로 투트모세 3세 통치기에 황금기를 맞이했다. 그러나 겉으로 아무리 번영을 누렸다고 하더라도 내부적으로 쌓여가는 위험요소를 덮을 수 없었다. 투트모세 3세는 아몬 신전에 있는 제사장단의 확고한 지지를 바탕으로 왕위에 올랐으므로 그는 자신의 모든 승리와 업적을 아몬의 공덕으로 돌리며 넓은 토지, 재산, 노예 등을 아몬 신전의 제사장에게 하사할 수밖에 없었다.

결국 아몬 신전의 제사장단은 경제적 · 정치적 권력이 급속히 팽창하여 왕권마저 위협하기에 이르렀다. 그들은 엄청나 부와 권력을 보유하고 있었으므로 종종 정사를 좌지우지했다. 이런 상황 속에서 파라오 투트모세 4세가 등극했다. 그는 오래된 태양원반신인 아톤을 숭배하기 시작했다. 투트모세 4세는 원정에서 승리한 뒤 그 공을 아몬이 아닌 아톤의 은혜로 돌렸다. 아크나톤의 아버지인 아멘호테프 3세는 즉위한 뒤 이집트 왕실 혈통의 제한을 타파했을 뿐만 아니라 귀족과 신전 집단의 반대에도 아랑곳하지 않고 파라오의 자리에 오른 지 2년째 되는 해에 정통 왕실의 혈통이 아닌 거상의 딸과 결혼을 했다. 그는 신전 집단에 속하지 않은 사람에게 재상의 자리를 맡기고 테베에 아몬을 위한 신전을 세우게 했다. 아몬 신전의 제사장단 역시 자신들의 꼭두각시를 옹립하려고 왕위 계승 문제에 개입하였고 아멘호테프 4세(아크나톤)의 즉위를 저지하고자 노력했다. 그리하여 아멘호테프 4세가 즉위하던 시기에 왕권과 아몬 신전 제사장단과의 대립은 이미 극을 향해 치닫고 있었다.

묵은 것을 버리고 새것을 창조하다

아크나톤의 원래 이름은 아멘호테프 4세였다. 그는 어린 시절부터 영리했고 고금의 책을 읽으며 폭넓은 지식을 쌓았다. 파라오가 되기 전부터 그는 아몬 신전의 제사장단이 무리를 지어 결탁하는 모습에 불만이 있었고 제사장단이 지방에서 백성을 짓밟는 행위에 대해 익히 알고 있었다. 그가 즉위할 무렵 신전과 왕권의 분쟁은 이미 물과 불처럼 서로 용납할 수 없는 지경에 이르렀다. 그래서 그는 아몬 신전의 제사장단의 세력을 뿌리 뽑는다는 당찬 포부를 가지고 개혁 운동을 전개해 나아갔다.

▼ 아크나톤 파라오의 조각상
아크나톤은 고대 이집트 제18왕조의 국왕이었다. 어린 시절부터 많은 책을 읽고 지식을 쌓았으며 많은 계획을 세웠다. 성격이 완고하고 고집이 세었으며 신전으로부터 왕권을 되찾기 위해 이집트 역사상 최초의 종교개혁을 단행했으나 결국 실패로 돌아갔다.

아크나톤은 가장 먼저 전통적인 라에 대한 숭배를 새로운 대안으로 내놓았다. 그리고 그는 아몬 대신 아톤을 이집트 전체의 최고신으로 정하고 백성에게 새로운 신을 숭배하게 했다. 그는 이 개혁을 성공시키기 위해 아몬 신전과 다른 신전의 재산을 몰수했고, 테베의 거대한 아몬 신전에 군대를 파견하여 조사한 뒤 신전의 재산을 압수하고 제사장들을 신전 밖으로 몰아냈다. 기어코 나가기를 거부하는 제사장들은 병사들에 의해 강제로 문밖으로 내쫓겼다. 수많은 제사장이 짐을 등에 멘 채 오랫동안 생활해온 신전을 떠나야만 했고 아크나톤에 대한 그들의 원한은 뼈에 사무치도록 깊어질 수밖에 없었다. 아크나톤은 아몬 신전의 모든 재산을 아톤 신전에 넘겨주고 제사장의 정치 참여를 금지했다. 그는 또한 자신의 이름을 아멘호테프 4세[70]에서 아크나톤[71]으로 개명했다. 그는 모든 공공 건축물과 기념물에서 아몬의 문구를 제거하고 전국에 있는 도성마다

70) '아몬의 총애자' 라는 뜻
71) '아톤의 찬란한 빛이 빛나는 영혼' 이라는 뜻

최소한 한 개의 아톤 신전을 건설하게 했다. 또한 각급 지방 관리들은 솔선수범하여 아톤에게 제사를 올리고 지혜롭고 위대한 조물주 아톤에 영원히 충성할 것을 선서해야 했다. 또한 아크나톤은 아몬 신전의 통제에서 벗어나기 위해 수도를 테베에서 북쪽으로 300킬로미터 떨어진 아마르나(Amarna)로 옮기고 이름을 '아케타톤[72]' 이라고 지었다.

개혁의 지지층은 군인과 중소 노예 주인층, 그리고 행정관리들이었다. 과거에 군대는 국가를 위해 목숨을 걸고 싸웠지만 전리품의 대부분은 신전이 가져가 버렸다. 그래서 군대는 신전에 많은 불만을 품고 있었다. 행정관리들은 나라를 위해 많은 노력을 했지만 그에 대한 보수는 신전보다 적었고 지방 사무에 신전이 종종 간섭하여 그들의 불만은 쌓여만 갔다. 중소 노예주인의 운명은 왕권과 매우 밀접한 관계를 맺고 있었다. 그들은 세습 소작권을 누리면서 국가에 세금을 냈고 군대에서 일하거나 파라오를 위해 여러 가지 일을 했다. 중소 노예 주인층은 노예를 소유하고 관직을 맡을 수 있었고 그들은 서서히 왕권의 사회적 버팀목으로 성장했다. 개혁이 시작된 이후 아크나톤은 많은 중소 노예 주인층을 선발하여 중앙과 지방의 관리로 임명했다.

고군분투하다

아크나톤이 개혁을 위해 건설한 새로운 수도는 일반적인 천도와는 수준이 달랐다. 이 황야 위의 도시는 완전히 새로운 도시였다. 아크나톤은 도시의 거리와 건축물이 모두 새것이듯 이 새로운 도시에 사는 사람들의 신앙 역시 완전히 새롭기를 바랐다. 길일을 선택한 아크나톤은 문인과 무인을 가득 이끌고 위풍당당한 모습으로 새로운 수도에 입성했다. 새로운 수도로 옮긴 후 아크나톤은 온종일 종교 예술과 궁정 생활에 깊이 빠져 정사에 소홀해 지고 아랫사람에 대한 감독이 느슨해지기 시작했다. 결국 통치 질서는 나날이 해이해져 국가 기관의 운영은 서서히 삐거덕거리기 시작했다. 그러나 아크나톤은 여전히 자신이 꿈꾸던 생활을 즐겼고 자신을 아톤과 인간을 연결하는 유일한 사자라고 생각하며 하루 종일 궁 안에서 유흥을 즐

72) '아톤의 시야' 라는 뜻

겼다. 재상들 역시 많은 문인을 불러 온종일 아톤과 파라오인 아크나톤을 치켜세우는 시를 짓게 했다. "당신의 지혜로운 은총 덕분에 이집트 곳곳은 평화롭습니다.", "당신은 아톤과 같이 성스러우시며 사람들은 당신의 가르침이 있어야만 행복을 누릴 수 있습니다." 아크나톤은 이런 찬송의 시를 들을 때마다 매우 흡족해하며 기뻐했다.

▲ 네페르티티
아크나톤의 왕후로 절세미인이었다. 이 왕후의 조각상은 줄곧 후세들에게 고대 이집트에서 가장 아름다운 조각상으로 추앙받았다.

고대 이집트에는 하나의 주신이 있었지만 각 지에는 여전히 다양한 저급 지방신이 있었다. 사람들은 이 신들을 숭배하면서도 주신의 경계를 넘어서지 않았다. 활과 화살, 목재 조각품, 돌까지도 성물이 될 수 있었다. 그들이 공경하여 엎드려 절하는 대상은 새와 짐승, 곤충들이 되기도 했으므로 사실 이집트에서 신이 없는 곳은 없었다. 단지 아크나톤의 명령 때문에 오랫동안 고대 이집트인이 숭배해오던 기타 신들이 말끔히 사라져 버리긴 했지만 백성은 갈팡질팡하며 큰 재앙이 덮쳐 오리라고 생각했다. 새로운 도시를 건설하기 위해 아크나톤은 많은 양의 세금을 거둬들이고 몇십 만 명의 노동자를 동원하여 웅장한 왕궁, 높은 관리와 귀족을 위한 저택, 그리고 테베의 아몬 신전에 필적하는 아톤 신전과 부대 병영지 등을 건설했다. 날이 갈수록 백성의 부담은 늘어났지만 개혁으로 어떠한 이점도 얻을 수 없었다. 개혁에 대한 열정은 점차 사그라질 수밖에 없었다. 제사장들은 사람들에게 다시 아몬을 숭배하도록 부추겼고 도시의 장관들은 이를 보고도 못 본 척했다.

개혁이 진행되는 동안 이집트는 대외확장을 멈추었고 군대는 더 이상 전리품을 얻을 수 없게 되었다. 상황은 점점 나빠졌고 개혁에 대한 믿음도 서서히 사라져갔다. 또한 이집트는 서아시아에 대한 통제력마저 약해져 식민지들은 속속 독립을 하거나 다른 나라에 합병되었다. 극으로 치닫는 상황 속에 중소 노예 주인층을 포함한 통치 계층 내부에서도 많은 사람이 개혁에 대한 확신을 잃어갔다. 그리고 군대와 관리, 노예주가 개혁에서 발을 빼자 백성의 기대는 사라져버렸다. 게다가 아몬 신전 제사장단의 굳건한 권세와 아크나톤 자신의 문제로 개혁은 천천히 막다른 골목으로 치달았다.

거대한 영향을 미치다

아크나톤은 개혁을 통해 아몬 신전 제사장단을 억압하고자 하는 주된 목적을 품고 있었다. 그래서 아몬 신전의 제사장들은 아크나톤을 뼈에 사무치도록 미워했다. 아크나톤은 아몬을 부정함과 동시에 아톤 이외의 모든 이집트 신들을 부정했다. 그러나 이 신들에 대한 숭배는 하루아침에 사라질 수 있는 것이 아니었다. 사람들의 신앙을 바꾸는 것은 새집을 짓는 것처럼 간단한 일이 아니었다. 겉으로 보기에 아크나톤의 세력은 점차 강해지는 듯했지만 그렇지만도 않았다. 제사장단은 끊임없이 아크나톤을 암살할 기회를 노렸다. 한번은 아크나톤이 이집트의 도시들을 순방하고 있을 때 청년 하나가 암살을 시도했다. 비록 실패로 끝났지만 이 사건은 엄청난 반향을 일으켰다. 아몬 신전의 제사장들은 아몬의 파라오에 대한 경고라고 떠들어 댔고, 이는 아크나톤의 개혁 행보에 큰 타격을 주었다. 이집트 전국은 상하를 막론하고 큰 혼란에 빠졌다. 아크나톤의 왕후 네페르티티(Nefertiti)는 그에게 개혁을 멈추고 아몬 신전의 제사장단을 다독이라고 설득했다. 그러나 아크나톤은 왕후의 말을 듣고 그녀를 호되게 비난했다. 네페르티티는 크게 분노하며 그의 곁을 떠났고 죽을 때까지 그를 보지 않았다. 기원전 1326년, 아크나톤은 사람들에게 버림을 받고 저승의 왕 오시리스를 만났다.

▲ 파라오 아크나톤의 인장반지로 등자[73] 모양이다. 그의 봉호[74]와 미완성 상태의 '전체 이집트가 숭배하는'이라는 찬양 글귀가 새겨져 있다.

아크나톤이 죽은 후 9세의 투탕카멘이 즉위했다. 대신들의 강력한 요구에 따라 투탕카멘은 수도를 테베로 다시 옮겼다. 또한 아몬 신전 제사장단의 명예를 회복시켜 주기 위해 재산을 신전에 돌려주고 개혁을 완전히 폐지했다. 권세를 되찾은 아몬 신전 제사장단은 오만방자하게 이집트를 마구 휘젓고 다녔다. 그들은 개혁을 지지했던 사람들에게 복수의 칼을 뽑아들었고, 중소 노예 주인층은 모든 재산을 몰수당했다. 새로운 수도였던 아케타톤은 '사악한 지방'으로 선포되어 도시 전체가 폐허처럼 변해버렸다. 그리고 왕권은 아몬 신전 제사장단의 꼭두각시 노릇을 하며 연명해나갔다.

어떤 이들은 만약 아크나톤의 지지자들이 좀 더 많았더라면, 군대가 좀 더 든든한 뒷받침 역할을 해주었더라면, 또는 그가 아몬 신전

73) 말을 타고 앉아 두 발로 디디게 되어 있는 물건
74) 왕이 봉하여 내려 준 호

제사장단을 좀 더 잔인하게 진압했더라면 개혁이 성공하지 않았을까 하고 생각할지도 모른다. 그러나 그의 아내조차도 그를 지지하지 않았는데 어떻게 더 많은 사람의 지원과 이해를 구할 수 있었을까? 이런 까닭에 아크나톤은 이집트 역사상 많은 논쟁거리를 남긴 국왕 중 한 명으로 이름을 올릴 수 있었다. 아크나톤은 담력과 식견을 가진 혁신적인 인물이었다. 그는 아몬 제사장단과 지방 세습 귀족의 세력에 심각한 타격을 주었고 자유인의 지위를 향상시켰으며 중앙집권을 어느 정도 강화했다. 특히 다신 신앙을 포기하고 인류 역사상 최초로 유일신 사상을 제안한 인물이었다. 유태교의 유일신과 훗날 기독교 및 이슬람교의 유일신 사상은 아크나톤의 종교개혁의 그늘에서 벗어날 수 없다. 그만큼 그는 세계 종교발전에 거대한 영향을 미쳤다. 아크나톤의 종교개혁은 역사가 생긴 이래 인류 최초의 개혁운동으로 기록되었다.

파라오의 저주 투탕카멘의 수수께끼

그는 본래 역사의 희뿌연 먼지 속에 묻혀 있던 파라오로 뛰어난 정치적 업적이나 화려한 전쟁의 공적을 세상에 남긴 적이 없었다. 그러나 3000여 년 후 발견된 왕릉은 그의 운명을 완전히 뒤바꿔놓았다. 완벽하게 보존된 현실, 사람을 아찔하게 만드는 진귀한 보석, 천으로 쌓여 있는 미라, 공포의 '저주' 등등 이 모든 것은 이 파라오의 이름을 세상에 알렸고 세계적으로 유명한 이집트 파라오의 반열에 이름을 올려놓았다. 신비스러운 죽음, 복잡하게 뒤섞여 알 수 없는 진상, 수없이 쌓여 있는 수수께끼 등은 여전히 사람들을 매혹시키고 있다.

세상을 놀라게 한 발견

1923년은 하워드 카터(Howard Carter)에게 인생을 바꿔놓은 잊을 수 없는 해가 되었다. 어린 시절의 카터에게 고대 이집트 역사는 아주 흥미로운 대상이었다. 그는 수많은 문헌 기록과 민간 전설을 통해 이집트 파라오 투탕카멘의 왕릉 안에는 진귀한 보물이 가득하지만 그 왕릉은 매우 은밀하게 은폐되어 있어 도굴꾼들과 숨바꼭질을 하고 있다는 사실을 알게 되었다. 그래서 어린 카터는 이 신비스러운 왕릉을 찾는 꿈을 마음속에 품었다. 고고학자가 된 카터는 1903년부터 발굴단을 이끌고 이집트에 와서 19년 동안 힘든 여정을 보냈다. 그리고 1922년의 어느 날, 마침내 투탕카멘의 왕릉을 발견하였다.

1923년 2월 18일, 왕릉의 3번째 문을 열자 카터의 꿈이 눈부신 광채를 내며 피어났다. 완벽하게 보존된 현실 안에는 보석이 가득 박혀 있는 황금어좌 뿐만 아니라 대량의 황금과 보석, 그리고 석관이 놓여 있었다. 그 안에는 황금으로 만든 관 세 개가 들어 있었다. 발굴단은 숨을 죽이고 조심스럽게 금관을 열었다. 3000여 년간 잃어버렸던 투탕카멘이 세상으로 돌아오는 순간이었다. 관 안에는 황금 가면을 쓴 투탕카멘이 있었고 목걸이, 호신부 등 여러 가지 물품이 함께 매장되어 있었다.

드디어 3000여 년 동안 완벽하게 보존된 파라오의

▼ **투탕카멘의 내장이 담겨 있는 금관**

투탕카멘의 간장, 폐, 창자와 위가 4개의 금관 안에 각각 담겨 있었다.

왕릉이 세상에 다시 모습을 드러냈다. 이 왕릉의 발견은 이집트 고고학사와 세계 고고학사에 매우 중요한 의의가 있었다. 순식간에 이 파라오의 이름은 그를 둘러싼 수수께끼들과 함께 세계 각지로 퍼져 나갔다.

세상을 떠난 젊은 파라오

투탕카멘(Tutankhamen)은 이집트 제18왕조의 파라오로 그의 출생과 사망은 모두 신비한 베일에 꼭꼭 숨겨져 있다. 그의 아버지는 이집트에서 종교개혁을 단행한 아크나톤이었고 어머니는 멀리서 시집을 온 외국 공주였다. 전대 파라오가 죽자 당시 9살이었던 투탕카멘이 왕위에 오르게 되었고, 즉위한 지 얼마 지나지 않아 11살이었던 안케센아멘과 결혼을 했다. 대다수의 어린 제왕이 위기에 처했던 것처럼 투탕카멘 역시 아이(Ay)와 노장 호렘헤브(Horemheb)에게 권력을 빼앗겼다. 그들의 간섭 하에 아크나톤의 종교개혁은 폐지되었고 이집트의 제도는 개혁 이전으로 돌아갔다. 또한 전국은 아몬에 대한 신앙을 회복했고 제국의 수도는 다시 테베로 옮겨졌다.

투탕카멘은 10년간 재위했지만 눈에 띄는 공적이 없었다. 시리아와 누비아에 전쟁을 일으킨 것이 다였다. 그는 평범한 일생을 보내다가 19세가 되던 해에 갑자기 세상을 떠났다.

▶ 투탕카멘의 현실

풀리지 않는 수수께끼

투탕카멘의 왕릉이 다시 빛을 보게 된 이래로 고고학계는 투탕카멘을 둘러싼 수수께끼를 풀고자 끊임없이 노력했다. 당시 발굴단이 투탕카멘의 미라를 수습할 때 이 젊은 파라오의 얼굴에 상처 하나가 남아 있었다. 그러나 당시 무덤 안의 보석이 워낙 사람들의 이목을 끌었으므로 사람들은 이 작은 문제에 그다지 신경 쓰지 않았다. 그러나 고고학 연구가 계속 진행되면서 사람들의 눈앞에는 그의 미라와 보석뿐만 아니라 풀리지 않는 수많은 수수께끼가 산적했다. 과연 이 신비스러운 파라오가 수천 년 동안 조용히 지키고 있던 비밀들은 무엇일까?

▼ **투탕카멘의 황금으로 만든 관**
카이로 박물관이 소장하고 있으며 전체 길이는 183센티미터이다. 파라오의 오른손에는 군왕의 지팡이를, 왼손에는 오시리스의 채찍을 쥐고 있다. 양손은 가슴 앞에서 교차하고 있으며 이마에 박혀 있는 보석 휘장에는 뱀과 매의 머리 형상이 있다. 관 전체는 순금, 유리와 사파이어로 장식되어 있다.

첫 번째 수수께끼 : 왜 이 파라오는 이렇듯 무성의하게 안장된 것일까?

모든 사람이 알고 있듯이 이집트 제18왕조는 이집트 역사상 가장 번성한 왕조였다. 상식적으로 이 왕조의 파라오인 투탕카멘은 마땅히 품격 높게 안장되었어야 했고 그의 왕릉 역시 거대한 보석 창고처럼 상상할 수 없을 만큼 많은 보석이 들어 있어야 했다. 그러나 발굴한 투탕카멘 왕릉은 사람들을 적잖이 실망시켰다. 왕릉 안에는 넓은 현실도, 아름다운 벽화도 없었고, 풍성한 매장품이 있어야 할 자리에는 단지 파라오가 생전에 쓰던 물품 몇 개만이 들어 있을 뿐이었다. 이 모든 상황은 그의 존귀한 신분과 전혀 어울리지 않았다. 이 비정상적인 발견에 사람들은 다음과 같이 추측했다. 아마도 이 젊은 파라오는 황급히 안장되어 보수도 하지 못한 협소한 현실을 그대로 사용하고 벽화 또한 투박하고 거칠 수밖에 없었다는 것이다.

두 번째 수수께끼 : 왜 투탕카멘의 미라는 부패한 흔적이 남아있는 것일까?

이집트가 세상에 명성을 떨친 이유는 그들의 화려하고 웅장한 피라미드와 정교하고 우수하게 제작한 미라 때문이다. 이집트인은 사후 세계를 매우 중시했다. 그들은 죽은 파라오들이 순리에 따라 다른 세계로 들어갈 수 있도록 피라미드를 건축했다. 또한 죽은 자의 시신을 보존하여 또다시 영혼이 머무를 수 있게 하려고 미라를 제작했다. 이집트인의 미라를 제작하는 과정은 매우 복잡하고 정교한 작업이었다. 그리고 죽은 자의 신분에 따라 미라 제작의 정교함 역시 매우 큰 차이가 있었다. 투탕카멘은 파라오로서 당연히 최고의 대우를 받아 그 시신이 오래도록 보관되어야만 했다. 그러나 고고학자들은 투탕카멘의 미라에서 부패를 막는 향료에 시신을 천천히 그리고 정성껏 담근 흔적을 찾아볼 수 없었다. 그저 방부제 향료를 대충 시신 위에 부어버린 흔적만이 남아있을 뿐이었다. 그리고 조잡한 제작 과정은 이 파라오의 미라에 부패의 흔적을 남겼다. 왜 이 파라오의 미라는 이러한 대접을 받게 된 것일까? 일부 전문가들은 아마도 투탕카멘의 죽음이 매우 돌발적인 상황이었으므로 그의 시신에 대강의 처리만 하고 안장했을 것이라고 생각한다. 물론 이와 다른 시각으로 바라보는 전문가들도 있다. 그들은 아마도 투탕카멘의 미라를 제작하기 전에 이미 그의 시신이 부패하기 시작한 것이라고 이야기한다. 그러나 어떠한 견해도 이 문제에 대한 정확한 해답을 알려주지 못했고 오히려 수수께끼를 미궁 속으로 밀어 넣었다.

세 번째 수수께끼 : 투탕카멘은 과연 참혹하게 살해된 것일까?

전문가들은 투탕카멘의 미라에 X선을 투시했는데 투탕카멘의 가슴에서 응고된 피와 다시 붙인 목뼈의 흔적을 발견했다. 이 발견은 세상을 깜짝 놀라게 했고, 그의 죽음에 대해 무성한 추측을 낳았다. 어떤 사람들은 투탕카멘이 사냥을 하다가 부주의하게 땅에 떨어졌고 후뇌가 땅에 부딪혀 사망한 것이라고 주장했다. 또 다른 사람들은 투탕카멘이 누군가에게 몽둥이로 머리를 맞아 사망한 것이라고 말했다. 만약 투탕카멘이 정말로 살해된 것이라면 과연 누가 이런 짓을 저지른 것일까?

용의자 ① : 재정 대신 마야

마야는 당시 이집트 왕조의 재정 대신으로 투탕카멘과 접촉할 기회가 많이 있었다. 그러므로 마야에게는 암살을 준비할 수 있는 충분한 시간이 있었다. 그러나 기록에 따르면 마야와 투탕카멘은 사이가 좋았고 근본적으로 그에게는 투탕카멘을 암살할만한 뚜렷한 동기가 없었다. 그러므로 재정 대신 마야는 용의 선상에서 잠시 제외하자.

용의자 ②: 왕후 안케센아멘

비록 왕후는 투탕카멘의 베갯머리 옆에서 지낸 사람이었지만 이집트 역사상 왕후가 자기 남편을 살해한 전례가 적지 않으므로 안케센아멘 역시 용의자 선상에 놓일 수밖에 없다. 순리적으로 봤을 때, 안케센아멘이 투탕카멘을 살해했다면 그녀의 목적은 왕위를 찬탈하거나 혹은 왕위 계승자의 기반을 세워주려는 것이다. 그러나 안케센아멘과 투탕카멘 사이에는 아들이 없었다. 게다가 무덤 안에서 발견한 정황을 보면 그녀와 투탕카멘 사이의 감정은 매우 애틋했다. 그러므로 이 왕후 역시 혐의에서 벗어나게 하자.

▼ 미라의 얼굴 부분은 황금가면이 씌워져 있다. 이 가면은 기원전 1350년 전후에 완성된 것으로 높이가 54센티미터, 폭은 약 40센티미터이다. 화려한 색채로 젊은 파라오의 용모를 재현했다. 현재 이집트 카이로 박물관에 소장되어 있다.

용의자 ③: 투탕카멘의 외할아버지, 왕조의 재상 아이(Ay)

아이는 투탕카멘의 외할아버지였지만 왕의 방패막이가 되어주기는커녕 왕에게 창끝을 겨누었으므로 재상 아이는 충분히 용의자가 될 수 있다. 또한 투탕카멘이 죽은 뒤 아이는 짧은 시간이었지만 파라오의 자리에 올랐다. 이렇게 볼 때, 아이가 투탕카멘을 살해한 범인일 가능성이 아주 크다. 그러나 '외손자가 죽은 후 직접 왕위에 올랐다.' 라는 누가 봐도 뻔한 각본을 노련한 재상 아이가 연출했을까?

용의자 ④: 군대 통솔자 호렘헤브

사실 호렘헤브는 범인일 가능성이 가장 큰 인물이다. 첫째, 군대 통솔자로서 그는 투탕카멘과 '친밀하게 접촉' 할 수 있는 기회가 있었다. 둘째, 이집트와 히타이트(Hittite) 사이에 오고 간 편지를 연구한 학자들은 그의 혐의에 더 큰 무게를 둔다. 더군다나 아이가 투탕카멘의 후계자였지만 3년 후 아이가 죽고 왕위에 오른 사람은 바로 호렘헤브였다.

그러나 추측은 추측이고, 사건은 이미 3000여 년이 지났다. 게다가 세상 사람들에게 남겨진 증거는 너무나 제한적이다. 그러므로 누가 투탕카멘을 죽인 범인인지 명백히 밝히기는 매우 어려운 일이다.

짙어가는 안개

투탕카멘에 관한 수수께끼는 아직도 그치지 않고 있다. 투탕카멘의 왕릉 발굴에 참여했던 사람들은 불가사의한 죽음을 맞이했는데 사람들은 이를 두고 '파라오의 저주'라며 공포에 떨고 있다. 또한 최근 발견한 투탕카멘 미라의 다리뼈 골절 흔적은 사람들에게 투탕카멘 죽음의 이유에 대해 더 많은 추측을 낳게 한다. 요컨대, 수수께끼의 전모를 밝히는 일은 두말할 나위 없이 매우 어렵고 힘든 일이다. 그러나 학자들이 끊임없이 노력한다면 머지않아 투탕카멘에게 짙게 깔린 안개를 걷어내고 그의 진실한 얼굴을 세상에 내보일 수 있을 것이다.

파라오들의 안식처 왕가의 계곡

이집트 나일 강 서안은 마치 산 사람의 통행이 금지된 듯 황폐했고 작은 풀조차 나지 않는 불모의 땅이었다. 그러니 그 누가 상상이나 했겠는가? 이 자갈과 모래로 뒤덮인 땅 아래에 존귀한 파라오가 수천 년 동안 깊은 잠에 빠져 있다는 것을! 그들은 도굴꾼의 이목을 피하려고 기꺼이 눈에 띄지 않는 산골짜기로 몸을 피해 사후의 평온한 세월을 누리고자 했다.

왕가의 계곡으로 걸어 들어가다

만약 이집트 여행을 간다면 웅장한 피라미드와 더불어 왕가의 계곡 역시 놓칠 수 없는 장관이다. 고대 이집트 사람들은 태양이 처음 떠오르는 곳은 생명을, 태양이 지는 곳은 죽음을 상징한다고 생각했다. 그래서 나일 강 서안은 수많은 영혼의 안식처가 되었고 이집트 파라오의 안식처인 왕가의 계곡 역시 예외가 아니었다.

왕가의 계곡은 이집트의 심장 지대에 있는데 당시 이집트 황금기 무렵의 수도와 왕국이 있던 곳인 테베와 강 하나를 사이에 둔 곳이었다. 이집트의 신왕국 시기 이전, 파라오들의 왕릉은 바로 피라미드였다. 피라미드는 화려한 장관을 이루고 이집트 파라오의 권력을 상징했고 동시에 사람들에게 이렇게 이야기하고 있었다. "이곳에는 거대 보물 창고가 있소." 당연하게도 수많은 도굴꾼이 피라미드로 몰려들었다. 보물 창고에 대한 그들의 갈망은 파라오의 무덤에 대한 공포심마저 날려버렸고, 그들은 당당히 손에 도굴장비를 들었다. 신왕국의 모든 파라오는 전대 왕릉이 도굴당한 것을 교훈 삼아 은밀한 곳에 자신을 위한 왕릉을 짓기로 했다. 파라오들과 건축가들이 심혈을 기울여 선택한 결과, 왕가의 계곡이 이 영광스

▼ **투탕카멘 왕릉의 입구**
왕가의 계곡에 있는 투탕카멘 왕릉의 입구. 이미 발굴된 왕가의 계곡 안에 제18왕조의 파라오인 투탕카멘의 현실이 있다. 지금까지 발견된 왕릉 중에서 유일하게 약탈당하지 않은 왕릉이었다. 이 왕릉이 이처럼 완벽하게 보존될 수 있었던 이유는 그 전대 파라오인 람세스 6세의 묘가 대다수 도굴꾼의 시선을 사로잡았기 때문이었다.

러운 임무를 수행하게 되었다.

투탕카멘 1세 때부터 시작하여 왕가의 계곡은 왕실 왕릉으로서 500여 년간 유지되었다. 이 웅대한 무덤 안에는 60여 명의 파라오가 매장되었는데, 그중에는 세티 1세나 투탕카멘뿐만 아니라 유명한 정복자 투트모세 3세와 람세스 2세도 포함되어 있다. 현재 이미 발굴된 파라오의 무덤 중에서 세티 1세 왕릉의 현실이 가장 거대한데 입구부터 마지막 현실까지 그 수평 거리가 210미터이고 수직 높이가 45미터에 달한다. 이 거대한 암석 동굴은 잘 정돈된 지하 궁전이었다. 암석 동굴의 벽과 천장에는 아름다운 벽화가 그려져 있는데, 이렇게 화려한 장식으로 치장된 왕릉이 이 황량한 산골짜기에서 발견되었다는 사실은 정말 상상하기조차 어려운 일이다.

왕릉의 건설

세티 1세의 묘혈은 직선형이며, 암층으로 깊이 들어가는 회랑, 보호 역할을 하는 깊은 구덩이, 왕실의 진귀한 보물을 쌓아 놓은 저장실과 파라오의 현실로 구분된다.

먼저 현실을 잘 파내고 나서 4개의 벽과 천장에 벽화를 제작했는데 현실 건축 과정에서 가장 중요한 단계였다. 벽화에 있는 문자와 그림은 죽은 국왕이 내세로 들어갈 수 있도록 도와주는 주문과도 같은 것이어서 조금도 소홀히 할 수 없었기 때문이다. 일단 실수를 하게 되면 불쌍한 파라오는 어디로 향해 가게 될지 모를 일이었다. 벽화를 제작할 때 화공들이 먼저 초안을 그리고 상형문자와 그림의 구체적인 위치를 확정하고 나면 상급자가 설계도와 대조해 꼼꼼히 살펴보면서 그림을 그려나갔다. 만약 실수를 하거나 빠뜨린 부분이 있으면 검은색 먹물로 수정

▼ 왕가의 계곡 안 하트셉수트 신전 안에 그려져 있는 고대 이집트 전쟁의 한 장면

했다. 실수가 없음이 확인되면 화공들은 정식으로 벽화 제작을 시작했다. 잘 그려진 벽화는 세밀했고 색채가 곱고 아름다웠으며 그림 속에 나오는 인물과 신들이 생생히 살아있는 듯했다.

벽화가 완성된 후 묘혈에는 가장 중요한 마지막 물건이 필요했다. 바로 파라오의 석관이었다. 파라오 최후의 안식처인 석관은 보통 단단한 화강암과 석회암으로 만들어졌고 겉면은 황금으로 장식되었다. 석관이 잘 안치되고 나면 묘혈은 비로소 완성되었다. 이때 바위굴은 죽은 자가 내세로 갈 수 있도록 인도하는 엄숙한 도구의 역할을 했다.

필연적인 재앙

비록 파라오들이 도굴꾼을 피해 황무지에 있는 골짜기를 선택했다고 해도 그들이 세운 화려한 묘실과 가치 있는 부장품 때문에 왕릉은 재앙에서 벗어나기 어려웠다. 파라오는 맨 처음 이 산골짜기의 황량함과 유리한 지형을 보고 왕릉을 건설할 장소로 선택했다. 이곳은 사방이 깎아지른 듯한 절벽이었으므로 고지대에 주둔하는 경비는 전체 산골짜기를 내려다보며 그곳에서 일어나는 모든 일을 한눈에 다 볼 수 있었다. 그래서 파라오들은 왕가의 계곡 묘혈 위쪽의 산에 '왕릉 경비대'를 두고 왕가의 계곡에서 부는 바람과 초목의 움직임까지 모두 감시하게 했다. 그러나 이렇게 치밀한 방범조치도 도굴꾼의 발걸음을 막아낼 수는 없었다.

파라오 왕릉에 매장된 보물창고는 겹겹이 쌓인 모래 더미를 뚫고 화려한 빛을 내뿜기라도 하는 듯 도굴꾼들의 시선을 빨아들였다. 왕가의 계곡에서 왕릉 경비대가 더욱 집중해서 감시할 수 있도록 파라오들의 묘혈은 서로 근접한 곳에 자리 잡았는데 이러한 조치는 오히려 도굴꾼들에게 편리를 제공했다. 그들은 매우 조심스럽게 골짜기로 숨어들어 왕릉 안에서 찾을 수 있는 보석이란 보석은 모조리 약탈해갔다. 석관 겉면을 장식한 황금은 빼내기 어려웠으므로 도굴꾼들은 아예 묘실에 불을 질러 황금이 녹아내리기를 기다렸다가 이마저 싹 쓸어갔다. 이렇게 광적인 약탈행위는 때로는 파라오의 시신까지도 상하게 했다.

시간이 흐르면서 파라오의 신성한 시신이 매장된 산골짜기는 사람들에게 잊혀 갔지만 도굴꾼들만은 이곳을 잊지 않았다. 그들은 재

▲ **왕가의 계곡 전경**

왕가의 계곡은 고대 이집트 신왕국 시기의 제18대부터 제20대 왕조까지의 파라오와 귀족들이 매장되어 있는 산골짜기이다. 나일 강 서안에 있는 피라미드 형상의 산꼭대기에 있다. 동쪽 골짜기와 서쪽 골짜기로 나누어져 있으며 60여 개의 왕릉이 있고 대다수 중요한 왕릉은 동쪽 골짜기에 있다. 서쪽 골짜기에는 단지 아이(투탕카멘의 계승자)의 무덤만이 대중들에게 개방되어 있다.

물에 대한 갈망과 탐욕에 젖어 계속해서 이 산골짜기에 발을 들여놓았고 산골짜기에서 찾을 수 있는 모든 보물을 캐내고 또 캐냈다. 가련한 파라오들은 그저 산골짜기에 누워 불시에 들이닥쳐 약탈해가는 도굴꾼들을 동굴 안에서 살고 있는 사막여우와 함께 조용히 주시하며 탄식할 수밖에 없었다.

요컨대 500여 년이라는 시간 동안 왕가의 계곡에 있던 묘혈들 대부분은 도굴의 재앙에서 벗어날 수 없었다는 것이다. 훗날 제사장단은 어쩔 수 없이 그들이 찾아낸 파라오들을 산골짜기 밖에 있는 작은 동굴 안으로 옮겼다. 깊은 잠에 빠져야 할 파라오들은 불청객의 방해로 결국 평온한 안식처를 찾지 못한 채 서로 다닥다닥 붙은 채 좁은 동굴 안으로 밀려 들어가 자신들의 불행한 운명을 슬퍼했다.

도굴꾼 외에도 여행객의 방문 역시 묘혈에 손상을 입혔다. 이집트 제국이 쇠락하면서 페르시아인, 로마인과 아라비아인이 앞다투어 이집트를 통치했는데 이 외국인 중에는 왕가의 계곡의 명성을 두 눈으로 확인하고자 참관하러 오는 여행객들이 많이 있었다. 그들은 묘혈 참관을 마치고 나서 잇따라 자신이 참관한 느낌을 벽에 남겼다. 서로 다른 언어가 아름다운 벽화 위에 난잡한 모양새로 영원히 남게 된 것이었다. 이렇게 해서 얼마나 많은 묘혈이 손상되었는지는 가히 짐작할 수 있을 것이다.

그러나 이 고대 관광객들이 묘혈에 남긴 손상은 자연의 힘이 왕릉에 가한 훼손과는 비교조차 되지 않았다. 폭우는 종종 대량의 진흙과 모래를 묘혈 안으로 밀려 들어가게 했다. 이 진흙과 모래는 묘혈뿐만 아니라 그 안에 있는 조각품과 공예품을 휩쓸었고 묘혈의 벽화를 훼손시켰다. 이러한 현상은 3000여 년 동안 계속해서 이어졌고, 묘혈은 하나둘씩 모래와 자갈 속으로 묻혀버렸다.

주목할 만한 새로운 발견

왕가의 계곡은 일찍이 예전의 찬란했던 빛을 잃어버렸지만 19세기 이래로 세상이 주목할 만한 몇 가지 새로운 사실이 발견되었다.

19세기 초, 이탈리아인 조반니 벨초니(Giovanni Battista Belzoni)는 이집트에 와서 왕가의 계곡을 탐험했다. 처음에 그는 아무것도 발견하지 못했다. 그러나 1817년, 이 이탈리아 탐험가는 마침내 놀라운 발견을 했다. 바로 세티 1세의 무덤이었다. 비록 무덤 속에 있던 부장품인 진귀한 보석들이야 이미 도굴되었지만 그 거대한 묘실과 정교하고 아름다운 벽화는 전 세계 사람들에게 놀라움을 선사했다. 이때 이후로 왕가의 계곡은 '골드러시(gold rush)[75]'가 일면서 세계 각국의 탐험가와 고고학자들이 잇따라 방문했다.

그로부터 몇 년 후인 1822년, 영국의 고고학자 카터는 골짜기에서 훗날 세계에 이름을 널리 알린 투탕카멘의 왕릉을 발견했는데 그 장소는 도굴꾼의 눈을 피할 수 있을 정도로 은폐된 곳이었다. 투탕카멘의 왕릉은 왕가의 계곡에서 현재까지 발견된 왕릉 가운데 유일하게 완벽히 보존된 파라오의 왕릉이 되었다. 이 왕릉은 발견된 부장

75) 새로운 금 산지를 발견하여 많은 사람이 그곳으로 몰려드는 현상

품과 투탕카멘 미라에 대한 연구를 진행하면서 풀리지 않는 수수께끼들이 생겨나 지금까지도 여전히 고고학계의 뜨거운 화제가 되고 있다.

그러나 이때 이후로 수년 동안 왕가의 계곡에서는 별다른 발견이 나타나지 않았다. 사람들은 이제 왕가의 계곡은 비밀이 '고갈' 된 장소라고 생각했다. 그런데 1995년, 이집트 고고학자 켄트 위크스(Kent Weeks)는 일련번호 KV5번 묘실에 숨겨져 있던 비밀을 발견했다. 여러 해 동안 사람들은 줄곧 이 작은 왕릉에는 6개의 묘실만이 있다고 여겨왔다. 그러나 굳게 닫혀 있던 문이 열리자 놀라운 사실이 밝혀졌다. 이 문 뒤로 백여 개의 묘실이 숨겨져 있었고 뒤편에는 다른 파라오의 묘실로 연결되는 회랑이 하나 더 존재하고 있던 것이었다. 이 새로운 발견은 KV5를 왕가의 계곡에서 현재까지 발견된 왕릉 중에 최대 왕릉으로 만들어주었고, 사람들은 또 다른 무언가를 기대하며 그 속에 감춰진 비밀을 계속해서 찾고 있다.

2006년, 왕가의 계곡은 다시 한 번 희소식을 전해왔다. 미국의 발굴단이 왕가의 계곡에서 또 하나의 왕릉을 발견했다는 것이었다. 이 단실單室 왕릉 안에는 5개의 석관이 있었는데 석관은 사람의 형태를 띠었고 겉면에는 가면이 채색되어 있었다. 그리고 주위에 있는 20개의 항아리가 석관을 에워싸고 있었는데 윗면에는 완벽하게 보존된 파라오의 봉인이 있었다. 고고학자들은 이 왕릉은 아마도 파라오를 위해 세워진 것이 아니라 파라오의 부인이나 아들, 혹은 제사장이나 법관을 위해 지은 무덤이라고 판단했다. 지금까지 무덤 주인의 신분은 명확하게 밝혀지지 않고 있다.

이렇게 새로운 사실들이 속속 세상에 밝혀지지만 여전히 왕가의 계곡의 신비한 베일이 완벽하게 벗겨지지 않았다는 것이 고고학계의 정설로 남았다. 새로운 발견은 계속해서 더 많은 탐험가와 고고학자의 발길을 사로잡고 있다. 왕가의 계곡에는 세상을 놀라게 할 비밀들이 여전히 많이 남아 있을 것이다.

패배자가 없는 제국의 전쟁 카데시 전쟁

패권 전쟁 이후 예상 밖의 흥미로운 현상이 나타났는데 그것은 바로 전쟁을 한 쌍방이 모두 자신들을 승리자라고 주장한 것이었다. 아몬 신전의 폐허가 된 벽면에는 람세스 2세 파라오가 적들을 용감히 물리치고 개선하는 장면이 묘사되었다. 또한 히타이트의 연대기에서도 히타이트가 전쟁의 진정한 승리자라는 기록이 남아있다. 시리아를 두고 일어난 이 전투, 더 나아가 서아시아의 패권을 두고 싸운 카데시 전쟁은 쌍방을 영광스럽게 만든 전쟁이었을까, 아니면 쌍방 모두에 상처만을 남긴 전투였을까?

제18왕조 이후 고대 이집트 내부 정국은 매우 불안해졌고 제국의 아름다운 꿈 역시 투트모세 3세의 관과 함께 왕가의 계곡 속으로 들어가 버렸다. 그러나 이후 람세스 2세가 즉위하면서 정세는 전환되어 고대 이집트 국력은 점차 다시 예전의 성세를 회복하기 시작했다. 그리고 투트모세 3세 때 이집트의 신하국이었던 히타이트가 강성한 미탄니왕국을 멸망시키면서 통일 대제국으로 성장했다. 하늘의 태양이 두 개일 수 없듯이 이집트와 히타이트는 시리아, 더 나아가 서아시아 전체의 패권을 두고 전쟁을 일으킬 준비를 하고 있었다.

패권을 다투는 두 영웅, 은혜와 원한이 뒤엉키다

'고대 이집트의 나폴레옹'이라고 불리는 투트모세 3세는 강대한 군사력을 기반으로 각지를 다니며 전쟁을 일으켰고 이집트의 영토는 파키스탄, 시리아, 페니키아와 누비아까지 이르러 아시아와 아프리카를 아우르는 강대한 제국을 형성했다. 아크나톤 시기, 히타이트는 모든 힘을 집중시켜 미탄니를 멸망시키기 위해 이집트와 동맹을 맺었다. 히타이트는 영토 확장 과정에서 우선 미탄니의 속국을 공격했고 이집트의 속국인 우가리트(Ugarit), 페니키아의 도시 국가 및 아모리 등은 건드리지 않았다. 이후 히타이트가 미탄니를 점령하자, 히타이트와 이집트는 오론테스 강(Orontes R.)을 경계로 나누어졌다. 그러나 고대 이집트는 날이 갈수록 쇠락하던 반면, 히타이트는 서서히 번성하고 있었으므로 양국의 세력은 새로운 전환기를 맞이하고 있었다. 히타이트는 이집트를 칠 기회를 노렸다. 그리고 기회는 오래지 않아 찾아왔다. 시리아의 일부 작은 나라들이 이집트의 통치에서 벗어나기 위해 반이집트 동맹을 조직하면서 고대 이집트 왕국과 사돈 관계였던 우가리트를 끌어들이고자 했다. 우가리트 국왕은 히타이트에 구조요청 편지를 보냈다. 히타이트의 국왕 무르실리스는 이때를 놓치지 않고 재빨리 우가리트로 진군했다. 우가리트를 자신의 세력 범위 안으로 집어넣은 히타이트는 카트나 등과 같이 원래 이집트에 속해있던 작은 도시 국가들을 삼켜버렸다. 히타이트는 서서히 시리아 지역을 통치했고 이 지역에서 이집트가 얻고 있던 이득에 심각한 타격을 주었다. 게다가 이 시기에 고대 이집트는 국가 내부의 종교전쟁 때문에 정신이 없었고 군사력 또한 많이 약해져 있었기 때문에 다른 곳으로 눈 돌릴 틈이 없었다. 그 덕분에 히타이트는 별다른 장애물 없이 손쉽게 세력을 확장해 나갈 수 있었다.

오랜 시간 침묵을 지키던 이집트는 기원전 1304년에 큰 포부를 지닌 파라오 람세스 2세를 맞이했다. 그는 히타이트와 승부를 가려 시리아 지역에서의 통치 지위를 되찾기로 했다. 기원전 14세기 말, 람세스 2세는 병사 2만 명, 전차 2,000대로 조직된 4개 부대를 통솔했다. 그는 이 4개 부대를 각각 '아몬', '라', '프타(Ptah)', '세트' 라고 불렀고 여기에 약 1만 명의 용병군을 더해 시리아로 진군했다. 그는 신의 비호를 기도하면서 히타이트군과 주요 군사 요새인 카데시[76]를 두고 전투를 하고 난 후 다시 북상하여 전체 시리아의 통치 지위를 회복했다.

군사 요새를 두고 승부를 겨루다

고대 이집트가 거대 병력을 출병시키자 히타이트 역시 가만히 물러서지 않았다. 히타이트는 이집트의 원정 정보를 얻자마자 회의를 소집하여 적을 깊숙이 유인한 뒤 이집트의 북상 계획을 완전히 없애버리기로 했다. 히타이트는 2만여 명의 병사를 집결시키고 카데시 북쪽에 2,500대의 전차를 은폐시켰다. 카데시에 주둔해있다는 것은 지리적 우세를 먼저 차지했음을 의미했다. 카데시는 오론테스 강 상류 서안의 위쪽에 있었고 지세 또한 험준했기 때문이다. 히타이트군은 높은 곳에서 아래를 내려다보면서 강과 골짜기를 통제할 수 있었

76) 오늘날 서부 시리아

다. 또한 자신들의 모습을 드러내지 않으면서 적군의 동태를 관찰할 수도 있었다. 쌍방의 실력은 기본적으로 대등했으므로 그다음은 전략 싸움이었다. 히타이트는 유리한 지형을 차지하고 있었으므로 전략상으로 이집트보다 한 수 위에 있었다. 히타이트의 왕 무와탈리스(Muwatallis)는 매복을 시키자마자 두 명의 병사를 미끼로 내보냈다. 이집트 군대는 이 두 명의 '배반자'를 손쉽게 포로로 잡았고 람세스 2세는 득의양양해졌다. 두 '배반자'를 심문한 끝에 카데시의 수비군이 사기가 저하되었다, 힘도 약하다, 시리아의 모든 왕과 귀족들은 파라오에게 되돌아가길 원한다, 그리고 히타이트의 세력은 카데시에서 얼마 떨어지지 않은 곳조차도 미치지 못하다는 등의 정보를 얻게 된 람세스 2세는 즐겁다 못해 정신이 혼미해질 지경이었다. 하지만 사실 그는 히타이트 왕 무와탈리스의 올가미에 보기 좋게 걸려든 것이었다. 당시 이집트

▲ **람세스 2세의 거대 조각상**
이집트의 가장 유명한 파라오인 람세스 2세. 60여 년의 재위기간 동안 100여 명의 자녀를 두었다.

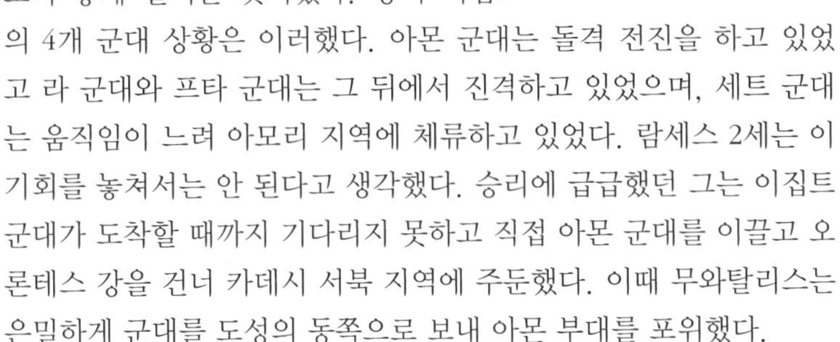

의 4개 군대 상황은 이러했다. 아몬 군대는 돌격 전진을 하고 있었고 라 군대와 프타 군대는 그 뒤에서 진격하고 있었으며, 세트 군대는 움직임이 느려 아모리 지역에 체류하고 있었다. 람세스 2세는 이 기회를 놓쳐서는 안 된다고 생각했다. 승리에 급급했던 그는 이집트 군대가 도착할 때까지 기다리지 못하고 직접 아몬 군대를 이끌고 오론테스 강을 건너 카데시 서북 지역에 주둔했다. 이때 무와탈리스는 은밀하게 군대를 도성의 동쪽으로 보내 아몬 부대를 포위했다.

람세스 2세가 승리를 장담하고 있을 무렵 이집트 보초 병사가 또 두 명의 히타이트 정찰병을 붙잡았다. 이번에는 히타이트 군대가 보낸 미끼 군사가 아니었다. 붙잡은 히타이트 정찰병으로부터 사실은 히타이트의 주력군이 근처에 매복하고 있다는 사실을 알게 된 람세스 2세는 너무 놀라 넋이 빠진 듯했다. 그는 즉시 라 군대와 프타 군대에 지원을 독촉했다. 그러나 이미 때는 늦었다. 라 군대가 카데시

남쪽의 숲 속에 다다르자 그곳에 매복해 있던 히타이트군의 전차가 양쪽에서 맹공을 퍼부었다. 연이어 히타이트는 2,500대의 전차로 아몬 군대를 공격했고 아몬 군대는 순식간에 포위당했다. 히타이트가 이렇게 손쉽게 공격에 성공할 수 있었던 것은 무와탈리스의 계책과 히타이트의 전차 설비 덕분이었다. 이 전쟁에서 히타이트의 전차병은 중요한 군사력이었고 귀족들은 모두 전차부대에 속해 있었다. 전차부대의 전차를 제작하는 히타이트의 기술은 뛰어났다. 그들은 전차 바퀴를 차체의 후면에서 중간으로 이동시켜 안정감을 더했다. 또한 말 두 마리에게 전차를 끌게 했기 때문에 이집트의 전차보다 크기가 더 컸다. 이집트 전차는 보통 두 명이 올라탔지만 히타이트 전차에는 마부, 방패를 든 병사, 활잡이 병사와 표창을 던지는 병사가 타고 있었으므로 이집트 전차보다 전투력이 훨씬 높았다.

곤경에 빠진 람세스 2세는 오직 아몬의 비호가 있기만을 기도할 수밖에 없었다. 그러나 히타이트의 포위망은 매우 튼튼했고 이집트

▼ **전투**

히타이트인과의 전투로 람세스 2세는 이름을 알리게 되었다. 황금 전차를 탄 람세스 2세의 모습은 이집트 곳곳에 묘사되어 있다.

군대가 뚫고 나가기에는 역부족이었다. 누가 봐도 이집트 군대의 패배가 거의 확실해 보였다. 그런데 바로 그 순간, 아모리 지역에 머물러 있던 세트 군대가 도착했고 후방에서 히타이트 군대에 맹렬한 공격을 퍼부어 순식간에 형세가 역전되었다. 프타 군대와 라 군대의 살아남은 병사들도 전열을 가다듬고 다시 일어났다. 이집트 군대는 진영을 가다듬고 3선으로 나누어 공격을 진행했다. 1선은 돌격하는 전차병, 2선은 무장한 보병, 3선은 후방 방어병과 추격병이었다. 1선과 2선 사이에 배치한 활잡이 병사는 히타이트군의 전선을 교란하기 위해 화살을 쏘았다. 그러자 히타이트의 왕은 1,000대의 전차를 더 파견했고 8,000명의 요새군에게 협력할 것을 명령했다. 쌍방의 힘은 우열을 가리기 어려웠고 전쟁은 서로에게 큰 손해만 입힐 뿐 승패가 갈리지는 않았다. 저녁이 되자 무와탈리스는 승리의 희망이 없음을 깨닫고 요새에서 물러나 방어에 힘을 쏟았다. 심각한 타격을 받은 람세스 2세 역시 어쩔 수 없이 남쪽으로 철수했다. 결국 패권을 놓고 싸운 이 전투는 아무런 소득 없이 끝나버렸다. 쌍방은 후퇴한 뒤 우쭐거리면서 서로 자신이 승리자라고 우겨댔다. 이집트는 아몬 신전의 폐허가 된 벽면에 람세스 2세가 용감하게 적을 무찌르고 개선하는 장면을 조각했다. 그리고 히타이트는 연대기에 자신들이야말로 진정한 승리자라는 기록을 남겼다. 그런데 히타이트와 이집트가 패권 전쟁을 벌이는 동안 아시리아가 어부지리 격으로 이 두 나라를 앞질러가기 시작했다. 결국 아시리아제국은 히타이트를 정복하고 나일 강 유역을 자신의 영토로 만들어버렸다.

승부가 나지 않은 전쟁, 악수하고 화해하다

히타이트와 이집트는 카데시 전투에서 승부를 가리지 못했고 서로에게 참담한 손실만을 입혔을 뿐이었다. 그로부터 16년 후, 양국은 일진일퇴의 끝나지 않는 싸움을 시작했다. 계속되는 전쟁의 불길로 히타이트와 이집트는 완전히 지쳐버렸다. 기원전 1269년, 형 무와탈리스가 죽은 뒤 왕위를 계승한 새로운 히타이트의 국왕 하투실리 3세(Hattusili Ⅲ)는 아시리아의 위협을 참지 못하고 이집트에 평화를 요구하기로 했다. 하투실리 3세는 사자에게 은으로 만든 판 위에 놓인 평화조약의 초안을 들고 람세스 2세를 알현하게 했다. 람세스 2세에게도 이 평화조약은 정말 바라던 일이었으므로 그는 히타이트의 평화조약 초안을 기초로 자신의 초안을 빠르게 작성해 히타이트 국왕에게 보냈다. 이는 '외교'를 통해 전쟁의 충돌을 해결한 최초의 사례로 인류 역사상 최초의 평화조약이었다.

현재까지 발견된 고고학적 자료에 의하면 이 조약은 두 개의 판본을 가지고 있다고 한다. 하나는 고대 이집트 상형문자 판본으로 카르나크의 대열주실 벽에 새겨져 있고, 또 다른 하나는 바빌론 설형문자판으로 히타이트의 수도인 하투스에서 출토된 점토판 위에 새겨져 있다. 조약은 히타이트와 이집트의 세력 범위를 구분했는데 카데시, 아모리, 우가리트 및 그 남부 연안을 포함한 시리아 대부분 지역은 히타이트가, 지중해 북부쪽은 이집트가 갖는 것으로 정했다. 또한 조약에는 다음과 같은 내용도 들어 있었다. '쌍방은 전쟁을 중지하고 우호적인 형제 관계를 유지하여 적의 침입에 공동으로 대응한다. 상대 국가의 도망자는 받아들이지 않으며 본국으로 송환한다.' 그리고 이집트와 히타이트는 이 조약을 맺은 이후 정말로 서로 다툼 없이 평화롭게 지냈다.

패권을 차지하려고 필사적으로 싸웠던 히타이트와 이집트는 당시 융성하던 또 다른 제국의 정복을 피하기 위해 결국 동맹을 하여 외국의 침략을 방어했다. 그러나 양국의 쇠퇴는 이미 정해져 있었다. 히타이트는 동북쪽에 있는 아시리아왕국과 서부에 있는 '해상민족'의 공격에 국력이 급속히 약해졌다. 이집트 역시 태양이 지기 전에 환한 빛을 내뿜듯 람세스 2세 시대에 최고의 절정기를 맞이하고는 쇠퇴해갔다. 카데시 전투 이후 이집트는 동쪽의 '해상민족'과 서쪽의 리비아인의 침입을 받아 제25왕조까지 남은 목숨을 유지하다가 결국 아시리아제국에 정복당했다.

사회의 다양한 모습 고대 이집트인의 생활

피라미드, 미라, 스핑크스 등등 고대 이집트의 풀리지 않는 수수께끼는 사람들의 호기심을 자극한다. 묘실 벽화와 고고학 발굴에 따른 자료에 대한 연구가 진행됨에 따라 고대 이집트의 신비한 베일은 한 겹씩 벗겨지고 있다. 신비한 나라 이집트, 이곳은 과연 외계인이 세운 국가였을까 아니면 고도로 발전한 문명국가였을까?

풍요로운 '케메트(kemet)'

사람들은 줄곧 고대 이집트인을 조각한 인물의 표정이 엄숙한 이유를 몰라 어리둥절했다. 영국의 고고학자들은 X 방사선을 이용하여 그 까닭에 대해 설명했다. 수많은 고대 이집트인은 충치를 앓고 있었고 이는 고대 이집트인에게 참을 수 없는 고통을 주었다는 것이다. 그래서 그들은 이를 드러내고 활짝 웃을 수 없었던 것이었다. 그런데 충치가 고대 이집트인에게 성행한 까닭은 무엇일까? 그 근본 원인은 바로 고대 이집트인의 식습관에 있었다.

고대 이집트인의 음식과 나일 강은 서로 떨어질 수 없는 관계에 있었다. 나일 강은 매년 범람했고, 범람한 뒤에는 강 양쪽 기슭에 진흙과 모래가 쌓여 비옥한 검은색 토양을 형성했다. 그래서 고대 이집트인은 자신들의 국가를 '케메트' 라고 불렀다. 이는 '검은색 토지' 라는 뜻이었다. 이 풍요로운 검은색 토지가 고대 이집트인을 키웠고 휘황찬란한 고대 이집트 문명을 건설한 것이었다. 이집트의 기후는 아주 건조해서 주로 보리와 귀리를 재배할 수밖에 없었다. 고대 이집트인은 이런 보리 종류를 갈아서 만든 밀가루로 각종 빵을 만들었다. 한 가지 음식 맛을 피하려고 고대 이집트인은 원형, 각뿔형, 직사각형 등 다양한 형태로 빵을 만들었다. 신왕국 시기의 문헌 기록에 따르면, 고대 이집트에는 100여 종의 서로 다른 빵이 있었다고 한다. 그런데 이러한 각양각색의 빵이 고대 이집트인을 오랫동안 충치로 고통받게 한 원인이었다. 그리고 꿀, 포도, 무화과, 대추야자 열매 등 설탕의 함유가 높은 과일 역시 고대 이집트인의 충치를 악화시키는 데 한몫했다. 이 밖에도 고대 이집트인

▼ **향수병**
유리제품이며 전체 채색이 되어 있다. 고증에 따르면 제18왕조의 작품으로 당시 이집트의 유리 제작 기술이 매우 높은 수준에 올라 있었음을 반영한다.

▲ 각종 장식품에 대한 수요가 증가함에 따라 다양한 장식품을 제작하는 작업장 또한 생겨났다. 그림은 이집트인이 목걸이를 만드는 모습이다.

의 식단은 상추, 양파, 회향 등과 같은 채소와 닭, 오리, 나일 강에서 잡은 어류와 조류 등으로 매우 다양했다. 이 중 연체동물의 고기와 생선살이 입안에 남아있었기 때문에 쉽게 충치를 일으켰다. 몇몇 연회 장면을 그린 벽화에서 우리는 고대 이집트인이 술을 마시는 장면을 쉽게 볼 수 있는데 그들은 주로 포도와 보리를 발효시킨 포도주와 맥주를 마셨다. 고대 이집트인의 음식은 매우 풍부했지만 당분을 많이 포함하는 종류가 많았으므로 대다수 고대 이집트인은 충치로 고통받았다. 고대 이집트인의 음식 구조는 전체 사회, 노동자, 귀족, 심지어 파라오에 이르기까지 신분 고하를 따지지 않고 충치로 고통을 안겨 주었다.

이번에는 고대 이집트인이 어떤 집에서 살았는지 보도록 하자. 그들의 집은 신분에 따라 정해졌고 화려함 역시 신분에 따라 매우 달랐다. 고대 이집트인은 주로 흙벽돌을 쌓아 집을 지었고 돌로 만든 집은 주로 죽은 자를 위해 세워졌다. 돌로 만든 묘실은 '영원한 집'을 의미했기 때문이다. 일반 백성의 집은 그 구조가 매우 단순해서 햇볕에 잘 말린 흙벽돌을 쌓아 윗면에 풀로 지붕을 엮기만 하면 완성이었다. 귀족과 국왕의 주택은 널찍한 편으로 보통 석회를 이용해 벽면을 하얗게 칠하고 그 위에 여러 도안을 그려 장식했다. 집 안의 가구 역시 신분에 따른 뚜렷한 특징이 있었다. 특히 고대 이집트인은 의자의 네 발에 사자 다리를 조각하여 의자 주인의 고귀한 신분을 드러냈다.

고대 이집트인의 풍조

이집트의 무덥고 건조한 지리적 환경은 생산되는 작물의 종류를 결정했을 뿐만 아니라 고대 이집트인의 복식까지도 결정했다. 찌는 듯이 더운 날씨 때문에 고대 이집트인의 옷은 통기성 좋은 아마를 옷감으로 한 매우 간단한 차림새였다. 고대 이집트 사회에서 노출은 경제적 지위가 없음을 나타냈다. 아이들은 보통 알몸으로 다녔는데 아이들에게는 독립적인 경제 지위가 없었기 때문이다. 하녀, 농민, 공인 등 하층 노동자들은 보통 밑에는 치마를 입고 윗옷은 입지 않았다. 귀족 관료는 위에는 짧은 팔에 둥근 목 셔츠를 입었고 밑에는 치마를 입거나 위아래를 덮는 긴 옷을 입었다. 여성은 보통 긴 옷을 입었다. 국왕과 왕족, 신과 외국인만이 염색된 옷을 입었는데 생활할 때는 아마로 만든 흰색 티를 가장 많이 입었다. 아마도 하층 노동자는 작업 환경이 매우 나빴으므로 분명히 깨끗한 흰색의 옷을 유지하지 못했을 것이다. 상류층의 옷차림 역시 매우 단순했고 주로 각종 장신구로 장식했다. 신왕국 시기에 이르러서야 테두리에 꽃무늬 장식이 박힌 치마가 등장했다.

▲ 하녀들이 일하는 모습

옷차림은 신분을 뚜렷하게 드러내지 않았지만 귀걸이, 목걸이, 팔찌, 비녀, 반지, 호신부 등 장신구를 통해 그 사람의 신분과 지위를 드러냈다.

고대 이집트 장인은 매우 뛰어나고 정밀한 공예 제작 기술을 지니고 있었다. 특히 유약을 바른 제품과 상아와 진주를 이용한 공예는 매우 정교하고 아름다웠다. 여러 장식 가운데 가장 아름답다고 손꼽히는 것은 법랑[77]으로 가공하여 만든 것이다. 이 장식은 황금을 각종 형태로 조각한 보석과 조합한 뒤 정교한 가공을 거쳐 완성했다. 이 밖에도 그들은 유리에 색을 칠하는 기술에 능숙했다. 고대 이집트인은 가장 먼저 뼈, 이빨, 조개껍데기 등의 재료를 사용하여 장식품을 제작했고 이후 금, 은, 동, 터키석 등을 재료로 썼다. 그들이 사용한 재료들은 각각 특별한 의미를 상징했다. 예를 들어 황금은 태양의 찬란한 빛을, 은은 은색의 달빛을, 터키석은 녹색의 나일 강을, 붉은 옥수는 생명의 핏빛을 나타냈다. 고대 이집트인은 남자와 여자를 따질 것 없이 모두 목걸이, 팔찌, 발찌와 귀걸이 등 장식품을 착용했다.

화장 역시 여자만의 전유물이 아니었다. 고대 이집트인은 자신의 외모를 매우 중요하게 여겼기 때문에 매일 새벽이 되면 거울을 보면서 몸치장을 했다. 당시의 화장 순서는 대체로 현재와 비슷했다. 아이섀도와 볼터치를 했으며 아이라인을 그렸다. 한 가지 특이한 점은 그들이 가발을 썼다는 것이다. 아이섀도를 할 때 쓰는 붓, 빗, 면도칼 등 일부 화장용품은 묘실에서도 자주 발견되었다. 화장품을 만드는 재료는 주로 공작석, 홍갈색 흙, 봉숭아 등과 같은 천연재료였다. 공작석은 주로 아이섀도를 만드는 데에 사용되었고 갈아서 풀처럼 만든 뒤 아이라인을 그리는 화장품으로도 제작했다. 홍갈색 흙은 볼터치와 립스틱의 재료가 되었고 봉숭아는 잘 알다시피 손톱을 물들이는 데 사용했다. 이밖에 고대 이집트인은 꽃의 향기와 식물성 기름을 합성하여 '향수'를 만들었다. 그것을 몸에 바르면 가는 곳마다 향기가 남았다.

고대 이집트인의 화장·미용기술은 매우 높은 수준으로 문헌의 기록을 따르면 그들은 이미 주름을 제거하고 머리를 검게 염색하는 방법까지 알고 있었다고 한다.

거만한 고대 이집트 여성

'나는 자유로운 여인이다. 나는 8명의 자녀를 양육했다. 나는 이들이 어릴 때부터 키웠지만 그들은 늙은 나를 돌보지 않는다… 나는 나를 도와준 적이 있는 자녀에게는 나의 재산을 주겠지만 나를 도와

77) 광물을 원료로 하여 만든 유약. 사기그릇의 겉에 올려 불에 구우면 밝은 윤기가 나고 쇠 그릇에 올려서 구우면 사기그릇의 잿물처럼 된다.

준 적이 없는 자녀에게는 아무것도 남기지 않을 것이다…' 이것은 람세스 4세가 즉위한 지 3년째 되는 해에 한 여성이 남긴 유언이다. 고대 사회에서 이처럼 거만한 유언을 남기는 일은 아마도 고대 이집트 여성만이 할 수 있었을 것이다. 고대 이집트 여성은 남성과 똑같이 재산권, 계승권, 소송권 등 각종 권리를 누렸기 때문이다. 이러한 권리는 결혼을 하면서부터 발휘되었다.

고대 이집트인에게 결혼은 남녀 쌍방의 일이었기 때문에 당사자가 동의해야 성립되는 것이었다. 실제 고대 이집트인의 생활을 적은 기록을 보면 대다수 여자아이는 12, 13세 때, 남자아이들은 15세가 되면 결혼을 했다. 그래서 혼인은 주로 부모의 명령, 중매쟁이의 말을 통해 이루어졌다. 현대의 혼인처럼 신랑과 그의 친척, 친구들은 여자 쪽 집으로 가서 신부를 맞이했다. 신부는 부모의 집을 떠나 신랑과 함께 살았고 결혼할 때 물품과 돈을 가져갔다. 여성은 결혼하자마자 바로 '여주인'이 되어 집안일을 담당했다. 그래서 상형문자에서 결혼한 여성을 '집의 주인'이라고 불렀다.

고대 이집트 사회의 혼약(결혼약속)은 법률적 효력을 가졌다. 혼약은 두 종류의 계약을 맺는 형식으로 한 종류는 신랑과 그의 장인이 맺는 것이었다. 또 다른 하나는 비교적 공식적인 것으로 현지 관리가 주관해야 했으며 결혼의 증인도 있어야 했다. 혼약에 필요한 모든 서식은 세부씩 만들어 남자 쪽, 여자 쪽, 관리가 한 부씩 보관했다. 만약 혼약과 관련된 논쟁이 벌어지면 즉시 계약서를 검토하여 증거물로 사용했다. 이것은 안정적인 결혼 생활과 여성의 가정에서의 지위를 유지하기 위해서였다. 예를 들어, 혼약을 할 때 신랑은 장인에게 이런 약속을 했다. 만약 애정이 사라져서 자신이 이혼을 제안한다면 결혼 당시 부인이 가져왔던 재산과 부부가 공동으로 일군 재산의 절반을 부인에게 주고, 자신은 볼기 100대를 맞을 것이라고 말이다. 이러한 약속은 남자가 이혼을 쉽게 할 수 없도록 만들었다. 이혼은 그가 대량의 재산을 잃는다는 것을 의미했기 때문이다.

이혼은 부부 두 사람이 스스로 처리하는 것이었다. 어느 쪽이든 혼약의 해지를 제안할 수 있었고 상대방을 혼약관계에서 삭제하기만 하면 되었다. 그러나 남편은 종종 신중히 생각해야만 했다. 이혼 후 여성은 결혼할 때 자신이 가져왔던 재산을 지킬 수 있었고 혼인 전 맺은 합의서에 따라 부부가 공동으로 일군 재산도 똑같이 나눠

받을 수 있었기 때문이다. 또한 이혼한 쌍방은 서로 다른 상대를 찾아서 재혼할 수도 있었다. 그뿐만 아니라 고대 이집트 사회에서는 여성 역시 계승권을 가졌다. 한 문헌에는 한 여성이 부자 남자와 결혼을 했는데 남편이 죽자 그 여성이 엄청난 유산을 계승했고 얼마 후 마을의 한 수공업자와 재혼을 했다는 기록이 있다. 만약 그녀가 계승권을 침범당했다면 소송을 제기할 수도 있었다. 한 노동자 마을에는 과부와 죽은 남편의 사촌형 세 명이 남편의 유산을 두고 분쟁이 일어났는데 결국 그 부인이 분쟁에서 이겼다는 기록이 남아있기도 하다.

관료의 학교 교육

▼ **고대 이집트 베개**
베개의 모양이 매우 특이하다. 베개를 베는 면이 마치 활짝 벌리고 있는 두 손과 같고 아래쪽에는 사람의 손가락을 정교하게 표현해놓았다. 버팀대는 사람의 두 팔 모양으로 아랫부분은 복사뼈 모양으로 만들었고 밑 부분은 두 발의 뒤꿈치가 맞닿아 있는 모습을 하고 있다.

다른 고대 사회와 비교해보았을 때 고대 이집트 여성은 많은 권리를 누렸지만 그녀들의 문화수준은 남성보다 한참 뒤떨어져 있었다. 보통 비교적 부유한 가정의 남자 아이는 학교에 보냈지만 여자 아이는 어머니가 집안일을 관리하는 공부를 시켰다.

"글씨 쓰는 공부를 열심히 해라. 글씨 쓰는 법을 배우면 중노동에서 벗어날 수 있고 명성 높은 관리도 될 수 있다. 서기는 체력을 쓸 필요가 없고 오히려 다른 사람을 지휘할 수 있다… 나는 내 눈으로 직접 용광로 입구에서 일하는 금속 제조공을 본 적이 있다. 그들의 열 손가락은 마치 악어의 발과 같았고 몸에서는 생선 비린내보다 더 지독한 악취가 풍겼다… 아들아, 열심히 공부하렴. 실제로 공부보다 더 좋은 것은 없단다. 학교에서 하루 동안 열심히 공부해서 배운 것은 평생이 걸려도 다 쓸 수 없을 만큼 엄청난 것이다." 이것은 기원전 3000년, 이집트인 아버지가 아들에게 열심히 공부하라고 충고하는 말이다. 금속 제조공, 석공, 이발사, 농부 등의 일은 너무나 고되고 힘들었지만 글씨를 잘 쓰는 서기는 편안한 생활을 했기 때문이다. 서기는 정부의 세금, 장부, 공문서 등 전체 문서를 정리하는 일을 맡고 있었다. 일을 잘하면 관료 체제에서 승진하여 고위 관직을 맡을 수도 있는 일이었다.

고대 이집트에서 글자를 아는 것은 정부 관리가 될 수 있는 주된 조건이었기 때문에 공부는 하층민이 벼슬길에 오를 수 있는 중요한 경로였다. 사람들은 '모든 일은 저급한 것이다. 공부만이 고귀한 것이다.' 라고 믿었다. 그러므로 교육은 고대 이집트 사회생활에서 중요한 지위를 차지했다. 학교가 출현하기 전, 교육은 가정에서 이루어졌고 아버지는 아들에게 다양한 방식의 기술을 가르쳤다. 고왕국 시기에 파라오의 계승자를 가르치는 궁중 학교가 등장했고 이외에 제사장 학교, 신전 학교, 문인 학교 등이 생겨났다. 문인 학교는 특권계층의 아이를 교육했지만 일부 수공업자 가정의 아이를 받아들이기도 했다.

학교의 교육방법은 체계적으로 진행되었다. 선생님은 먼저 학생들에게 한 글자씩 차근차근 가르쳤고, 학생들은 문학과 종교작품을 베껴 쓰면서 어감과 문장을 익혔다. 이와 동시에 일정한 교화작업도 이루어졌다. 이러한 교육방법은 판에 박힌 듯 매우 단조로웠고 교육내용은 지식을 주입하고 잘못을 교훈 삼아 경계하게 하는 것만이 주된 목적일 뿐이었다. 그래서 아이들은 공부를 지겨워했고 공부하는 것을 싫어했다. 이밖에 고대 이집트는 청년들에게 가정, 혼인, 자녀 교육 등의 문제에 대해 설교하는 대량의 설교문이 있었고 이는 사회의 도덕 교육에 중요한 역할을 했다.

▲ **청동 제사 항아리**
일상적인 제사 때는 물이나 우유를 담는 것으로 사용했다. 항아리 몸통을 살펴보면 한쪽은 죽은 이의 아들이 제사를 드리는 모습을, 다른 한쪽에는 저승의 왕 오시리스와 두 명의 신이 '바[78]'를 위해 물을 따르고 있다. 밑변에 장식된 연꽃 꽃잎은 항아리 안에 담겨 있는 것이 액체라는 것을 암시한다.

편안한 내세 생활

과학 교육의 관점과는 별개로 고대 이집트인은 사람이 죽으면 부활한다고 믿었다. 고대 이집트인에게 죽음은 생명의 끝을 의미하는 것이 아니라 더 아름답고 영원한 세계로 들어가는 단계였다. 고대 이집트인은 현실 생활의 질뿐만 아니라 내세 생활의 행복 또한 중요하게 생각했다. 이집트 종교 신앙은 죽음을 중요하게 여겼고 내세를 위해 여러 가지 준비를 하는 특징이 있다. 고대 이집트인은 생명이 '육신', '바', '카'의 세 부분으로 이루어져 있다고 믿었다. 사람이 죽으면 '카'는 또 다른 세계에 도착하고 '육신'과 '바'는 세상에 남았는데 '육신', '바', '카'가 다시 하나가 될 때 죽은 사람은 부활할 수 있었다. 그래서 '사후 생활'은 고대 이집트 문명의 중요한 요소

78) 사람 얼굴에 새의 몸을 하고 있으며 불후의 영혼을 상징한다.

▲ **연회 장면을 그린 벽화**
신왕국 시기의 작품. 악기 연주가와 무용수가 화면의 주요 부분을 차지하고 있다.

가 되었다.

묘실은 죽은 자가 머무는 곳이었다. 일반적으로 돌로 만들어졌는데 이는 '영원'을 상징했다. 산 자는 여기에서 죽은 이를 공양했다. 가족 제사 때면 이렇게 크게 외쳤다. "저의 목소리를 들으셨다면 나오셔서 빵과 술을 맛보십시오." 묘실 안의 생활은 종종 고대 이집트인의 현실 생활을 반영했고, 미래 생활에 대한 동경도 드러냈다. 묘실에는 죽은 자가 살아있을 당시의 생활모습과 기록을 남겼다. 그래서 학자들은 묘실의 벽화에서 고대 이집트인의 일상생활을 이해할 수 있는 많은 자료를 얻을 수 있었다. 예를 들어 사카라(Saqqara)의 무덤에는 '티'라는 사람의 묘실이 있는데, 그 안에는 그가 목장을 시찰하는 장면, 그의 가족들이 함께 앉아 있는 장면, 그리고 하인들이 줄을 서서 신선한 꽃과 과일, 음식과 음료가 가득 담긴 광주리를 바치는 장면을 묘사한 벽화가 있다. 이 벽화들은 '티'라는 사람의 생전 활동 모습을 짐작할 수 있도록 해준다.

죽은 자가 내세에서 더욱 안락하게 생활할 수 있도록 가족은 다양한 부장품을 마련했다. 이렇게 하면 죽은 자는 또 다른 세계로 들어간 후에 부족함 없는 생활을 누릴 수 있게 되었다. 제사를 지내지 않을 때에도 죽은 자가 생활에 불편을 느낄 수 없도록 부장품으로 실제음식이나 물건 외에도 여러 모형과 벽화를 남겼다. 상류 사회의 부장품에는 빵, 과일, 맥주, 포도주, 향유, 연구, 베개, 의복, 화장품, 지팡이, 장식품 등과 같이 집안에서 실제로 사용하는 기본적인 물품 등이 있었다. 그리고 죽은 자에게 필요한 것을 계속해서 공급해주기 위해 맥주를 빚고 빵을 굽는 노동자처럼 다양한 일에 종사하는 부역 고용인의 조각상을 부장품으로 넣기도 했다. 물론 대다수 평민은 부유하지 못했기 때문에 죽은 자를 위해 돌로 만든 묘실을 해 줄 돈이 없었다. 그래서 대체로 진흙으로 만든 '영혼의 집'을 마련해주었다.

내세로 가는 여정이 평안하도록 죽은 자 역시 호신부를 지닐 수 있었다. 고대 이집트인은 호신부가 그것을 지닌 사람을 보호하는 신비한 힘을 가지고 있다고 생각했다. 가장 많이 볼 수 있는 호신부는 태양신의 화신인 성갑충의 조형으로 매의 날개를 결합해서 만들었다. 호신부에는 여러 가지 색깔의 유약을 발랐는데 하늘의 파란색과 식물의 녹색은 생명을 상징했다. 이외에 보석과 반귀석半貴石으로 제작한 호신부도 있었는데 가장 진귀한 것은 황금 호신부였다. 황금이 가장 귀해서가 아니라 황금이 태양신의 상징이었기 때문이다. 황금의 내구성을 보고 사람들은 황금이 육신이 부활할 수 있도록 부패하지 않게 보호해 줄 것이라고 믿었다.

무덤은 고대 이집트인의 생활을 이해할 수 있는 중요한 길이었다. 묘실의 벽화와 부장품이 반영하는 생활은 현실생활에서 기인한 것이었다. 그러나 더욱 중요한 것은 묘실의 벽화와 부장품이 고대 이집트인의 행복한 생활에 대한 추구와 동경을 반영한다는 것이다.

제 3 장 찬란한 티그리스-유프라테스 강 문명

- **오래된 전설** 길가메시 서사시
- **오래된 기억** 설형문자의 비밀을 밝히다
- **흥성한 최초의 민주 도시국가** 수메르 도시 문명
- **다채로운 생활** 고대 티그리스-유프라테스 강 유역의 사회생활
- **세계 역사상 최초의 사회개혁** 우루카기나의 개혁
- **서아시아 제일의 국왕** 사르곤 1세
- **고대 바빌로니아의 태양** 함무라비
- **고대 과학의 진귀한 꽃** 고대 바빌로니아의 과학적 성취
- **전차 위의 왕국** 히타이트제국
- **일어난 항해민족** 페니키아
- **하느님이 택하신 민족** 유대인
- **정복과 영토 확장** 아시리아제국
- **최후의 찬란한 빛** 부흥한 신바빌로니아
- **세계 최대 제국의 창건자** 키루스 2세

오래된 전설 길가메시 서사시

> "태양 아래에서 영원한 생명을 누리는 자는 신들뿐이다. 인간의 수명은 유한하므로 사람들이 하는 일은 연기처럼 금세 사라져버리네. 나는 전사하여 내 명성을 온 누리에 널리 떨치리라. '길가메시(Gilgamesh)는 두려운 훔바바를 물리치고 모래벌판 전투 속에 생명을 바쳤다.' 나의 자손만대를 위해 그 명성을 영원히 전하리라."
>
> 《길가메시 서사시》

티그리스 강과 유프라테스 강이 만든 '비옥한 지대' 위에서 수메르인은 가장 오래된 인류 문명을 창조했을 뿐만 아니라 까마득히 오래된 영웅의 서사시인《길가메시 서사시》를 남겼다.

영웅의 송가

서사시에 등장하는 길가메시는 3분의 2는 신이고 나머지 3분의 1은 인간으로 보통 사람과는 비교할 수조차 없는 힘이 끝없이 샘솟았다. 또한 그는 우루크(Uruk)의 왕이었고 폭정을 일삼으며 백성을 괴롭혔다. 그런 길가메시 때문에 우루크 백성은 갈 곳을 잃고 궁지에 몰렸다. 그들이 할 수 있는 일이란 신에게 간절한 구원의 기도를 올리는 것뿐이었다. 신 아누(Annu)는 그들의 기도를 귀 기울여 듣고 길가메시보다 더욱 용맹스러운 인간인 엔키두(Enkidu)를 창조했다. 처음에 엔키두는 야수와 한패가 되어 함께 생활하며 밥을 먹었다. 그러나 이런 야성은 여신의 가르침으로 사라졌고, 그는 야성 대신 감정과 지혜를 얻었다. 엔키두는 여신의 말에 따라 성으로 진격하여 비범한 힘을 가진 길가메시에게 도전할 준비를 했다.

우루크 성에 도착한 엔키두는 광장의 큰길에서 길가메시가 가는 길을 막아섰다. 두 사람은 모두 능력이 비범한 용사였다. 모든 힘을 다해 싸웠지만 승패가 갈리지 않았고 두 사람은 서로에게 감탄하며 의형제를 맺었다.

얼마 후 길가메시는 삼나무 숲을 지키는 괴물 훔바바를 정벌하러 가기로 했다. 엔키두는 위험한 일이라며 그를 말렸다. 왜냐하면 '훔바바가 한 번 울부짖으면 홍수가 났고 입을 벌리면 사나운 불길이

뿜어져 나왔으며 숨을 내뱉으면 인간은 사지에 놓였기 때문이었다.' 그러나 길가메시는 자신만만하게 말했다. "태양 아래에서 영원한 생명을 누리는 자는 신들뿐이다. 인간의 수명은 유한하므로, 사람들이 하는 일은 연기처럼 금세 사라져버리네. 나는 전사하여 내 명성을 온 누리에 널리 떨치리라. '길가메시는 두려운 훔바바를 물리치고 모래벌판 전투 속에 생명을 바쳤다.' 나의 자손만대를 위해 그 명성을 영원히 전하리라." 그의 대답을 들은 엔키두는 백성을 위해 함께 괴물을 물리치기로 했다. 사람들의 축복을 받으며 두 사람은 길을 떠났다. 하늘의 신 샤마슈의 도움을 받아 두 영웅은 힘든 전투 끝에 훔바바의 목을 베고, 삼나무를 어깨에 둘러메고 개선했다.

훔바바를 물리치고 돌아온 뒤 길가메시의 명성은 널리 퍼졌다. 여신 이난나는 그에게 반하여 적극적으로 구애했다. 그러나 길가메시는 조금도 마음을 내어주지 않았고 여신의 악행을 낱낱이 들춰내 그녀에게 모욕을 주며 구애를 거절했다. 여신은 불같이 화를 내며 아버지 신 아누에게 청하여 하늘의 황소를 내려 보내 그를 죽이도록 했다. 두 영웅은 다시 한 번 손을 잡고 엄청난 위력을 지닌 하늘소를 물리쳤다. 우루크의 사람들은 기뻐하며 환호성을 질렀다. "길가메시야말로 영웅 중의 영웅이고 엔키두야말로 호걸 중의 호걸이다."

대지가 평온해지자 하늘은 오히려 불안해졌다. 신들은 두 영웅 중 한 사람은 반드시 죽여야 한다며 누구를 죽일지 각자 의견을 내놓았다. 한 차례 언쟁이 오고 간 뒤, 신들은 엔키두를 죽이기로 뜻을 모았다. 엔키두는 병상에 몸져눕게 되었고 날이 갈수록 쇠약해졌다. 이 모습을 지켜보던 길가메시는 눈물이 샘처럼 솟아올랐고 비통함이 그의 마음속 깊은 곳까지 파고들었다. 방황하던 그는 갑자기 자신도 엔키두처럼 죽음을 맞이하는 날이 오지 않을까 하는 두려움에 휩싸였다. 그는 곰곰이 생각한 끝에 죽지 않는 유일한 인간인 우트나피쉬팀[79]을 찾아가 불로장생하는 방법을 알아내기로 했다.

온갖 시련을 겪은 끝에 그는 우트나피쉬팀을 만날 수 있었다. 길가메시는 영원한 생명을 얻는 방법을 물었다. 우트나피쉬팀은 대홍수 이야기[80]를 자세히 말해주면서 영원한 생명은 신이 자신에게 내려준 것이라고 이야기했다. 그러나 길가메시는 계속해서 우트나피

79) 바빌로니아의 노아
80) 구약성서에 나오는 노아의 대홍수 이야기와 거의 같지만 근원설화라고 하기에는 논란이 있다.

쉬팀에게 방법을 알려달라고 간청했다. 우트나피쉬팀은 어쩔 수 없이 깊은 바다 속에는 비범한 풀이 있는데, 이 풀이 사람을 다시 어려지게 만들고 청춘을 영원히 간직하게 해준다고 이야기했다. 길가메시는 우트나피쉬팀의 말대로 깊은 바다 속으로 뛰어들어 그가 이야기한 풀을 손에 넣었다. 그러나 돌아오는 길에 숲 속에 있던 뱀이 몰래 기어 나와 그만 길가메시의 풀을 훔쳐 먹어버렸다. 그는 이 사실을 알고 몹시 슬퍼하며 소리 내어 울부짖었다. "누구를 위해서 나는 이렇게 힘들게 애쓴 것일까. 내게 돌아오는 것은 아무것도 없구나…."

서사시는 인간이 보잘 것 없이 유한한 존재임을 드러내며 비장하고 처량한 정서로 끝이 난다.

▲ **영웅 길가메시의 조각상**
아시리아의 돌조각상이다. 현재 프랑스 파리의 루브르 박물관에 소장되어 있다.

초기 문명의 기억

《길가메시 서사시》는 총 3,500행으로 구성되어 있고 이는 12개 점토판에 나누어 새겨졌다. 서사시 내용 속에는 신과 인간이 엇갈려 있으며 모순이 겹겹이 쌓여 있다. 줄거리에는 자유분방한 기복이 있고 언어는 아름답고 유창하다. 이 작품은 후세 문학의 원류가 될 정도로 고대 바빌로니아 문학사에서 그 뛰어남을 자랑하고 있다. 이 서사시는 티그리스-유프라테스 강 유역 초기 다신 숭배의 종교 신앙 및 수메르인의 인생관이 반영되어 있다. 그들은 죽음에 대해 커다란 공포가 있었고 내세에 대해 비관적이었다. 죽음을 두려워하는 민족성은 이집트인과 강렬한 대비를 이룬다. 《수메르 왕 이름표》를 살펴보면 길가메시는 우루크 제1왕조의 국왕(기원전 3000년)으로 기록되어 있다. 그는 실제 역사에 존재한 인물로 서사시 내용은 당시 사회상을 반영한 것이었다. 그러므로 《길가메시 서사시》는 티그리스-유프라테스 강 유역의 역사를 연구하는 중요 자료가 되고 있다.

오래된 기억 설형문자의 비밀을 밝히다

문자는 인류 역사에서 가장 큰 발명이라고 해도 과언이 아니다. 문자가 있었기에 역사가 존재할 수 있었기 때문이다. 설형[81]부호를 새긴 신기한 문자는 마치 다빈치코드처럼 기이해서 추측하기도 어려웠다. 그러나 이 문자는 결국 해독되었다. 그리고 우리는 오래된 기억이 담긴 보석함을 열고, 온통 먼지투성이가 되어버린 수 천 년의 메소포타미아 문명을 하나씩 하나씩 꺼내어 볼 수 있게 되었다.

보물 창고를 여는 비밀의 열쇠

티그리스 강과 유프라테스 강 유역의 평원은 석양에 물들고 강기슭의 갈대는 바람에 흔들리며 기나긴 그림자를 드리운다. 오랜 세월 동안 '죽은 문자'로 불려온 설형문자는 조용히 메소포타미아 평원에 누워 멍하니 친구가 찾아오기를 기다리고 있었다.

1625년, 이탈리아 탐험가 피에트로 델라 발레(Pietro Della Valle)는 티그리스-유프라테스 강 유역에 도착했다. 그는 작은 산 위에 있는 폐허에서 벽돌 위에 새겨진 기괴한 부호를 발견했다. 이 부호들은 모두 끝이 삼각형처럼 뾰족했고 겉모양은 못과 매우 비슷했다. 어떤 것은 가로로 누워 있었고, 또 어떤 것은 비스듬히 기울어져 있었으며, 또 다른 어떤 것은 뾰족한 끝이 위를 향해 있었다. 피에트로는 마치 보석이라도 주운 듯 흥분된 마음으로 부호가 새겨진 벽돌을 가지고 유럽으로 돌아갔다. 많은 사람이 이를 두고 일종의 고대 문자라고 생각했다. 그러나 아무리 노력해도 이것이 과연 무엇을 뜻하는지 도통 알 수가 없었다. 비록 피에트로의《티그리스-유프라테스 강 유역의 탐험기》는 베스트셀러가 되었지만 그는 죽을 때까지 이 설형문자를 해독해내지 못했다. 세월은 무심히 흘러 이 일은 사람들의 기억에서 빠르게 잊혀 갔다. 설형문자는 또다시 200여 년 동안 침묵을 지키며 후대인의 노력과 연구를 기다려야만 했다.

▼ 인물 상형문자 조각판
설형문자가 만들어지기 전, 수메르인이 사용한 것은 상형문자였다. 이 석판에 있는 대량의 상형문자는 두 명의 사람이 활동하는 모습을 묘사했다.

이후 티그리스-유프라테스 강 유역에서 고고학적 발굴이 진행되면서 점점 더 많은 고대 비석에 새겨진 글자와

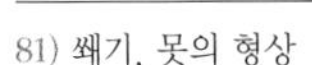

81) 쐐기, 못의 형상

그림이 유럽으로 유입되었다. 수많은 학자가 이 신비한 문자를 읽어 보고자 노력했지만 번번이 실패했다. 이것은 과연 문자인지 말소리인지 상형인지 그리고 어떤 방향에서부터 읽어야 하는지 온통 의문투성이였다. 설형문자 해독의 중대한 돌파구는 술자리에서 벌인 내기에서 시작되었다. 1802년의 어느 날, 독일 괴팅겐에 있는 27세 중학교 교사 그로테펜트(Georg Friedrich Grotefend)는 친구들과 술을 마시고 있었는데 한 친구가 별생각 없이 이런 이야기를 했다. "예전에 아주 신비한 문자가 발견되었는데 어찌나 해독하기가 어려운지 고고학자들도 두 손 두 발을 다 들 지경이라는군." 술에 취한 그로테펜트는 호기롭게 대꾸했다. "어려워 봤자지! 내가 해결해주지!" 친구가 말했다. "농담하지 말게. 그렇게 많은 전문가도 속수무책인 일을 자네가 무슨 수로 해결한단 말인가?" 그로테펜트는 자신이 설형문자를 해독해내고 말겠다며 호언장담했지만 친구는 할 수 없다고 했다. 결국 둘은 내기를 하게 되었다. 그로테펜트는 일단 주변에 있던 소량의 자료를 근거로 연구를 시작했다. 당시 그에게는 몇 장의 설형문자 명문의 탁본이 있을 뿐이었다. 그는 젊은 감각과 대담한 상상력에 기대어 설형문자의 열쇠를 찾아냈다. 그리고 그는 '군주', '아들', '위대한' 등 몇 가지 글자에 상응하는 페르시아어를 구분해냈고 페르시아의 국왕 세 명의 이름을 확인했다. 그 후 그는 설형문자를 해독하기 위해 열심히 분석하고 수정한 끝에 몇십 개의 설형문자 부호를 해석해내는 데에 성공했다. 비록 전체 설형문자 중에서 그로테펜트가 해독해낸 내용은 빙산의 일각이었지만 해독을 할 수 있었다는 사실만으로도 사람들에게 희망을 안겨주었고 설형문자 연구자들의 의지를 고무시켰다.

막다른 곳에서 비밀이 밝혀지다

1835년, 25세의 영국 육군 중위 롤린슨(Henry Creswicke Rawlinson)은 페르시아에 군대를 주둔시켰다. 아마추어 고고학 애호가였던 그는 비시툰이라는 작은 마을 근처 낭떠러지에 수많은 조각이 있다는 이야기를 들었다. 호기심이 가득한 이 영국인 중위는 즉시 탐험에 나섰다. 그리고 그는 뜻밖에도 다리우스 1세(Darius I)을 찬양하는 조각과 명문을 발견했다. 원래 다리우스 1세는 오랜 세월 명문을 보존하고 후대인의 숭상을 영원히 받으려는 생각에 수하들에게 이 명문들을 지면에서 약 31미터 높이에 있는 바위산에 조각해 놓도록 명령했다. 명문은 설형문자로 새겨졌고 각각 고대 페르시아어, 엘람(Elam)어와 바빌로니아어로 다리우스 1세의 위대한 공적을 기록했다. 왼쪽 윗부분의 조각에는 두 호위병의 보호를 받으며 위대한 페르시아제국의 국왕인 다리우스 1세가 아홉 명의 '포로'[82]를 거만한 태도로 대하는 장면이 있었다. 이것이 바로 비시툰 명문이다. 이 명문은 기원전 520년에 새겨졌으며 다리우스 1세가 1년에 19차례 전쟁을 치러 아홉 명의 왕을 생포한 찬란한 전쟁 공적을 과시했다. 그러나 오랜 시간이 흐르면서 사람들은 높은 바위산에 새겨진 명문을 정확하게 볼 수 없게 되었고 명문의 내용도 서서히 잊혀 갔다.

▲ **점토판 문자**
설형문자가 가득 새겨진 점토판은 재산 분할 사건을 기록하고 있다.

호기심 많은 롤린슨은 비시툰 명문에 깊은 관심이 생겼다. 날씨가 화창했던 어느 날, 그는 낭떠러지 꼭대기를 향해 등반을 했는데 왼손으로는 암석을 잡고 오른손으로는 필기구와 공책을 들었다. 그리고 공책을 암석의 갈라진 틈 사이에 끼우고 오른손으로 명문을 베껴 쓰기 시작했다. 그는 며칠 동안이나 이런 힘든 과정을 참고 견딘 끝에 명문 전체를 완전히 베껴 쓸 수 있었다. 이어서 그는 여러 가지 언어와 다양한 문자에 대한 탄탄한 지식, 그리고 굳세고 강인한 끈기를 바탕으로 명문에 적힌 사람의 이름을 해석해냈다. 그는 이를 바탕으로 장장 16년에 걸쳐 3개 언어로 새긴 명문의 전체 번역문을 완성함과 더불어 약 150개의 설형문자 부호의 발음과 500개의 단어 및 수십 개의 고유명사를 성공적으로 해독해냈다. 또한 그는 다른 학자들과 공동으로 노력한 끝에 드디어 티그리스-유프라테스 강 유역의 수메르인이 만들어낸 설형문자를 읽어내는 데 성공했다. 이때

82) 즉 각지에서 다리우스 1세의 통치에 반항한 국왕

부터 설형문자를 바탕으로 한 티그리스-유프라테스 강 유역의 역사와 문화에 대한 연구는 점차 새로운 학문인 아시리아학을 형성했다.

신비한 암호의 '일생'

설형문자는 고대 티그리스-유프라테스 강 유역의 문자이다. 당시 이 지역에서는 글씨를 쓸 때 '점토판'을 종이 삼아 사용했고 삼각형의 끝이 뾰족한 갈대 줄기나 작은 나무 막대기를 '펜'처럼 사용했다. 다시 말해 수메르인의 필기도구는 삼각형의 끝이 뾰족한 갈대 줄기나 날카롭게 깎은 나무 막대기 또는 동물의 뼈, 그리고 점토판이었던 것이다. 수메르인은 축축한 점토로 제작한 점토판 위에 글씨를 썼는데 그 문자의 필적이 나무못(쐐기)처럼 생겼으므로 이 문자를 '설형문자' 또는 '쐐기문자'라고 불렀다. 기원전 4000년경, 수메르인은 찬란한 수메르 문명을 창조했는데 그들의 문명을 가장 잘 반영한 것이 바로 설형문자이다. 수메르인이 거주한 곳은 티그리스-유프라테스 강의 충적 평원으로 글씨 쓰기에 적당한 재료가 부족했다. 그러나 갈대가 많이 나고 자원이 풍부했으며 불순물이 적은 점토가 많았기 때문에 수메르인은 현지에서 재료를 구했다. 그들은 끝이 뾰족한 갈대 줄기와 뼈, 나무 막대기를 깎아 필기도구로 사용했고 점토로 점토판을 만들었다. 축축한 점토로 제작한 점토판 위에 글씨를 쓰고 점토판이 마르기를 기다리기만 하면 불멸의 서적이 완성되었다.

수메르인의 설형문자는 점토판 위에 새겨야 했기 때문에 비교적 짧은 직선의 필적이 가장 적합했다. 글씨를 쓸 때는 갈대나 나무 막대의 뾰족한 끝으로 눌러써야 했으므로 꾹 눌린 부분은 그 자국이 비교적 깊고 넓었고, 뺄 때는 가늘고 좁아졌다. 그리하여 이 부호의 시작 부분은 거칠고 마지막 부분은 가늘었다. 초기 설형문자는 위에서 아래의 세로 방향으로 글씨를 썼는데 시간이 흐르면서 왼쪽에서 오른쪽의 가로 방향으로 쓰는 식으로 바뀌었다. 다시 말해서 전체 상형문자가 세로에서 가로로 90도 전환된 것이었다. 오른손으로 왼쪽에서 오른쪽으로 가로줄을 썼으므로 설형문자의 필적은 거친 부분의 시작이 왼쪽에 있고 가는 부분이 오른쪽에 위치했다.

최초의 설형문자는 '새', '물고기', '곡물' 등을 표시했다. 복잡한 의미를 표시할 때는 부호 두 개를 합해서 썼다. 예를 들어 '하늘'에

'물'을 더하면 '비가 내린다'를 의미했고 '눈'에 '물'을 더하면 '운다'는 뜻을 나타냈다. 이후 한 개의 부호가 여러 의미를 나타내는 형태로 발전했는데 '발'은 '걷다', '일어서다' 등의 뜻을 나타냈다. 이것이 바로 표의부호이다. 좀 더 시간이 흐른 뒤 한 개 부호는 하나의 소리를 표현하기도 했다. 예를 들어 '별'이라는 글자는 수메르어에서 '응'으로 발음되었다. '별'이 발음을 나타내는 글자로 사용될 때는 원래의 의미와 상관없이 단지 발음만 표시했다. 이것이 바로 표음부호이다. 문자를 쓰는 사람이 자신의 의도대로 설형문자를 사용하려면 반드시 어떤 의미를 나타내고 발음은 어떻게 되는지 표시해야 했다. 이를 해결하기 위해 수메르인은 부수문자를 발명했다. 예를 들어 한 사람의 이름 앞에 어떤 특수부호를 더해 남자의 이름이라는 것을 표시했다.

▼ **수메르인이 문자를 사용하는 모습**
설형문자의 탄생은 수메르인의 생산과 생활에 편리함을 제공했다. 그림에서는 서기 한 명이 상형문자를 이용하여 신전 토지를 경작한 사람이 신전에 바쳐야 할 곡물을 기록하고 있다.

약 기원전 2000년 즈음, 설형문자는 상형문자에서 점차 추상적인 부호로 변화했다. 그 결과 문자부호의 수가 크게 줄었다. 당시 설형문자의 문자부호는 약 600개였다. 그리고 학교에서 여러 해 동안 엄격한 훈련을 거쳐 설형문자를 배우고 읽을 수 있었다. 그래서 수메르인은 세계 최초로 학교를 세웠고 '점토판 집'이라는 뜻의 '에둡바(e2-dub-ba- a, e2-dub-ba)'라고 불렀다.

수메르인은 종이를 만들 줄 몰랐다. 그래서 점토로 만든 직사각형의 점토판을 만들고 갈대 줄기나 나무 막대기의 끝을 뾰족하게 만들어 점토판 위에 글자를 새겼다. 글자가 새겨진 점토판은 그늘진 곳에 말리거나 불에 구워 말렸다. 이것이 바로 후대인이 말하는 점토판 문서이다. 처음에 수메르인의 점토판은 원형 또는 각뿔형이어서 글씨를 쓰거나 보관하기에 불편했고 이후 수메르인은 점토판을 사각형으로 만들었다. 대부분 그들의 문자는 이러한 사각형 점토판 위에 새겨져 보존되었다. 현재까지 사람들은 티그리스-유프라테스 강 유역에서 몇십 만 개의 점토판 문서를 발굴했다. 이 점토판 문서들 가운데 약 90퍼센트는 상업이나 행정과 관련된 기록이고 나머지 10퍼센트는 대화, 속담, 찬양시와 신화, 전설의 일부이다.

설형문자는 수메르 문명의 특징을 가장 잘 반영하는 독창적 산물이다. 기원전 1500년경, 수메르인이 발명한 설형문자는 당시 국가 왕래에서 통용된 문자 체계였으며 심지어 이집트와 티그리스-유프라테스 강 유역의 각국 외교 서신, 혹은 조약을 체결할 때 설형문자를 사용했다. 그것은 서아시아의 수많은 민족 언어 문자의 형성과 발전에 중요한 영향을 미쳤다. 서아시아의 바빌로니아, 아시리아, 히타이트, 시리아 등의 수도는 설형문자에 약간의 변화를 더해 자신들의 언어로 삼았다. 게다가 페니키아인이 만든 자모 역시 설형문자의 요소를 포함하고 있었다.

흥성한 최초의 민주 도시국가 수메르 도시 문명

비옥한 초승달 모양의 지대에서 활기 넘치는 청춘인 수메르 도시국가는 느린 걸음으로 티그리스-유프라테스 강 유역의 메소포타미아 평원을 걸으며 발자국을 남겼다. 서아시아 문명에 밝고 아름다운 풍경을 더 하면서….

티그리스-유프라테스 강 유역의 남부는 토양이 비옥하고 부드러웠다. 바로 문명이 시작될 보석과 같은 땅이었다. 일찍이 기원전 4500년, 북부 고지에서 내려온 백인인 수메르인은 이곳 충적 평원에 도착했다. 그들은 셈(Sem)족과 달리 머리가 원형이고 머리카락과 수염을 깨끗이 깎는 것을 좋아했다. 수메르인은 환경에 빠르게 적응하여 티그리스-유프라테스 강을 낀 농업 생산을 발전시켰다. 입을 것과 먹을 것이 풍족했던 그들은 초승달 모양의 지대에 독특하고 찬란한 메소포타미아 문명을 창조했다.

흥성한 최초의 도시국가 문명

수메르인은 최초로 도시를 건설한 민족이었다. 기원전 5000년, 세계 역사에는 최초의 도시인 에리두(Eridu)가 탄생했다. 그리고 약 기원전 3500년, 유프라테스 강기슭에 우루크 도시국가가 등장했다. 이미 대규모의 신전과 궁전 건축이 나타났으며 신전은 신이 머무는 곳, 창고, 생활구역의 세 부분으로 구분되었다. 이곳에서 출토된 점토판에는 인류 최초의 문자기록이 있었는데 이 상형부호들은 대부분 기록물품을 사용한 명칭과 수량이었다. 이는 당시의 빈번한 상업무역 활동을 반영하고 있었다. 기원전 3100년에는 국가의 형성과 상세히 분업화된 국가의 기능을 보여주는 전문적인 제사장 계급이 신전에 등장했다. 수메르는 도시국가의 문명 단계라는 새로운 발전 시기로 진입한 것이었다.

티그리스-유프라테스 강 유역 남부에 기원전 300년대 초, 수십 개의 도시국가가 출현했고 이 도시국가들은 하나의 도시국가군을 형성했다. 에리두, 우르, 우루크, 라가시

▼ 우르의 군기
고대 메소포타미아 지역에서 가장 중요하고 유명한 공예품이라고 말할 수 있다. 조개껍데기, 천청석과 붉은색 석회석으로 조각하여 완성했다. 묘사하고 있는 것은 전쟁 종결 이후 승리를 축하하는 연회 장면이다.

(Lagash), 움마, 키시 등이 유명했다. 이 작은 국가들은 주변의 소도시를 연합하여 형성된 노예제국가로 보통 도시 한 개가 중심이 되었다. 이것이 바로 우리가 도시국가라고 부르는 이유이다. 수메르인은 멀리 떨어져 있던 남부평원까지 내려온 뒤 점차 본래 가지고 있던 씨족이나 부락 방식에서 벗어나 도시국가를 형성했다. 초기 도시국가는 규모가 크지 않았고 인구 또한 많지 않았지만 '참새가 작아도 오장육부는 다 갖추고 있다.' 라는 중국 속담처럼 도시 국가마다 왕, 제사장, 군대 지휘관, 법관 등이 있었다. 이를 통해 도시문명에 대해 전체를 짐작할 수 있을 것이다.

도시국가는 노예의 국가 소유제였다. 토지는 신전 토지와 지역 공동체 토지의 두 가지로 구분되었다. 당시 도시국가의 신전은 강력한 경제력을 가지고 있었다. 신전은 공동체로부터 독립한 이후 수많은 자유인과 노예를 고용하여 토지를 경작시켰고 그 대가로 그들에게 실제 물건을 제공하거나 자그마한 농지를 주었다. 피고용인들은 평소에는 신전을 위해 일했고 전쟁이 발생했을 때는 군대에 복무했다. 신전은 국가규정에 따라 전쟁이 발생하면 국왕에게 피고용인들로 구성된 군대를 제공해야 했다. 오랜 시간이 흐르면서 신전 세력은 팽창하여 국가의 상업과 청동 제조 등 중요 수공업 부문을 독점했고 전국 경제활동의 중심이 되었다. 따라서 국왕을 수장으로 두는 왕실 경제와 신전 경제의 상호대립은 피할 수 없는 상황이었다. 그래서 국왕은 도시국가 주신의 대리인이라는 신분을 이용하여 서서히 신전 경제를 관리하기 시작했고 결국 신전의 제사장을 패배시켜 신전 경제 전부를 왕실 경제 안으로 집어넣었다. 지역 공동체의 토지는 몇 명의 부자가 소유하여 다음 세대가 물려받았다. 이후 토지 매매 현상은 자주 발생하여 도시국가는 많은 토지를 잃게 되었고 공민들의 상황은 점점 더 악화했다.

수많은 수메르 도시국가들이 비록 유사한 발전과정을 겪었지만 여전히 다양한 특징을 지니고 있었다. 수메르 도시국가의 여러 가지 특징 중에서 가장 두드러지는 세 가지 특징에 대해 알아보도록 하자.

최초의 민주 도시국가

도시국가를 이야기할 때 우리는 민주, 자치를 떠올린다. 정확하게

▲ **우르 탑신전의 유적**
우르 탑신전은 현존하는 신전 중 가장 먼저 지어진 탑신전이며 가장 완벽하게 보존된 탑신전 유적이다.

초기 수메르 도시국가의 국가권력은 주로 엔시, 공민대회와 장로회의의 3대 기구의 수중에 있었다. 엔시는 도시국가의 국왕이었으며 루갈[83]이라고 칭하기도 했다. 그는 신의 대리인으로서 신을 대신하여 재정을 관리하고 본국 공민의 복지를 보호했다. 그는 도시국가 회의를 주관하고 군대를 통솔했으며 수리시설과 성벽, 궁전 건설을 책임졌고 사법 행정의 권한을 장악했다. 통치자는 일반적으로 종신제와 세습제로 결정되었다.

초기의 공민대회와 장로회의는 국왕의 권력을 제한하는 역할을 했다. 《길가메시 서사시》에는 이런 이야기가 있다. 키시 왕 아가(Agga)는 사자를 우루크로 파견하여 국왕 길가메시에게 '우물을 파달라'는 요구를 했다. 이 말은 우루크인에게 키시의 맹주자리를 인정하고 키시에 충성하라는 말이었다. 길가메시는 즉시 장로회의와 공민대회를 열어 굴복할지, 전쟁을 일으킬지를 상의했다. 국왕이 전쟁을 벌이고 싶다는 결심을 밝히자 장로들은 잇달아 반대를 하며 키시에 투항하자고 주장했다. 그러나 민중은 이렇게 말했다. "우리는 키시에 투항해서는 안 됩니다. 우리는 무기로 그들을 제압해야 합니다." 길가메시는 공민대회의 결정에 따라 전쟁으로 맞섰고 이후 두

83) 맹주의 칭호

▲ **우르왕조 시기의 군대 깃발**
이것은 우르왕조 시기의 군대 깃발 모습이다. 전쟁 이후의 모습이 묘사되어 있다.

도시국가는 강화를 맺어 전쟁을 끝냈다. 이 이야기에서 우리는 우루크 도시국가의 3대 관리 기구, 즉 국왕, 장로회, 공민대회의 존재와 그 힘을 정확하게 확인할 수 있다. 국왕은 전쟁이나 항복과 같은 중차대한 문제를 결정하는 최고 권력을 가지고 있지 않았다. 하지만 민중의 의지는 강한 힘을 가지고 있었다. 우루크는 이렇듯 민주정치 공화국의 전형이었다.

그러나 끊임없는 패권전쟁 과정에서 왕권은 날이 갈수록 강대해졌다. 반면 신전의 제사장으로 대표되는 귀족세력은 점차 쇠락했다. 특히 신전 경제가 왕실 경제로 편입된 후 제사장인 귀족은 심각한 타격을 받아 군주국가의 조직형태가 형성되기 시작했다.

노예제 도시국가의 전형

20세기 후, 중대한 고고학적 발견이 있었고 수메르 도시국가 문명은 또다시 세상을 놀라게 했다. 우르 왕릉은 4000여 년이 지난 어느 날 다시 한 번 자신의 영광을 드러냈다. 1922년부터 영국의 고고학자 찰스 레너드 울리는 티그리스-유프라테스 강 남부의 우르에서 장장 13년간 고고학 발굴을 전개하여 총 1800여 개의 묘실을 발굴했다. 그 중 17개는 부장품이 풍성한 대형 왕릉이었고 이것은 부장품이 적고 투박한 평민의 무덤과는 하늘과 땅만큼 차이가 났다. 왕릉에서는 수많은 귀중품이 출토되었고 황금투구, 황금단검, 큰 마차와 마구 및 칠현금, 배 모양의 하프 등의 악기도 포함되어 있었다. 이 부장품들은 당시 우르의 수공업이 매우 발달했다는 것을 짐작하게 하는데, 그중에서도 특히 야금업이 발달했음을 보여주었다. 또한 상업 무역의 번영도 보여주었다. 우르는 금속, 목재, 석재가 매우 부족해서 다른 지역으로부터 '수입' 해야 했기 때문이다. 무덤에서 사람의 이목을 끄는 것은 대량으로 발견된 순장인이었다. 한 왕후 무덤에서는 59명의 순장인이 있었는데 그들 가운데는 투구를 쓴 전사,

음악가, 무녀 등도 포함되어 있었다. 사람들은 국왕, 왕후는 사후세계에서도 생전과 같이 하인과 신하가 시중을 들어주어야 한다고 생각했기 때문에 그들에게 순장은 당연했다. 이것은 우르 도시국가의 초기 노예제의 잔혹성, 야만성을 충분히 폭로한 것으로, 순장제는 기원전 30세기 후기에 이르러서야 서서히 폐지되었다.

최초의 사회 개혁가

라가시는 세상에 이름을 알린 수메르 도시국가였다. 이 도시국가에는 인류 역사상 최초의 개혁가로 알려진 우루카기나가 있었다. 라가시는 수메르 남부에서 200여 년 동안 맹주의 자리를 지켜왔다. 라가시는 국가를 건립한 이래 이웃 도시국가인 움마와 여러 차례 전쟁을 했다. 다행히 키시 왕의 중재로 두 나라는 사이가 좋아졌고 영토의 국경에 비석을 세웠다. 그런데 이후 움마 왕은 국경을 넘어 라가시의 영토를 점령했다. 루갈안다는 왕의 자리에 오른 후 움마에게 점령당했던 영토를 탈환했고 남북부 지역으로 원정을 나가 수메르의 패권을 차지했다. 끊임없이 이어지는 전쟁은 국내 백성에게 큰 부담을 주었고 잡다하게 늘어나는 무거운 세금은 점점 감당하기 힘들어졌다. 결국 심각한 생활고에 시달리던 백성은 봉기를 일으켜 국왕의 통치를 전복시켰다. 당시 우루카기나는 폭정을 반대하고 도시국가는 예전 제도로 돌아가야 한다고 주장하며 개혁에 앞장섰다. 그리고 사람들은 기원전 2378년, 우루카기나를 왕으로 옹립했다.

우루카기나는 왕이 된 뒤 자신의 정권을 공고히 하기 위해 평민의 이익을 보호했고 개혁 수칙을 반포했다. 그는 과거의 악정을 폐지하고 각급 관리의 횡포를 방지했다. 또한 평민의 처지를 개선하고 그들의 지위를 향상시켜 공민권을 확대하는 정책을 펼쳤다. 이러한 정책들로 공민의 수는 10배나 증가했다.

▼ **우루크 성에서 출토된 합금 무기**
우루크 왕릉에서 발견된 합금 단도와 끝이 뾰족한 창

우루카기나의 개혁에 이웃 도시국가인 움마의 귀족층은 불안감을 느끼며 심하게 동요할 수밖에 없었다. 그리하여 그들은 우루크와 연합하여 라가시를 침범했고, 라가시는 결국 기원전 2371년에 패망했다. 움마와 라가시가 전쟁을 치르고 있던 무렵 북쪽의 키시 왕 사르곤 1세는 기회를 잡아 서서히 이름을 떨치기 시작했다. 사르곤 1세는 남북의 각 도시국가를 통일하고 움마를 격파했으며 수메르 북부에 아카드 성을 세워 수도로 삼았다. 그의 통일은 수메르의 도시국가 문명 시대를 종결시켰고 서아시아 중앙집권의 노예제 국가 시대를 열었다.

유명한 미국의 아시리아 학자 새뮤얼 노아 크레이머(Samuel Noah Kramer)는 《역사는 수메르에서 시작되었다》라는 책에서 이렇게 말했다. '서방 문명이 독점한 민주 정치는 기원전 2800년 서아시아 지역에서 이미 출현하여 양원제[84]와 유사한 최초의 '국회'가 화려하게 등장한 바 있다.' 수메르 도시국가 문명은 메소포타미아 초기 문명의 화려한 무대이자 동방 대지에서 영원히 빛나는 문명의 빛이었다.

84) 국회의 구성을 양원으로 하는 제도

다채로운 생활 고대 티그리스-유프라테스 강 유역의 사회생활

티그리스-유프라테스 강 유역은 4대 문명 발원지 중 하나이다. 고대인은 이곳에서 신기하고도 찬란한 문명을 창조했다. 그 당시 사람들은 어떻게 생활했을까? 지금부터 고대 티그리스-유프라테스 강 유역 사람들의 풍요롭고 다채로운 사회생활에 대해 알아보기로 하자.

의식주

티그리스-유프라테스 강 유역의 농업과 축산업으로 생산된 물품은 매우 풍부했다. 곡물, 채소, 소고기와 양고기, 소가죽, 양가죽, 아마 및 동물 뿔로 만든 물건 등이 있었고, 곡물은 대부분이 밀이었다. 빵은 수메르인이 인류에게 선사한 맛있는 음식이자 그들의 주식이었다. 빵의 종류는 아주 다양했고 그중에는 각종 원료를 혼합하여 만든 것도 있었다. 풍부한 대추야자 열매 역시 티그리스-유프라테스 강 유역 사람들의 맛좋은 음식이었다. 남부의 찌는 듯한 기후와 충분한 관개는 대추야자 나무의 생장에 매우 적합했다. 고고학자는 고대 바빌로니아의 3개 점토판 문헌에서 위대한 입법자 함무라비(Hammurabi) 통치 시기의 식단을 발견했는데 음식을 만드는 과정이 매우 자세히 기록되어 있었다. 사람들은 이것을 세계 최초의 요리책으로 간주하고 있다. 식단에 쓰여 있는 요리는 마늘, 양파, 발효유와 함께 삶아서 익힌 어린 산양고기, 삶은 무 등이었다. 술은 티그리스-유프라테스 강 유역 사람들이 가장 즐겨 마시던 음료로 이들이 가장 많이 마신 술 종류는 맥주였고 그다음은 대추야자술, 포도주 순이었다. 돌 조각이나 벽화에는 사람들이 술을 마시는 장면이 많이 표현되어 있다.

▼ **우르왕조의 은으로 만든 하프**
앞면은 수소의 머리를 조각했다. 제작 기술이 매우 정교하고 장식 또한 화려하다. 이 하프는 당시 음악이 사람들 생활에서 차지한 비중을 반영한다.

티그리스-유프라테스 강 유역의 당시 의복재료는 주로 모직물과 아마방직물이었다. 수메르 시기에 남자는 일반적으로 상의를 벗고 하의는 치마를 입었지만 여자는 위에서 아래로 이어지는 긴 옷을 입었다. 시간이 지나면서 사람들의 복장 양식도 점차 다양해졌다. 남성 복장 중 가장 일반적인 형태는 안쪽에는 일자형으로 몸에 꼭 맞는 긴 옷을 입고 허리에는 천을 두른 양식이 일반적이었는데, 안쪽 옷만 입을 때는 허리띠를 맸다. 여성복장은 많은 장식무늬를 수놓았고 옷감은 주로 아마포를 사용했다. 시간이 지나면서 여성들의 장신구는 다양해졌는데 그중에서 귀걸이와 목걸이는 특히 주목받는 장신구였다. 고대 바빌로니아에서는 남자도 볼 터치를 하고 립스틱을 바르는 등 화려하게 치장하는 것을 좋아했기 때문에 장신구를 착용하는 일 역시 매우 일반적이었다.

당시 평민의 집은 보통 나무와 풀로 지붕을 만들고, 진흙벽돌을 쌓아 벽을 세웠다. 왕실과 신전 건축물이 견고하고 내구성이 좋았던 것과 비교하면 일반적인 집은 그다지 튼튼하지 않았다. 고대 바빌로니아의 거주민은 직업에 따라 거주지를 정하는 경우가 많았고 이러한 거주지역은 하나의 단독 사회지역을 형성했다. 사회지역은 자기만의 자치기구, 민중대회, 법원을 가지고 있었고 각 지역의 장로들이 중요한 문제를 상의하고 결정했다. 사람들은 물품을 운송할 때 주로 수로를 이용했고 티그리스-유프라테스 강 사이에는 상하좌우로 수많은 수로망이 각각의 도시를 연결하고 있었다. 전체적으로 보면 상수로 운송이 낙타와 당나귀가 끄는 달구지 위주가 되는 육로 운송을 넘어섰다고 할 수 있다.

혼인과 가정

티그리스-유프라테스 강 유역의 대다수 혼인은 일부일처제였으며 둘 사이에 아들이 없을 때는 남편에게 두 번째 부인을 맞이할 수 있는 권리가 있었다. 그러나 첫 번째 부인의 지위가 더 높았다. 아이를 낳지 못하거나 아들이 없는 부인은 남편을 위해 여자 노예를 골라 그녀를 남편과 부부로 맺어주었다. 여자 제사장들은 결혼은 할 수 있었지만 아이는 낳을 수 없었기 때문에 이 방법을 가장 많이 사용했다. 부인이 병이 있어서 혼인의 책임을 다할 수 없을 때도 남편은 두 번째 부인을 들일 수 있었지만 원래 배우자를 부양할 책임이 사라지는 것은 아니었다. 그러나 원래 배우자가 원할 때는 남편의 집을 떠날 수 있었다.

티그리스-유프라테스 강 유역의 가정에서 아버지는 부인과 자녀에게 절대적인 권위가 있었다. 《함무라비 법전》에서는 만약 아들이 자신의 아버지를 때렸다면 아들의 손을 잘라 버려야 한다고 규정했다. 또한 법전에서 성년의 나이를 정하지 않았기 때문에 가장으로서의 아버지의 권위는 아버지가 돌아가실 때까지 계속해서 유지되었다. 가정에 채무가 있을 때 채무를 변제할 수 없는 경우 아버지는 자신의 노예나 심지어 자신의 가족 구성원을 채권자에게 보낼 수 있었다. 그러나 보낸 노예나 가족을 다시 찾아와야 하는 의무는 없었다. 수메르 시기에 첫째 아들은 모든 재산을 계승할 권리를 가지고 있었지만 다른 형제, 자매를 부양할 책임은 없었다. 이후 역사 시대에는 형제가 재산을 평등하게 나눠 가졌지만 첫째 아들만은 두 배로 분배받았다. 대부분 지역에서 딸은 계승권이 없었고 집안에 아들이 없는 경우에만 계승권을 가졌다.

▲ **곡물 장부 점토판**
설형문자가 가득 새겨진 진흙 조각품으로 수메르인이 곡물장부로 사용한 것이다.

티그리스-유프라테스 강 유역의 여자는 자신의 이름으로 된 재산을 가질 수 있었다. 그 재산은 주로 두 가지 경로를 통해 형성되었는데, 하나는 형제가 없어서 재산을 계승하는 경우였고, 다른 하나는 결혼할 때 집에서 가져온 물품과 신랑 쪽에서 보낸 예물이었다. 남편은 아내의 재산을 사용하고 관리할 수 있었지만 이혼할 때, 아내의 행위가 단정하지 않아서 이혼하는 경우를 제외하고는, 반드시 아내의 전 재산을 그녀에게 돌려주어야 했다. 만약 남편이 먼저 세상을 떠나면 아내는 자신의 재산을 직접 관리했다. 그녀가 남편 집을 떠나거나 재혼을 할 때는 자신의 재산을 가지고 나올 수 있었다. 일반적으로 신분이 높은 여자 제사장은 집, 토지, 노비 등 풍성한 재산을 가지고 있었다. 만약 아내가 죽으면 그녀의 재산은 자녀가 계승했는데 이때 아들과 딸은 구별하지 않았다. 그러나 남편과 다른 여자가 낳은 자식들은 그녀의 재산에 대한 계승권이 없었다. 만약 부인에게 자녀가 없다면 그녀의 형제가 계승권을 가졌다.

함무라비 통치시기에 이혼은 법률적으로 허용되었다. 일반적으로 남편이 먼저 제안했으며 남편은 자기 멋대로 이혼할 수 있었다. 그

▲ **황금투구**

이 황금투구는 우르왕조의 것으로 제작 기술이 정교하고 격식화된 머리띠 모양이 투구에 장식되어 있다. 왕권에 대한 존경과 왕권의 고귀함이 뚜렷하게 반영되어 있다.

러나 만약 아내의 품행 문제로 이혼하는 것이 아닌 경우에는 이혼할 때 남편은 반드시 아내 소유의 재산을 돌려주어야 했고 어떤 경우에는 일정 액수의 벌금을 지불해야 했다. 아내가 이혼을 제안하는 경우는 매우 적었다. 이혼을 요구하는 여자는 엄격한 조사를 받아야 했으며 그녀가 떳떳하지 않은 이유로 이혼을 결정한 것이 아니라고 판단될 때는 이혼이 허용되었다. 그러나 자신이 결혼할 때 가지고 온 재산을 유지하기는 쉽지 않았다.

종교 활동과 명절

종교는 티그리스-유프라테스 강 유역 사람들의 사회생활에서 주축을 이루는 활동이었다. 신은 티그리스-유프라테스 강 유역 문화에서 중요한 역할을 담당했고 각종 대형 공공시설에서부터 백성의 일상생활에 이르기까지 종교는 깊이 파고들어 있었다. 국왕부터 노예까지 모든 사람은 신의 뜻에 의해 지배를 받았다. 종교는 강력한 쇠사슬처럼 언제, 어디서나 사람들이 살아가는 사회의 모든 분야를 연결했다. 사람들은 신에 복종하기 위해 모든 활동을 했다. 건축, 회화, 조각 예술을 하는 사람들은 종교에 대한 열정 때문에 그들 자신의 힘을 다했고, 문학과 역사는 신의 활동을 묘사했다. 과학 역시 종교사상에 침투되었으며 사법 및 윤리도덕 또한 종교와 밀접한 관계를 맺었다.

신전은 신이 인간세상에서 거주하는 곳이었으므로 신전을 건축하는 것은 매순간 인류를 보호하기 위한 행위였다. 그래서 사람들은 신이 생활할 수 있는 월등히 좋은 조건을 반드시 확보해야 했다. 그들은 언제나 의, 식, 주 등 여러 방면에서 신들을 섬겼다. 신전마다 그 중심에는 신과 관련된 조각상을 놓았고 보통 사람들은 신상을 보면 안 되었기 때문에 조각상을 놓는 방은 어둡고 숨겨져 있었다. 탑신전 역시 신을 위해 건축한 것이었는데 일반적으로 3층에서 7층으로 이루어졌으며 위로 갈수록 좁아지는 모양을 했다. 각 층은 층계로 연결되었고 높이는 약 30미터 정도였다.

국가의 제사 의식은 제사장이 주관했으며 주로 중대한 명절에 제사를 올렸다. 제사는 일상적으로 진행되는 제사와 매월 혹은 매년 거행되는 제사로 나눌 수 있었다. 전자는 국왕이 백성의 이름으로 신에게 제물을 바치는 것뿐만 아니라 국왕 개인의 제물 역시 더하여 신에게 바쳐야 했다. 후자는 주로 명절의 경축 활동 중에 거행되었고 특별히 중요한 장소에서 국가의 행복과 번영을 비는 제사였다. 모든 신이 받는 제물은 주로 음식, 음료, 목축 그리고 기름 등이었다. 성대한 명절 때 신전이 바치는 가축의 수량은 놀라울 정도로 많았는데 현재까지 발견된 제물 명단을 살펴보면 제사를 지낼 때 바친 목축은 3,569마리 이상이었다.

종교 활동은 종종 명절과 연관되었고 사람들의 일상생활에서 중요한 위치를 차지했다. 고대 티그리스-유프라테스 강 유역의 종교 명절은 그 내용에 따라 대략 두 가지로 구분할 수 있었다. 하나는 신의 생활 및 신들 사이의 왕래와 밀접한 관련이 있는 것이었고, 다른 하나는 신과 인간 사이의 관계와 연관이 있는 것이었다. 티그리스-유프라테스 강 유역의 각 지방은 모두 종교 제사 활동을 거행하는 명절을 규정했다. 일반적인 종교 명절은 농업 생산과 관련된 주기적인 것이었다. 봄에 있는 명절은 풍작을 기원하는 의식이었고 가을에 있는 명절은 풍성한 수확을 허락해 준 신의 은혜에 감사하는 성격의 의식이었다. 종교 명절은 보통 11일 동안 이어졌고 어떤 때는 15일 동안 이어지기도 했다. 수많은 명절이 신의 세계에서 벌어지는 일과 연관된 것처럼 보였지만 사실 명절은 인간 생활 및 인간이 사는 사회와 밀접한 관계가 있었다.

수메르 시기에 가장 유명한 명절은 두무지(Dumuzi)와 이난나(Inanna)라는 두 신의 혼례 명절이었다. 두무지는 목자牧者를 보호하는 신이었고 이난나는 애정을 주관하는 여신이었다. 두 신이

▼ **암사자가 남자 아이를 공격하는 모습**
사르곤 2세 시대에 제작된 상아 조각상

결혼한 지 얼마 지나지 않아 두무지가 저세상에 갇히게 되어 1년에 딱 한 번 짧은 시간 동안만 이난나를 만날 수 있게 되었다. 두 신의 신도들은 두무지의 비참한 신세를 생각하며 흐느껴 울었고 그들의 재회를 위한 경축활동을 열었다. 때마침 두무지가 지옥에 갇혀 있는 시간은 가뭄이 드는 계절이었고 그와 이난나가 만나는 날은 바로 우기가 도래하는 때였다. 농업생산과도 연관된 중요한 때였으므로 국왕은 두무지의 역을 맡고 고위 여자 제사장은 애정의 신 이난나의 역을 맡아 전설 속에 나오는 두 신의 혼례를 재연했다. 바빌로니아의 종교의식은 마르두크(Marduk)[85] 신전에서 거행되었다. 당시에는 새해를 맞이하는 기념일을 가장 중요한 명절로 여겼다. 이 명절은 11일 동안 계속되며 각종 종교의식이 거행되었고 마르두크가 저승에 갇혔던 고난을 기념했다. 제사장이 기도하면 합창단은 찬미시를 노래했고 세상 창조의 서사시를 음송했다. 아시리아의 독특한 종교의식은 '왕의 죗값을 대신 하는' 의식이었다. 만약 국왕이 어떤 잘못을 저질렀다면 신분이 높은 신하가 국왕을 대신하여 신의 형벌을 받았다. 그리고 형벌이 끝나면 이 '대리 왕' 은 죽임을 당했다.

티그리스-유프라테스 강 유역의 장례는 매우 중요한 종교의식이었다. 국왕의 장례는 아주 엄숙하고 성대했으며 국왕이 죽은 후에는 3일 동안 애도 기간을 가졌다. 귀중한 돌 혹은 암석으로 석관을 제작했고 대량의 부장품을 넣었으며 왕릉 입구에는 청동문을 만들어 굳게 닫았다. 반면 힘든 노동을 하는 대다수 백성은 굶주림과 추위에 시달리며 생활했기 때문에 소수의 사람만이 관혼상제의 풍속을 지켰고, 백성이 길가에서 얼어 죽는 일은 비일비재하게 일어났다. 평민의 매장은 단순한 돌무덤에 작은 입구를 만들어 시신을 그곳에 넣은 뒤 입구를 막아버리면 그만이었다.

---

85) 고대 바빌로니아의 신. '태양의 아들' 이라는 뜻

세계 역사상 최초의 사회개혁 우루카기나의 개혁

티그리스 강과 유프라테스 강의 두 강물이 합류하는 서북 지역에 라가시라는 도시국가가 있었다. 발견된 설형 점토판 문서에 따르면 '세계 최초의 사회개혁' 이라는 월계관은 이 도시국가의 차지였다.

'세계 최초' 의 발견

19세기 말기, 티그리스-유프라테스 강 유역 남쪽에서 활동하던 고고학자는 몇 개의 설형문자 점토판을 발견했다. 설형문자 점토판이란, 뾰족하게 깎은 필기도구로 점토판에 문자를 새긴 것이었는데 고대 티그리스-유프라테스 강 유역의 수메르인은 이러한 방식으로 중대한 사건을 기록했다. 샹폴리옹은 로제타석 위에 새겨진 두 종류의 문자를 통해 고대 이집트의 비밀을 풀었고 롤린슨은 비시툰 비문 위에 있던 세 종류의 문자를 이용하여 고대 메소포타미아의 신비한 문을 열었다.

이와 마찬가지로 이 고고학자도 이번에 발견한 점토판을 통해 중대한 사건을 알게 되었다. 바로 바로 수메르 도시국가 라가시가 우루카기나(Urukagina) 정권시기에 사회경제 개혁을 단행했었다는 사실이다. 이것은 지금까지 세계 역사상 기록이 남은 최초의 사회개혁으로서 후세 개혁에 중요한 참고가 되었다.

첨예화된 사회모순

수메르 역사에서 가장 뚜렷한 특징은 바로 빽빽이 들어선 도시국가의 성립이었다. 이 도시국가들은 일반적으로 면적이 크지 않았고 도시국가의 왕은 루갈 혹은 엔시라고 불렀다. 재산, 토지, 노예 등을 쟁탈하기 위해 도시국가 간의 분쟁은 끊이지 않았고 오랜 기간의 전쟁은 국가 내부의 모순을 첨예하게 만들었다. 기원전 2348년, 라가시 도시국가는 폭군 루갈안다를 맞이하게 되었다. 루갈안다는 백성에게 터무니없이 무거운 세금을 징수했고 노예의 식량을 줄였다. 또한 노동자의 임금을 낮추고 각종 세금을 늘렸다. 그는 신전 재산까지도 호시탐탐 노려 신전의 넓은 토지와 목축을 자기 것으로 만들고 고급 제사장에게 세금을 징수했다. 이러한 탐욕스러운 행위는 당연히 백성의 원망을 샀고, 신전과 백성은 연합하여 루갈안다를 몰아내고 우루카기나를 새로운 왕으로 추대했다.

시대의 병폐를 꿰뚫어 본 개혁 조치

우루카기나는 왕의 자리에 오른 후 뭇 사람의 기대를 저버리지 않고 사회 문제를 정확하게 분석한 뒤 그에 맞는 처방을 내리며 개혁을 단행했다. 개혁의 첫 걸음은 재산을 원래 주인에게 돌려주는 것이었다. 우루카기나는 루갈안다와 그의 가족 및 측근이 비합법적으로 점유한 토지를 몰수하고 신전의 토지를 제사장에게 돌려주었으며 신전 토지는 매매할 수 없다는 규정을 만들었다. 그리고 신전 스스로 그들의 장원을 지배하게 하고 이에 대해 국왕은 아무런 권한도 갖지 못하게 만들었다. 개혁의 두 번째 걸음은 평민의 노역을 줄인 것이었다. 평민 가족 중 가장을 제외한 성년 남자는 모두 무상노동을 할 수 없게 하고 노예에게 제공하는 음식물의 양을 증가시켰다. 그리고 각지에 파견된 세리를 철수시켰다. 점토판 문서에는 이렇게 기록되었다. '닝기르수(Ningirsu) 변경'에서 바다에 이르기까지 세금을 징수하는 사람의 모습을 다시는 볼 수 없었다.

우루카기나의 개혁을 찬찬히 살펴보면, 사람들은 한 가지 사실을 발견하고 놀라움을 금치 못하는데, 그것은 바로 그의 통치기간 동안 10배나 늘어난 공민의 숫자이다. 학자들은 이것이 우루카기나의 몇 가지 개혁조치와 관련이 있다고 생각한다. 그는 채무를 갚지 못해 노예로 전락할 수밖에 없었던 수많은 공민의 신분을 회복시켜 주었다. 그의 이러한 조치는 라가시 공민의 응집력을 증가시키고, 라가시에 충분한 공민 병사의 공급원을 제공해주었다. 그리하여 라가시는 도시국가 간의 패권 다툼에서 막강한 군사력을 발휘할 수 있었다.

이밖에 그의 개혁은 군사, 사회풍속 등의 분야에서도 이루어졌다. 학자들은 남아있는 기록과 군사 장면을 묘사한 조각들을 근거로 해서 우루카기나가 군사 제도를 개혁했을 것으로 추측했다. 그는 귀족으로 구성된 전차병으로 평민으로 구성된 보병을 대신했다.

우루카기나는 낡은 규칙과 관습을 단호하게 배척했다. 예를 들어, 개혁 이전에는 순장의식을 치르려면 비싼 비용을 들여야 했고 그 과

정도 복잡하고 번거로웠다. 게다가 술, 빵, 곡물 등 현물까지 내야만 했다. 그러나 새로운 법령은 모든 것을 간소화시켜 사람들의 부담이 많이 줄어들었다. 여성 문제에도 개혁의 발걸음이 닿았다. 왕후가 이 문제에 관여하지 않았을까 하는 생각이 든다. 국가는 일부일처제를 시행하고 이를 법률로 지킬 것을 제창했다. 또한 국가는 사회 하층의 최고 빈곤자들을 위한 구제 조치를 마련하여 홀아비나 과부, 고아, 늙어서 자식이 없는 사람 등 의지할 곳이 없는 이들이 부양받을 수 있도록 했다. 요컨대 우루카기나의 개혁은 노예주인인 귀족의 근본적인 정치, 경제 지위를 건드리지 않는 것을 전제로 이루어졌다. 비록 그의 개혁은 완벽하진 않았지만 사회는 신속하게 안정되었고 경제 역시 나날이 번성했다. 이는 라가시가 수메르 지역의 맹주 자리를 차지하는 데 탄탄한 기틀을 마련해주었다. 그러나 이는 강대한 이웃 나라인 움마의 단호한 견제를 야기했다. 기원전 2371년, 움마 왕 루갈자기시는 전쟁을 일으켰고 우루카기나는 이에 완강히 대항했다. 그러나 라가시는 결국 패하여 움마에 정복당하고 말았다.

▲ **약 기원전 2350년의 수메르 점토판**

점토판 위에는 세 줄의 문자가 있는데, 이 문자들은 수메르의 도시국가 라가시가 신에게 바친 목축과 짐승의 가죽이 열거되어 있다.

역사에 길이 남을 공적

우루카기나가 도시국가를 번성시키고자 했던 노력은 비록 실패로 끝이 났지만 사람들은 오랫동안 그의 개혁조치를 그리워했다. 움마의 공격으로 더 이상 나아가지 못하고 멈춰버린 그의 개혁은 후대의 귀감이 되어 영원히 사라지지 않을 아름다운 이야기가 되었다.

서아시아 제일의 국왕 사르곤 1세

만약 역사를 창조한 것이 백성이라고 말한다면 역사를 변화시킨 것은 영웅이라고 말할 수 있다. 사르곤(Sargon)은 바로 이러한 영웅이었다. 《사기》에는 '왕후장상[86]에 어찌 씨가 있겠는가.' 라는 구절이 나온다. 사르곤은 평생에 걸쳐 이 말을 실제로 증명하며 살았다. 그는 버려진 아기에서 키시의 국왕까지, 그리고 티크리스-유프라테스 강 유역을 통일한 최초의 왕이 되었다.

버려진 아기에서 국왕이 되기까지

예로부터 영웅에게는 그 출신과 배경을 묻지 않는다고 했다. 그러나 사르곤의 출신은 종종 사람들을 감동시키기까지 하니 언급하지 않을 수 없다. 키시 도시국가 셈족의 후세였던 사르곤은 어머니의 신분이 낮았고 아버지는 누군지 조차 모르는 비천한 몸으로 태어났다. 그는 아기 때 갈대로 엮어 만든 바구니에 담겨 강물에 버려졌다. 다행히 마음씨 좋은 정원사 아키가 강가에서 물을 긷다가 그를 발견하여 집으로 데려와 아들로 삼았다. 사르곤은 어린 시절부터 양아버지를 따라다니며 원예기술을 익혔고, 뛰어난 솜씨를 보였다. 성인이 된 사르곤은 양아버지의 일을 이어받아 훌륭한 정원사가 되었다. 키시의 국왕 우르자바바는 사르곤의 원예기술이 매우 뛰어나다는 소문을 듣고 그를 왕실 정원사로 고용하고 요리사 일까지 겸하게 했다. 사르곤은 인생의 가장 중요한 전환점을 맞이하고 있었다.

기원전 24세기 초, 티그리스-유프라테스 강 유역은 이미 통일의 문턱에 다가서고 있었다. 모든 도시국가는 수원水源과 토지, 노예를 쟁탈하기 위해 끊임없이 전투를 벌였고, 전쟁의 불길은 곳곳으로 번졌다. 남쪽 도시국가 움마는 그 힘이 강대했고 국왕 루갈자기시는 용맹스러움을 뽐내며 전쟁에서 승리했다. 그는 우르, 우루크 등 도시국가를 정복한 뒤 남쪽 지역에 도시국가 연맹을 세워 맹주의 자리에 올랐다. 북쪽의 최대 도시국가인 키시만이 루갈자기시의 유일한 적수였다.

얼마 후 루갈자기시는 군대를 지휘하며 키시 정벌에 나섰다. 강하

---

86) 제왕, 제후, 장수, 재상의 통칭

고 싸움을 잘하는 움마 군대와 마주하자 놀란 키시의 왕과 귀족들은 겁에 질려 벌벌 떨었고, 임시로 소집한 군대 역시 움마의 일격에 견디지 못하고 패배했다. 왕국이 위급한 상황에 놓이자 백성은 국왕의 무능함과 어리석음을 원망했다. 국왕 우르자바바가 민심을 잃고 온 나라가 불안에 떨자, 야심을 품고 있던 사르곤은 이 틈을 노려 무장 쿠데타를 일으켜 국왕을 몰아내고 왕위를 차지했다.

사르곤이 왕위에 오른 초기에 도시국가의 빈민과 귀족 대다수는 그에게 복종하지 않았다. 그래서 그는 키시의 국호를 계속 사용하며 불안감을 진정시키는 한편 군사력을 증가시켜 무력으로 왕위를 수호했다. 군사에게 대우를 후하게 해주겠다고 모집조건을 걸었고 많은 열혈청년을 군대로 끌어들일 수 있었다. 그리고 5,400명의 용맹스러운 병사를 매우 빠르게 모을 수 있었다. 사르곤은 정권이 튼튼해지자 아카드(Akkad) 성으로 수도를 옮겼다.

시대가 영웅을 만든다고 했다. 티그리스-유프라테스 강 유역 도시국가들의 패권 쟁탈전쟁은 출신이 비천한 사르곤을 역사의 최고봉에 올려놓았다. 그가 왕국 화원의 정원사 출신이므로 나라와 군대를 통치하는 재능이 없었을 것이라고 생각했다면 이는 완전히 틀린 판단이다. 사르곤은 오랫동안 국왕 우르자바바의 옆을 따라다니면서 제왕이 갖춰야 할 많은 기술을 배웠기 때문이다. 이제 사르곤의 원대한 계획을 크게 펼칠 때가 눈앞까지 다가와 있었다.

티그리스-유프라테스 강 유역의 통일

무력으로 권력을 쟁취한 사르곤은 군대의 중요성을 잘 알고 있었다. 그는 징집한 5,400명의 정예병으로 상비군을 구성하여 직접 지휘했다. 이것이 인류 역사상 최초의 상비군이었다. 보통 수메르 도시국가는 몇백 명의 병사만 출전해 전투에 참여했는데 그들의 대부분이 임시로 소집한 민병들로 전투적 소양이 전혀 없는 오합지졸이었다. 이와 비교해 보았을 때 사르곤이 상비군을 조직한 것은 그의 식견이 매우 넓었음을 짐작하게 한다.

사르곤은 이 상비군을 백전불패의 군대로 만들려고 그들에게 엄격한 군사훈련을 시켰다. 이렇게 해서 사르곤의 군대는 호랑이와 같은 용맹한 정신으로 무장하게 되었고, 화살부대는 꾸준히 연습하여 백 보의 거리에서 버들잎을 맞출 정도의 실력을 갖출 수 있었다. 오랜 세월 강대한 실력을 쌓았던 북쪽의 강대국 키시는 제대로 훈련된 군대를 갖추게 되면서 티그리스-유프라테스 강 유역에서 사르곤에게 최고의 힘을 갖게 해주었다.

▲ 사르곤 돌비석의 일부
줄에 묶인 채 발가벗은 죄수들

이 당시 티그리스-유프라테스 강 유역에서 키시와 대등한 힘을 가진 나라는 오직 움마 도시국가뿐이었다. 움마는 수메르 도시국가 연맹에서 맹주를 자처했고 실력 또한 충분했다. 이에 반해 키시는 나날이 번성하고 부유해졌으며 군대 또한 매우 강해졌다. 움마와 키시 양국은 국력이 비슷했기 때문에 서로를 경계할 뿐 쉽게 군대를 움직이지는 못했다. 하지만 양국은 국경과 세력 범위 문제로 마찰이 끊임없이 일어났기 때문에 날카롭게 대립하면서 팽팽히 맞서고 있었고 결국 전쟁의 때는 오고야 말았다.

루갈자기시가 이끈 움마, 우루크 연합군은 완강하게 저항하는 라가시 도성을 공격했지만 여러 해가 지나도록 토벌하지 못했고 연합군의 병사들은 날이 갈수록 지쳐만 갔다. 사르곤은 이 기회를 놓치지 않고 5,400명의 정예병을 이끌고 밤새 쉬지 않고 남하하여 움마 성을 향해 칼끝을 겨누었다. 루갈자기시는 황급히 라가시에서 철군할 수밖에 없었다.

급히 돌아온 루갈자기시는 라가시에서 철군한 군대 외에 50개의 수메르 도시국가의 사람들로 구성된 2만 명의 연합군을 소집하여 사르곤의 5,400명 용사를 일거에 전멸시키고자 했다. 사르곤은 수적으로 불리했지만 그에게는 정교한 군대 장비와 제대로 훈련받은 병사들이 있었다. 반면에 루갈자기시는 수적으로 유리했지만 군사들의 출신이 모두 달라 복잡했을 뿐만 아니라 실력 또한 제각각이었다. 게다가 주력부대는 라가시에서 몇 년 동안 전투를 치러 피로가 쌓일 대로 쌓여 있었다. 사르곤은 가장 강력한 부대를 이끌고 전투를 진두지휘했고 그의 화살부대는 백발백중의 실력을 마음껏 발휘하여 루갈자기시의 군사들을 잇달아 고꾸라뜨렸다. 결국 50개의 수메르 도시국가로 조직된 연합군은 사르곤에게 패했다. 야심가인 움마 왕 루갈자기시는 생포되어 개목걸이를 찬 채 신전 앞으로 끌려나왔다.

움마가 멸망하자 수메르의 기타 도시국가들은 사르곤에 대항할 힘이 없었다. 사르곤은 개선가를 울리며 우르, 우루크, 라가시 등 수메르 각 도시국가를 무참히 짓밟았다. 이후 사르곤의 칼끝은 페르시아 만을 향했다. 이때 사르곤은 바빌로니아를 통일하고 아카드왕국을 세웠다. 아카드왕국은 티그리스-유프라테스 강 유역 남부에서 출현한 최초의 통일대국이었다.

이후 사르곤은 영토 확장의 발걸음을 한시도 멈추지 않고 계속해서 서쪽으로 향하여 소아시아의 남부와 중부까지 깊숙이 파고들었다. 또한 동부의 엘람, 북부의 수바르투(Subartu), 심지어 소아시아와 레바논(Lebanon) 산맥지역까지 정복했다.

중앙집권제도의 왕국

사르곤의 전쟁 공적은 뛰어났고 재위기간 역시 55년으로 길었다. 그는 충분한 시간을 들여 아카드왕국을 경영해나갔다. 수메르 각 지역이 아카드의 영토로 편입된 뒤 사르곤은 중앙집권제도를 건립하고 '천하에는 단 한 개의 입만 있으므로' 각 지역은 자신의 말에 복종해야 함을 강조했다. 그는 10일 동안 여행할 수 있는 범위를 하나의 행정구역으로 삼아 왕족의 자제를 파견하여 관리하게 했고 사르곤은 지방을 더욱 강력하게 통제할 수 있었다. 또한 수메르인의 정서를 완화하기 위해서 수메르인 중 엘리트를 뽑아 정부에서 일하도록 했다.

▼ 사르곤 1세의 청동상
그의 무력통치 때문에 어떤 이들은 그를 세계 최초의 독재자라고 평가하기도 한다.

사르곤은 정원사 출신이었기 때문에 농경지의 수리 건설의 중요성을 알고 있었다. 그는 수로를 건설하고 물을 끌어올려 논밭에 물을 대게 했다. 이로써 티그리스-유프라테스 강 유역에는 방대한 관개망이 건설되었다. 두레박으로 물을 길어 올리는 도구도 이 시기에 처음으로 등장했다.

사르곤은 10진수를 단위로 전국의 도량형을 통일하여 국내무역의 장애를 없애려고 했다. 아카드 도성은 티그리스-유프라테스 강 유역 남부에서 북쪽으로 치우친 곳에 있었고 이러한 지리적 환경은 상업의 중심으로 손색이 없었다. 수많은 점토판 문서는 각종 형태의 상업 왕래를 기록하고 있다. 아카드의 신전은 넓은 토지와 헤아릴 수 없을 만큼 많은 재물을 보유하고 있었고, 신전 관리자는 이 재산을 경영하거나 무역을 하는 과정에서 폭리를 취했다. 아카드 상인은 멀리 인더스 강(Indus R.) 유역까지 진출하여 현지인과 무역을 했다. 사르곤은 소아시아 동부지역의 상인들에게 지원을 요청받고 원정길에 올랐다. 토착민의 학대를 받았다는 이 상인들은 아마도 아카드인이었을 것으로 추정되며 아카드의 무역 범위가 매우 광활했음을 알 수 있다.

▼ **아카드-나람 신(Naram Sin)의 승전비**
아카드왕조 시기의 대형 석조 작품

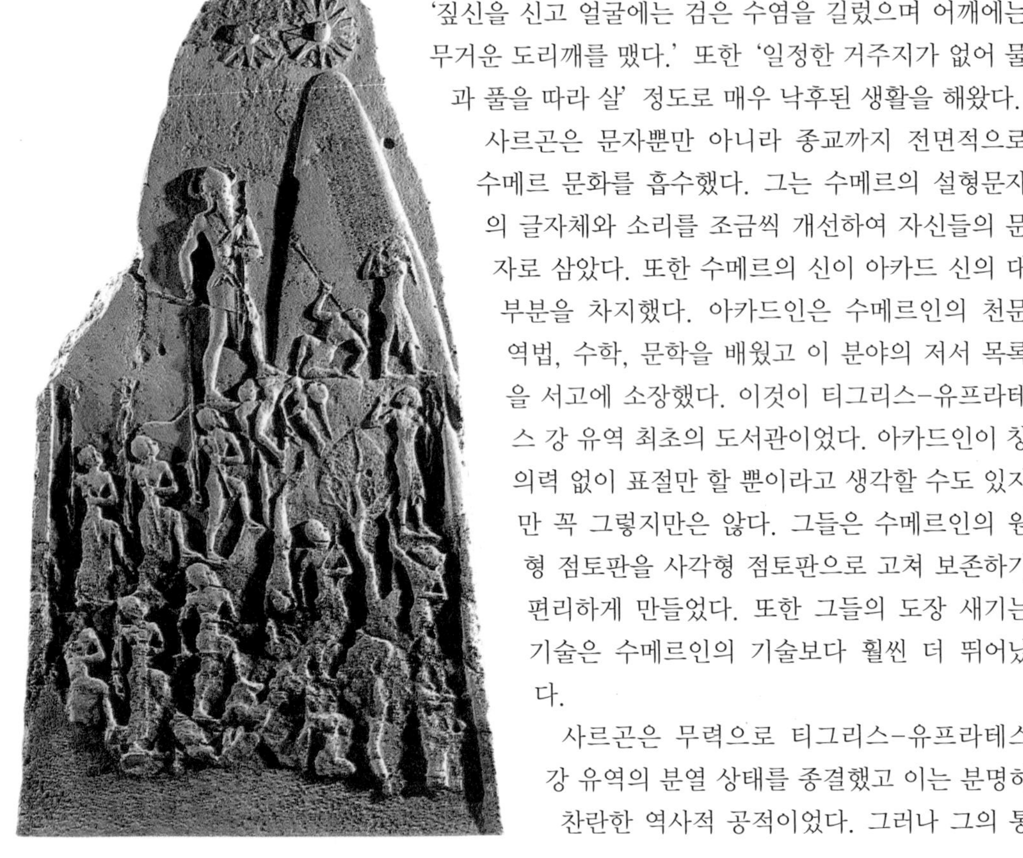

사르곤은 군사적으로 주변 민족들을 정복했지만 사실 문화적인 면에서 보자면 그는 피정복자였다. 셈족인 아카드인은 아라비아 사막지대 출신으로 바빌로니아에서 생활할 때 '짚신을 신고 얼굴에는 검은 수염을 길렀으며 어깨에는 무거운 도리깨를 맸다.' 또한 '일정한 거주지가 없어 물과 풀을 따라 살' 정도로 매우 낙후된 생활을 해왔다.

사르곤은 문자뿐만 아니라 종교까지 전면적으로 수메르 문화를 흡수했다. 그는 수메르의 설형문자의 글자체와 소리를 조금씩 개선하여 자신들의 문자로 삼았다. 또한 수메르의 신이 아카드 신의 대부분을 차지했다. 아카드인은 수메르인의 천문 역법, 수학, 문학을 배웠고 이 분야의 저서 목록을 서고에 소장했다. 이것이 티그리스-유프라테스 강 유역 최초의 도서관이었다. 아카드인이 창의력 없이 표절만 할 뿐이라고 생각할 수도 있지만 꼭 그렇지만은 않다. 그들은 수메르인의 원형 점토판을 사각형 점토판으로 고쳐 보존하기 편리하게 만들었다. 또한 그들의 도장 새기는 기술은 수메르인의 기술보다 훨씬 더 뛰어났다.

사르곤은 무력으로 티그리스-유프라테스 강 유역의 분열 상태를 종결했고 이는 분명히 찬란한 역사적 공적이었다. 그러나 그의 통치는 안정적이지 못했다. 나라잃은 수많은 귀족들은 꿈틀거리며 재기를 도모했고 피정복 지역의 백성은 무거운 부역과 세금 때문에 사르곤을 향해 원망의 목소리를 높였다. 아카드의 공민들 역시 여러 해 동안 계속해서 이어지는 정복 전쟁으로 재정적 부담에 짓눌려 많은 사람이 채무를 갚지 못해 노예 신세로 전락했다. 국가의 내부에서는 갈등이 끊이지 않았고 위기가 사방에 도사리고 있었다. 사르곤 말년, 국내에서는 여러 번의 대규모 봉기가 일어났고 전국 각지에서 그를 반대하는 시위가 끊이지 않아, 결국 사르곤은 아카드 성에 겹겹이 포위되고 말았다.

그러나 이것이 사르곤의 위대한 역사적 공적을 깎아내리는 이유가 될 수는 없다. 아카드는 티그리스-유프라테스 강 유역을 통일한 최초의 왕국이었고 이것이 갖는 의미는 대단히 컸다. 티그리스-유프라테스 강 유역의 농업은 대형 수리 관개 체계가 반드시 필요했는데 이는 통일국가만이 완성할 수 있는 일이었다. 이후 수많은 군주가 사르곤을 본보기로 삼아 티그리스-유프라테스 강 유역의 통일을 목표로 끊임없이 영토를 확장했다.

고대 바빌로니아의 태양 함무라비

> 함무라비, 당신은 찬양받을 군주요, 신들의 충실한 신하이다. 당신은 정의를 사방에 전파하고 사악함을 없애버렸으며 강자를 누르고 약자를 도와주었다. 당신은 만인을 교화하고 행복하게 만들어 주었고… 백성의 요구를 만족시켜 주었다. 당신은 바빌로니아의 생명과 재산을 지켜주었고 당신은 우리의 충실한 종이었다. 당신의 모든 행동은 우리를 매우 행복하게 만들었다.
>
> 《함무라비 법전》의 서문

기원전 2006년, 우르의 제3왕조는 멸망했고 티그리스-유프라테스 강 유역은 이신, 라르사(Larsa), 에슈눈나(Eshnunna) 등 6개 나라로 분열되었다. 각국은 토지와 수원을 차지하려고 쉬지 않고 전쟁을 이어나갔다. 아주 작은 나라였던 바빌로니아는 이 나라 저 나라에 몸을 의지해 생존해나갔다. 줏대라곤 눈곱만큼도 찾아볼 수 없었다. 기원전 1792년, 권력의 지팡이를 이어받은 함무라비는 바빌로니아 국왕의 옥좌에 올랐고, 티그리스-유프라테스 강 유역의 역사에는 새로운 장이 열리게 되었다.

때를 기다리며 6년 동안 칼을 갈다

▼ 함무라비 법전

《함무라비 법전》은 고대 제1의 성문법[87]이다.

군사적 재능이 뛰어났던 함무라비는 바빌로니아를 다른 나라에 기대어 사는 속국으로 만들고 싶지 않았다. 그러나 아직 힘이 없었기 때문에 전쟁은 엄두도 낼 수 없었다. 정세를 잘 살핀 함무라비는 치욕을 참으며 북부의 강국인 아시리아에 신하임을 자처하며 자신은 아시리아 국왕에 종속되어 있음을 인정했다. 아시리아를 등에 업은 바빌로니아는 일단 다른 나라의 침입에 대한 걱정을 접어

87) 문자로 표현되고 문서의 형식을 갖춘 법

두고 과감하게 왕국을 통치해나가기 시작했다.

함무라비는 바빌로니아가 정상의 자리에 오르려면 법제를 확립하고 경제를 발전시켜 한다는 것을 잘 알고 있었다. 그는 재위 제5년을 국법 제정의 해로 지정하고 법률 제정을 통과시켜 각종 분쟁을 순리적으로 해결했고 바빌로니아의 국내 질서는 서서히 잡혀나갔다. 유프라테스 강 상류에 있는 바빌로니아는 서아시아 무역의 요충지를 지키고 있었고, 남과 북을 오가는 상인들의 집결지였다. 타고난 지리적 조건 덕분에 바빌로니아는 경제를 무역 위주로 전환하여 폭리를 도모했다. 그리고 함무라비는 농업과 수공업, 그리고 상업의 발전을 장려했다. 각 산업은 그의 통치하에서 활기차게 발전했고 국가는 날이 갈수록 부강해졌다.

싸움에서 늘 이기는 군대를 건립하기 위해 함무라비는 사병에게 토지를 나눠주었다. 병사는 평소에 농사를 지었고 전쟁이 일어났을 때 싸움터로 나갔다. 그들은 군인이자 농부였던 것이다. 병사들이 나라에 충성할 수 있도록 함무라비는 군관이 사병의 토지를 강제로 빼앗을 수 없도록 했다. 만약 군관이 이를 어길 때는 극형에 처했고 사병의 토지는 사고팔 수 없게 규정했다. 이로써 군대의 전투력은 대폭 향상되었고 병사의 공급원 또한 충분해졌다.

6년간 갈고 닦은 결과, 바빌로니아의 국력은 예전과는 비교할 수도 없을 만큼 강해졌다. 군대는 막강한 실력을 자랑했고 국고 역시 금과 은으로 넘쳐났다. 강대한 국력이 뒷받침되자 함무라비는 자신의 뛰어난 재능과 원대한 계획을 펼쳐나가기 시작했다.

티그리스-유프라테스 강 유역을 통일하다

티그리스-유프라테스 강 유역을 통일하는 과정에서 함무라비는 다양한 외교 전략을 구사했다. 그는 먼 나라와 친교를 맺고 가까운 나라를 공격하는 한편, 약한 나라를 먼저 정복하고 강한 나라를 나중에 공격했다. 함무라비는 우선 남부의 라르사와 동맹을 맺고, 형세가 점점 기우는 이신과 우루크를 남북에서 협공하여 두 나라를 모두 정복했다. 첫 전투에서 승리한 함무라비는 득의양양해하며 만족해했다.

아시리아의 늙은 국왕이 죽을 때가 되자 함무라비는 즉시 마리로 군사를 보태 마리를 통치하던 아시리아 왕자의 정권을 전복시켰다.

▲ 함무라비 법전의 돌비석

마리의 국왕은 함무라비에게 깊은 감사를 표했고 양국은 돈독한 관계를 맺게 되었다. 이후 함무라비가 정복 전쟁을 할 때마다 마리는 출병하여 바빌로니아를 도왔다.

얼마 후 라르사와 함무라비의 관계가 악화하면서 결국 원수 사이가 되어 언제든지 폭발할 수 있을 것 같았다. 함무라비는 토벌 전투를 서두르는 대신 인력을 모아 강의 물길을 바꾸게 했다. 강 하류에 있는 라르사는 경작지에 물을 댈 수가 없게 되었다. 몇 년에 걸쳐 흉작이 이어졌고 국력은 나날이 쇠락해졌다. 때가 무르익었음을 안 함무라비는 드디어 병력을 움직였다. 함무라비의 대군은 유프라테스 강을 따라 내려가 라르사에 맹공을 퍼부었다. 몇 개월 뒤, 함무라비의 군대는 라르사 최후의 요새를 공격하기에 이르렀고 라르사 국왕은 결국 동부의 엘람으로 도주했다. 기원전 1764년 함무라비는 동북쪽의 에슈눈나로 출병하여 그곳을 정복했다.

함무라비가 각지에서 전쟁을 일으키면서 매번 승리하자 마리는 바빌로니아가 결국에는 창끝을 자신에게 겨누지 않을까 전전긍긍해 하며 라르사를 공격할 때 병사를 파견하지 않았다. 그리고 기원전 1759년, 예상대로 함무라비는 군대를 이끌고 마리의 정벌에 나섰다. 마리는 땅이 좁고 인구가 밀집해있어 바빌로니아의 무적 군대에 대적할 수 없었다. 결국 1년 후 마리의 군대는 철저히 격파되어 바빌로니아의 속국으로 전락했다. 그리고 함무라비는 큰 힘을 들이지 않고 티그리스 강 일대의 국가를 평정했다.

함무라비는 출중한 전쟁 전략가였다. 법전에서는 그를 '적군을 향해 돌진하는 용맹한 황소'라고 기록하기도 했다. 이는 그의 강대한 위엄을 표현한 말이었다. 가는 곳마다 함무라비를 당할 자가 없었고 티그리스-유프라테스 강 유역 주변국은 모두 그의 발아래로 엎드렸다. 함무라비는 35년 동안의 정복 전쟁을 통해 티그리스-유프라테스 강 유역을 통일하여 장장 두 세기 반 동안 끊임없이 이어졌던 전쟁의 불씨를 사라지게 했고 분열된 국면을 종식했다. 통일된 티그리스-유프라테스 강 유역은 찬란한 고대 바빌로니아 시대를 향해 발걸음을 내딛기 시작했다.

부강한 바빌로니아 건설에 힘쓰다

함무라비는 힘으로 천하를 얻는 전략전술에 뛰어났을 뿐만 아니라 나라를 잘 다스려 백성을 편안하게 만드는 책략에도 탁월했다. 티그리스-유프라테스 강 유역의 통일은 각지의 경제문화 교류를 방해하던 벽을 제거했고 고대 바빌로니아의 번영을 위한 발판을 마련했다.

함무라비는 농경지의 수리건설을 중시하여 재위 제8, 9, 24, 33년을 관개 수리의 해로 정했다. 각 시기 동안 발달한 관개 농업은 매년 바빌로니아에 풍작을 안겨주었고 백성은 먹을 걱정, 입을 걱정을 하지 않게 되었으며 국가 역시 대량의 부를 축적할 수 있었다.

함무라비는 전대 왕조가 토지를 집중적으로 관리하던 방식을 바꾸어 경작지를 8.5헥타르가 넘지 않는 작은 토지로 분할하여 각계각층의 사람들에게 나누어주어 경작하게 했다. 이를 통해 전국적으로 대량의 중소 토지 소유자들이 등장했고 그들은 평안히 살면서 즐겁게 일했다. 그들은 함무라비의 통치를 옹호했고 왕국의 기틀은 더욱 굳건해졌다. 국가는 사유 토지를 보호하고 합병을 억제했다. 만약 관리가 토지를 강제로 빼앗으면 그 관리는 중벌에 처했다.

▼ 제1왕조의 기도하는 조각상
이 기도하는 청동조각은 고고학 고증에 따르면 함무라비의 형태에 따른 조각이다. 왕실의 수호신에게 바치는 예물로 전체 조각은 청동, 황금, 은으로 제작되었고 밑받침 앞쪽에 있는 용기는 제물을 담는 용도로 사용했다.

청동기는 이미 광범위하게 사용되어 의사는 청동칼로 환자를 수술했고 공인은 개량한 쟁기에 파종기를 매달아 경작 효율을 대대적으로 향상시켰다.

농업, 수공업의 발전은 상업의 번영을 촉진했다. 고대 바빌로니아는 편리한 해상운송의 힘을 이용해 이집트, 카스피 해(Caspian Sea), 소아시아 등지와 무역을 했다. 대량의 곡물, 석유, 대추야자, 가죽을 국외에 수출하고 고대 바빌로니아에 귀했던 금, 목재, 그리고 노예를 수입했다. 대외무역이 발전하면서 많은 양의 은이 교환수단으로 활용되었다. 거대 무역은 국가가 독점했지만 도시에는 개인이 경영하는 점포, 노점이 속속 등장했고 농촌에는 정기 시장이 열렸다. 개인 장사는 반드시 법과 규율을 준수해야 했으며 개인이 물가를 올릴 수 없었다. 술과 부녀자를 팔거나 제멋대로 술 가격을 올리는 사람은 물속에 빠뜨려 죽였다.

번성한 경제는 임대, 대차, 배상과 고용 등의 관계를 발전시켰다. 함무라비는 이러한 관계가 계속 발전한다면 양극 분화가 조장되어 왕국을 좀먹게 할 것이라는 사실을 인식하고 있었다. 그래서 함무라비는 착취하는 정도를 반드시 일정 범위 내로 한정했다. 예를 들어, 소작료를 수확량의 3분의 1에서 2분의 1까지로 규정하여 토지가 한 사람에게 집중되는 현상을 방지하고자 했다.

법전이 태고를 비추다

함무라비는 집정 30년이 되는 해에 왕국의 법전을 2미터 높이의 검은색 현무암 돌비석 위에 새겼다.

돌비석의 윗부분에는 태양신 샤마시가 자신의 앞에 공손하게 서 있는 함무라비에게 권력을 주는 모습이 새겨져 있고 아랫부분에는 설형문자로 법전의 전문을 새겨 넣었다.

법전은 머리말, 본문과 맺음말의 세 부분으로 구성되었다. 머리말은 주로 군주의 권력은 신이 내린 것임을 널리 알리는 내용과 함무라비의 역사적 공적에 대한 찬양이었다. 맺음말은 세상에 전하는 바빌로니아 백성의 경고로 법전을 지키지 않으면 하늘이 내리는 처벌을 받게 된다는 내용이었다. 본문은 282개의 세칙을 포함했고, 소작 관계, 절도에 관한 처리, 채무 노예, 혼인 가정, 소송 재판 등과 같은 분야에 대해 상세하게 규정했다. 다툼과 관련된 법규는 피해자가 입은 피해와 같은 정도의 손해를 가해자에게 가한다는 보복의 법칙을 따랐다. 남의 눈을 다치게 하면 그 사람의 눈을 파내야 하고, 남의 자식을 때려죽이면 그 사람의 자녀를 죽여야 했다. 비록 폭력을 폭력으로 다스리는 것이었지만 법으로 정해진 이상 반드시 따라야 했다. 함무라비는 이 법전을 통해 바빌로니아의 안정을 유지할 수 있었다. 또한 법전에는 채무 노예가 주인을 위해 3년을 일하면 자유인의 신분을 회복시키도록 규정했다.

함무라비는 "법전이란 강한 자가 약자를 모욕하지 않게 하기 위함이고, 고아와 과부가 머물 곳을 갖도록 하기 위함이다… 나라에 법정이 있는 것은 심문하는데 편리하기 위함이고, 나라에 심문이 있는 것은 결정하기에 편리하기 위함이며, 해를 당한 자가 정의를 펼칠 수 있게 하기 위함이다."라고 공언했다. 그는 법률 분쟁을 하는 자유인에게 '반드시 돌비석에 새겨진 법전을 소리 내어 읽을 것'을 요구했는데, 이것은 사건이 공정하게 심판받기 위해서였다. 이렇게 함으로써 하층민은 이익을 보호받았고, 지주와 귀족은 마음대로 법률을 곡해할 수 없었다.

이 법전에는 법치정신이 충만했다. 3700년 전의 노예제 사회에서 매우 보기 드문 경우로 나라는 태평하고 백성은 자기 집을 보호받았으며 두려워할 것이 없었다. 본래 티그리스-유프라테스 강 유역은 숫돌처럼 평탄하여 공격하기는 쉽고 방어하기는 어려운 지형이었다. 와해되고 분열된 힘은 응집된 힘보다 컸다. 하지만 함무라비가 건설한 왕국은 약 200년 이상을 장수했는데 이는 《함무라비 법전》에 그 공이 있다고 해도 과언이 아닐 것이다.

▲ **제1왕조의 사자 조각상**
소박하고 귀여운 사자 청동조각으로 1000년 전 폐허 속에서 발굴되었다. 당시의 문명 수준을 잘 반영하고 있다.

함무라비는 지혜의 빛으로 고대 바빌로니아왕국을 비추었다. 그는 40여 년간 노력하여 국가의 질서를 바로잡고 최고의 번성기를 가져왔다. 훗날, 고대 바빌로니아는 티그리스-유프라테스 강 유역의 남부와 동일시되었고 그 지역의 문명 역시 '고대 바빌로니아 문명'이라고 불렸다.

고대 과학의 진귀한 꽃 고대 바빌로니아의 과학적 성취

세월의 자취를 넘어 문명의 끝없는 여행길에 오르면, 우리는 짙푸르게 무성한 '공중화원'에서 발걸음을 멈춰 선 채 꽃향기에 흠뻑 매혹되고, 무수히 많은 별이 총총히 빛나는 하늘 아래를 거닐며 별자리를 주관하는 신들을 저 멀리 바라본다. 그리고 우리는 대추야자 나무 밑에 앉아 신비롭고 오래된 전설에 귀를 기울인다.

신의 하늘

오늘날 사용하는 별자리는 기원전 2000년의 메소포타미아로부터 온 것이다. 메소포타미아인은 금성의 운동주기를 발견했고 필요에 의해서 황도[88]의 개념을 만들었다. 고대 바빌로니아에서 발달한 천문학은 낭만적인 신화적 색채를 띠고 있다. 황도대의 12개 별자리는 신화에 나오는 동물들과 밀접한 관련이 있었고 특수한 도안으로 표시했다. 이 밖에도 그들은 해, 달, 별의 운행규칙을 총람하여 밤낮의 길이, 달이 차는 것과 기우는 것, 그리고 행성 운행의 변화 상황을 예측했다.

고대 바빌로니아는 매우 정확한 천문 역법을 보유하고 있었다. 기원전 1000년부터 기원전 300년까지 메소포타미아인은 추상적인 역법을 이용하여 1년을 12개월, 354일로 규정했고 일정 간격을 두고 윤달을 설치했다. 이렇게 함으로써 계절의 태양월과 태양년이 서로 일치하는 시점을 결정할 수 있었다. 이는 현지 농업 생산에 유리하게 작용했다.

▼ 양의 간 점토 모형으로 점을 칠 때 사용했다. 기원전 1830년에서 기원전 1530년, 바빌로니아 제1왕조 시기에 제작되었다.

기괴한 부호

1870년대 초, 점토판 문서를 해독하던 유럽의 고대문자 학자들은 대량의 기괴한 부호를 발견했다. 오랫동안 사람들은 이 부호들을 해독했지만 일치된 결론을 내릴 수 없었다. 그런데 1962년, 미국의 수학자가 이 기괴한 점토판 문자에 대해 연구한 뒤 인류 최초

88) 태양의 둘레를 도는 지구의 궤도가 천구에 투영된 궤도

의 숫자 계산표라는 의견을 내놓았다. 사람들은 고대 바빌로니아의 수학에 대해 새로운 시선으로 바라보게 되었다.

원래 고대 바빌로니아인은 매우 이른 시기에 10진수와 60진수를 병용한 숫자 계산법을 사용했다. 지금까지 우리는 이 방법을 사용하고 있는데, 고대 바빌로니아인은 구구단표, 제곱표, 세제곱표, 제곱근표, 세제곱근표를 만들었으며 심지어 특수한 고차 방정식에 대해서도 연구했다. 기하학 분야에서 고대 바빌로니아인은 60진법을 원주율 계산에 적용하여 원주를 360등분 했고, 1도는 60분, 1분은 60초가 되었다. 이러한 성과는 16세기에 이르러 유럽인에 의해 체계적으로 수학 계산과 천문학 영역에서 응용되었다. 또한 고대 바빌로니아인은 피타고라스의 정리[89]에 대해서도 초보적이나마 인식하고 있었고 부정방정식 $X^2+Y^2=Z^2$의 해인 정수해를 산출해내기도 했다. 이 밖에 그들은 간단한 평면도형의 넓이와 단순한 입방체의 부피를 계산해냈으며 삼각형과 입체 기하학에 대해서도 독특한 견해를 가지고 있었다.

환상의 섬

고대 바빌로니아의 건축은 끊임없는 전쟁 때문에 보존된 것이 매우 드물다. 그러나 역사학자의 눈에 고대 바빌로니아의 건축은 환상적인 색채를 다분히 가지고 있다. 예를 들어, '신바빌로니아 성', '세계 7대 불가사의 중 하나인 공중정원', 그리고 《구약성경》에 나오는 바벨탑 등이 그러하다.

신바빌로니아 성은 네부카드네자르 2세(Nebuchadnezzar II)[90] 시기에 세워졌다. 그는 신바빌로니아왕국에서 가장 유명한 국왕이었다. 신바빌로니아 성의 점령지는 2,100에이커였고 둘레는 22.5킬로미터였다고 전해진다. 사각형의 성벽에는 360개의 탑이 있고 성벽 밖에는 몇십 미터 넓이의 연못이 파여 있었다. 성 전체에는 100여 개의 동으로 만든 성문이 있고 윗면에는 정교하고 아름다운 조각이 새겨져 있었는데 그 정교함의 정도를 보면 감탄해 마지않을 정도였다.

바빌로니아 성을 재건한 것 외에도 네부카드네자르 2세는 사랑하

89) 직각삼각형에서 빗변의 제곱은 다른 두 변의 각각의 제곱의 합과 같다.
90) 기원전 605년~기원전 562년

▲ **수술도구 도장**
고대 바빌로니아인이 외과 수술도구를 표현한 도장이다. 약 기원전 2300년에 제작된 것이다.

는 첩 메디아 공주를 위해 신비스런 '공중정원' 을 건설했다. '공중정원' 의 주요부분은 정사각형 구조로 둘레 길이는 120미터, 높이는 25미터이며 전체는 7층으로 기둥과 주춧돌을 쌓아 완성했다. 건축의 상층은 메디아 산의 풍경을 그대로 따라 만들었고 위쪽에는 진귀한 꽃과 진기한 풀을 가득 심었다. 침수를 방지하기 위해 건축은 콜타르를 사용하고 납으로 주조했다. 또한 바빌로니아인이 화원 중앙에 지은 성루는 그 모습이 웅대하여 장관을 이루었다. 이런 이유로 고대 그리스인은 '공중화원' 을 '세계 7대 불가사의' 중 하나라고 불렀다.

'공중화원' 처럼 유명한 것은 바벨탑이다. 《구약성경》에서는 다음과 같이 기록하고 있다. '인간이 하늘로 통하는 높은 탑을 짓고자 했다. 이 행동이 하느님을 크게 화나시게 했다. 하느님은 인류의 허영심과 오만함에 진노하시어 인류의 언어를 서로 통하지 않게 하시기로 했다. 인간들은 서로 다른 언어로 말하게 되었고 소통이 이루어지지 않아 탑을 세우지 못했다.' 신화는 신화일 뿐이라고 일축하는 사람들도 있지만 바벨탑은 실제로 존재했다. 나보폴라사르(Nabopolassar)[91] 시기의 명문에는 '바벨탑은 이미 훼손되어 하늘의 신 마르두크가 나에게 재건을 명하셨다. 나는 탑의 지반을 대지의

91) 네부카드네자르의 아버지

심장에 세워 탑 꼭대기가 하늘 높이 닿을 수 있게 할 것이다.' 라고 기록되어 있다. 그러나 나보폴라사르의 바람은 이루어지지 않았고 남은 공사는 아들 네부카드네자르에게 넘어갔다. 바벨탑은 총 8층으로 높이가 10미터였고 나선형 계단이 탑 꼭대기로 통했으며 탑 꼭대기에는 마르두크 신전을 세웠다고 전해진다. 사람들은 바벨탑을 하늘로 가는 환승역이라고 비유했다. 그러나 오늘날의 바벨탑은 사각형의 기반만 남아 예전의 화려한 영광은 찾아보기가 어렵다.

시간이 흐르고 시대가 변하여, 오늘날 고대 바빌로니아 문명은 역사 속으로 먼지가 되어 사라졌다. 그러나 자연계에 대한 인류의 탐색은 지금까지도 멈추지 않고 계속되고 있다. 과학 사상의 씨앗은 인류와 함께 성장하여 뿌리를 내리며 꽃을 피우고 있는 것이다.

전차 위의 왕국 히타이트제국

약 기원전 19세기 중엽 이후, 소아시아 동부 고원의 맹주인 히타이트가 서서히 움직이기 시작했다. 히타이트인들은 날렵하고 능숙하게 전차를 몰아 작은 도시국가들을 하나씩 정복하며 기세등등하게 히타이트제국을 건설했다. 그러나 전쟁의 수레바퀴 밑에서 화려한 한때를 보낸 히타이트제국은 인류의 긴 강 속으로 사라져버렸다.

제국의 건설

히타이트왕국은 소아시아 동부 할리스 강 유역의 중상류 지역에 있다. 인도-유럽어족의 히타이트인은 용맹스러운 유목민족으로 우량의 말들을 길렀다. 게다가 그들은 독특한 철제 전차를 제작할 수 있었으므로 민족적 특성을 살려 1년 중 대부분 시간을 말 등이나 전차 위에서 보냈다.

▼ 히타이트의 꼬마 아가씨
터키 동남부에서 출토된 9세기 조각으로 히타이트인의 안락한 생활상을 묘사했다. 히타이트의 꼬마 아가씨가 왼손에는 매를, 오른손에는 펜을 들고 엄마 무릎 위에서 서서 장난을 치고 있다.

기원전 19세기 중엽 이전에, 히타이트 영토 내에는 서로 전쟁을 일으키는 작은 도시국가들이 있었다. 훗날 쿠샤라 도시국가는 몇 명의 현명한 통치자의 지휘 아래 수십 년의 전쟁을 치른 끝에 무력으로 통일을 실현할 수 있었다. 그들은 자신들의 전략적 우세, 즉 우량한 전투마와 민첩한 철제 전차를 이용하여 적들의 간담을 서늘하게 만들었다. 그리고 그들은 마침내 통일 대제국을 건설하여 강력한 맹주의 자리를 차지했다.

흥성에서 쇠락까지

속담에는 이런 말이 있다. '천하는 빼앗기는 쉽지만 천하를 지키기는 어렵다.'[92] 히타이트 역시 이러한 순리에서 예외일 수 없었다. 기원전 16세기 전기, 히타이트왕국의 계승자들은 왕위를 차지하기 위해 서로 싸우고 죽이기를 일삼았다. 히타이트 국왕 텔레피누(Telepinu)는 왕자들 간의 처절한 다툼을 평정하고 집안 싸움을 끝

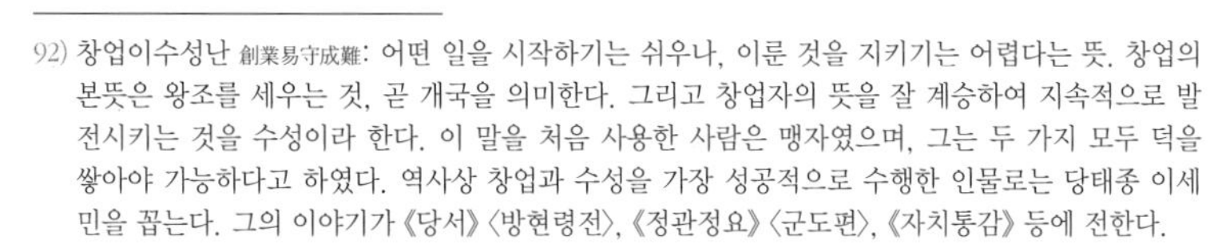

92) 창업이수성난 創業易守成難: 어떤 일을 시작하기는 쉬우나, 이룬 것을 지키기는 어렵다는 뜻. 창업의 본뜻은 왕조를 세우는 것, 곧 개국을 의미한다. 그리고 창업자의 뜻을 잘 계승하여 지속적으로 발전시키는 것을 수성이라 한다. 이 말을 처음 사용한 사람은 맹자였으며, 그는 두 가지 모두 덕을 쌓아야 가능하다고 하였다. 역사상 창업과 수성을 가장 성공적으로 수행한 인물로는 당태종 이세민을 꼽는다. 그의 이야기가 《당서》〈방현령전〉, 《정관정요》〈군도편〉, 《자치통감》 등에 전한다.

내기 위해 왕위계승을 둘러싼 문제에 관한 개혁을 감행했다. 그는 개혁을 통해 왕위계승의 원칙을 확고히 하고 국내질서를 확립하여 국가의 힘을 대외확장에 집중시켜 패업을 창건할 수 있었다.

기원전 15세기 말부터 기원전 13세기 초까지, 히타이트는 바야흐로 최고의 전성기를 누렸다. 히타이트는 유리한 국제적 환경을 이용하고 말 등과 철제 전차 위에서 정복 확장 활동을 전개해 나아갔다. 당시 전차는 기본적으로 나무로 만들었는데 히타이트인은 가장 먼저 철을 정련하는 기술을 발명하고 독점하여 이를 '군사기밀' 로 삼았다. 그들의 철제 전차는 우량한 준마와 결합하여 그 기세가 하늘을 찔렀다. 철제 전차와 준마가 적군의 목제 전차를 향해 돌진하여 한바탕 어지럽히고 나면 드넓은 영토는 어느새 히타이트에 정복당해 있었다. 당연하게도 주변국에 최고의 위협은 히타이트의 준마와 철제 전차가 될 수밖에 없었다. 이집트는 당시 막대한 힘을 가진 강대국이었는데 히타이트에 밀려 있는 것이 항상 마음에 들지 않았다. 특히 파라오의 자리에 오른 람세스 2세는 용맹하고 야심 찬 인물이었기에 이러한 불만은 극에 달았다. 기원전 1300년경, 두 나라는 카데시 도성 아래에서 큰 전투를 벌였다. 히타이트가 준마와 철제 전차를 보유하고 있었지만 이집트 역시 막강한 군사력을 갖추고 있었다. 양국은 몇 차례의 격렬한 전투를 벌였지만 결국 승패는 가려지지 않았고 양국에 심각한 피해만을 남겼다. 결국 양국은 평화협정, 즉 《카데시 조약》을 맺어 전쟁을 끝냈다. 이것은 세계 역사상 최초의 국제조약이었다.

카데시 전투로 히타이트의 힘은 크게 쇠락했다. 게다가 주변 국가들은 하루가 다르게 발전했고 강대해졌다. 기원전 13세기 말 무렵, '해상민족' 은 치열한 전투를 벌이며 동부 지중해 지역을 차지했다. 히타이트의 준마와 철제 전차도 이러한 조류를 막아내지 못하고 나라는 여러 갈래로 갈기갈기 찢겼다. 기원전 8세기경, 히타이트제국은 이미 형세가 나빠질 대로 나빠져 있었고, 비밀에 부쳐오던 '철 정련 기술' 까지도 널리 전파되어 히타이트제국은 나날이 강대해지는 아시리아제국에 철저히 멸망당했다. 이때부터 히타이트왕국은 역사의 깊은 강물 속으로 사라져버렸다. 그러나 히타이트 민족이 남긴 귀중한 성과는 사람들에게 오랫동안 칭송받았다.

▲ 서아시아 고대 히타이트제국의 조각

특색 있는 문화

히타이트 문명에서 최고로 꼽을 수 있는 것은 바로 철 정련 기술이었다. 기원전 20세기 중엽, 히타이트는 세계에서 최초로 철 정련 기술을 발명했고 '철'이라는 금속이 세상 밖으로 등장하게 되었다. 그러나 이때부터 인류가 철기 시대로 진입한 것은 아니었다. 현대인으로서는 이해하기 어렵겠지만, 처음 철이 등장했을 때 그 가치는 황금을 넘어섰다. 히타이트인은 이 독특한 기술을 비밀에 부쳐 공개하지 않았고 자신들만 철제가 주는 편리함을 누렸다. 당시 기술로는 정련해 낸 철의 양이 매우 적었기 때문에 히타이트인은 철을 매우 신중하게 사용하여 철제 쟁기, 전차, 기타 무기 등 군사무기나 농사도구를 만드는 데 이용했다. 그리고 히타이트만의 철제 전차를 제작하여 히타이트는 당대에 큰 명성을 날린 고원의 맹주가 될 수 있었다.

일어난 항해민족 페니키아

페니키아 민족은 한 편의 시처럼 부드럽고 아름다운 자줏빛 염료를 발명했고 우아한 자모문자 체계를 만들었다. 그리고 지중해 연안 각 지역을 종횡무진하며 상업거점을 세웠다. 그러나 페니키아 민족은 수천 년이 흐른 어느 날 갑자기 연기처럼 사라져버렸다.

자줏빛 나라

역사적으로 페니키아는 나라의 명칭이 아니라 민족 또는 지역의 이름으로 주로 시리아와 파키스탄의 연해 지역을 가리켰다. 이곳은 지중해 북부의 폭이 좁고 기다란 연안지대로 오늘날의 레바논 지역에 해당한다. 이곳의 최초 거주민은 일반적으로 후리르인으로 여겨지면 약 기원전 300년경 가나안인이 들어와 후리르인과 섞여 지내다가 서로 융합했다.

페니키아의 강과 평원지대의 토질은 비옥한 편이어서 농작물과 특용작물[93]의 생장에 적합하여 재배업과 특용작물재배가 비교적 발달했다. 올리브, 포도와 대추야자의 재배가 매우 흔했고 페니키아의 산에는 히말라야삼목 등 진귀한 목재가 많이 났다. 이밖에 페니키아인은 바다 밑에서 기묘한 조개를 건져 냈는데 이 조개 속에서 염료로 쓰이는 자줏빛 안료를 채취해냈다. 이 염료로 염색한 털, 마 등의 제품은 색이 산뜻하고 아름다워서 사람들의 시선을 빼앗았으며 쉽게 퇴색되지 않았다. 이러한 종류의 방직품은 지중해 연간의 각국에 명성을 떨쳤다. 이런 이유로 당시 외국인들은 '페니키아' 라는 명칭을 이 지역 사람들에게 선사했는데 이는 '자줏빛 국가' 라는 뜻으로 당시 그리스 어를 음역한 것이었다.

▲ 우가리트(Ugarit)는 페니키아 북부에 있던 고대 도시국가이다. 이것은 페니키아인이 사냥하는 모습을 새긴 황금 접시이다.

항해민족

약 기원전 3000년 말부터 기원전 2000년 초까지, 페니키아에는 독

93) 식용 이외의 특별한 용도로 쓰이는 농작물로 담배, 차, 삼, 목과 등이 대표적이다.

립적인 작은 도시국가들이 등장했는데 비교적 유명한 도시국가들로는 우가리트, 베리투스, 시돈, 티레 등이 있다. 이 도시국가들은 서로를 적대시했고 단결의식이 부족했다. 도시의 거주민들은 자신의 신분을 말할 때 '어떤 지역인'이라고 자신을 불렀다. 예를 들어, 티레에서 온 사람은 자신을 티레인이라고 말했고 시돈에서 온 거주민은 자신을 시돈인이라고 불렀다. 결국 페니키아인은 매우 쉽게 외부민족에게 정복당할 수밖에 없었고 그들은 이집트, 아시리아, 신바빌로니아, 페르시아 등 제국에 통치받았다. 짧은 기간의 독립 시기가 도래했을 때에도 이 작은 도시국가들은 분쟁이 그치질 않았고 줄곧 통일국가를 형성하지 못했다. 기원전 332년, 군대를 이끌고 원정길에 오른 알렉산드로스 대왕은 티레 도시국가를 멸망시켰는데 이는 페니키아 도시국가 시대의 종결을 의미했다.

페니키아가 비록 땅이 좁고 사람도 적어 종종 외부민족의 통치를 받았지만, 이것은 페니키아의 문명 발전에 아무런 제약도 가져오지 못했다. 페니키아는 조선업, 해운업과 상업으로 유명했으며 유리한 조건을 갖춘 많은 항구로 페니키아의 명성은 더욱 높아졌다. 페니키아인은 자신들이 만든 훌륭한 선박을 능숙한 항해기술로 조정했고 주위 해역을 순항했다. 그들은 배를 타고 수많은 지역에 이르렀는데 잉글랜드와 아일랜드까지 도착했다고 전해진다.

페니키아인은 이 기회를 통해 지중해 주변 국가와의 대외무역을 크게 발전시켰다. 그들은 이집트로부터 아마를, 사포로스로부터 동을, 소아시아로부터 주석과 철을 수입했다. 그리고 자신들은 상아, 청동, 은제품, 유리제품과 히말라야 삼목 및 자신들이 만든 자홍색 염료로 제작한 방직품 등을 수출했다. 그들은 북아프리카 연안의 국가, 지중해 서부의 나라 등 지중해 주변의 여러 나라와 왕래하며 광범위한 해상 무역을 했다. 이밖에 페니키아인은 해외에 식민지를 건설하여 무역기지로 삼았다. 그중에서도 북아프리카 도시 카르타고(Carthage)는 페니키아인이 건설한 상업 식민지로 유명하다.

문자의 전파자

페니키아인이 고대 세계 문명에 준 최대 공헌은 자주색 염료도, 항해 식민지도 아닌 그들이 만든 자모문자 체계였다. 이 자모문자 체계는 총 22개의 자모가 있었고 모두 선형부호로 자음만 있고 모음은 없었다. 이것이 바로 유명한 '페니키아 자모' 였다. 페니키아인은 식민지를 항해하고 무역활동을 할 때 자신들의 문자 체계를 전파했다. 페니키아 자모는 서쪽으로는 그리스로 유입되었고 그리스인은 이 자모에 모음을 덧붙여 그리스 자모를 형성했다. 그리고 로마인은 그리스 자모를 기반으로 라틴 자모를 창조하여 서유럽 각국 자모의 기초를 구성했다. 슬라브(Slavs)인은 그리스 자모를 기초로 슬라브 자모를 발전시켰고 이는 동유럽 각국 자모의 원형이 되었다. 페니키아 자모는 동쪽으로 아람(Aram)인의 지역으로 흘러가 아람어(Aramaic)자모를 형성했다. 그리고 아람어자모는 훗날 인도, 아라비아, 아르메니아, 위구르 등의 자모로 발전했다. '페니키아 자모' 가 유럽 각국 문자의 효시라는 말은 결코 과언이라고 할 수 없다.

▼ **카르타고의 오래된 도시의 유적**

전쟁과 세월은 카르타고의 오래된 도시에 구슬프도록 황폐한 아름다움을 남겼다.

하느님이 택하신 민족 유대인

사람들은 유대인이 세계에서 가장 영리하고 재정 관리에 가장 능숙한 민족이라고 이야기한다. 이 말은 결코 거짓이 아니다. 위대한 과학자 에디슨은 유대인이었고 뛰어난 사상가 마르크스 역시 유대인의 핏줄이었다. 또한 오늘날 미국 상업계의 대부호 중에는 유대인이 많다. 그들은 미국의 경제, 심지어 정치에까지 막강한 영향력을 행사하고 있다. 그러나 고대 역사에서 유대인은 수많은 고통과 재난을 겪은 민족 중 하나였다.

하느님과 계약하다

일반적으로 사람들은 유대인의 고향이 아라비아 사막에 있다고 생각하지만 그들이 최초로 등장한 곳은 티그리스-유프라테스 강 유역의 메소포타미아 평원이다. 약 기원전 2000년에서 1800년 사이, 유대인의 선지자이자 그들의 지도자인 아브라함은 그들을 이끌고 강을 건너 가나안, 즉 파키스탄 지역에 도착했다. 현지 가나안인은 이 불청객들을 '헤브라이인'이라고 불렀는데 그것은 '강 저편에서 온 사람'이라는 뜻이었다. 훗날 가나안 지역은 몇 년 동안 큰 가뭄이 들어 작은 풀조차 나지 않았다. 소와 양에 의지하여 살아가는 유목민에게는 엄청난 시련이었다. 그래서 그들은 당시의 지도자이자 아브라함의 손자인 야곱의 인도에 따라 이집트로 이주했다. 유대인은 이집트에서 약 400년 동안 살면서 힘든 일을 마다하지 않고 열심히 일했다. 그러나 그들은 언제나 이방인 취급을 받았고 이집트인보다 신분이 낮았다. 그들은 가장 비천하고 고된 일을 했지만 돌아오는 것은 이집트인의 싸늘한 냉대뿐이었다.

이집트에서 약 400여 년을 살았던 유대인은 파라오와 이집트 정부로부터 가혹한 착취와 노역을 당했다. 약 기원전 13세기, 그들은 이러한 노예와 같은 비참한 생활을 더 이상 참을 수 없었고 지도자 모세의 인솔 하에 이집트에서 탈출했다. 《구약성서》에는 이렇게 기록되어 있다. 이집트의 새로운 파라오가 보니 유대인의 인구가 매우 늘어나 이집트인의 인구를 넘어설 지경에 이르렀다. 그래서 파라오는 산파들에게 유대인의 아이를 받을 때 만약 남자 아이면 강물에 빠뜨려 죽이고 여자 아이는 살리라고 명령했다. 모세는 이 시기에 태어났다. 모세의 어머니는 그의 목숨을 지키기 위해 어쩔 수 없이 이제 막 태어난 아기인 그를 나무 상자 안에 넣고 나일 강에 띄워 강물을 따라 흘러가게 했다. 모세의 누나는 흘러가는 상자를 따라갔다. 그런데 마침 그곳 강가에서 파라오의 딸이 목욕을 하고 있었다. 파라오의 딸은 상자 속 모세를 발견하고는 성으로 데려가 자신의 아들로 삼았고 모세는 이집트왕국에서 왕자로 자라났다. 그러나 모세는 자신의 출생을 알게 된 후 왕자가 누리는 화려한 생활을 버리고, 파라오에게 자신의 민족을 데리고 이집트에서 나갈 수 있게 해달라고 요청했다. 이 말을 들은 파라오는 달가워하지 않으며 모세의 일을 방해했다. 그러나 모세는 하느님 여호와의 계시를 받아 파라오에게 여러 가지 저주를 내리고 사람들에게 갖가지 기적을 행했다. 파라오는 날이 갈수록 모세를 두려워하며 결국 모세에게 한시라도 빨리 이집트에서 그의 민족을 데리고 멀리 떠나라고 명령했다. 유대인의 유월절은 파라오에게 저주를 걸던 과정에서 탄생한 것이었다. 이집트에서 탈출한 뒤 유대인은 시나이 산에 도착했다. 모세는 홀로 시나이 산 정상에 올라 하느님 여호와를 알현했다. 이때 하느님은 그와 계약을 맺었는데 그것이 바로 《십계명》이었다. 첫 번째 계명은 가장 중요한 조항으로 바로 여호와만을 섬긴다는 것이었다. 유대인의 유일신 신앙을 확정하는 조항이었다.

선지자에게 왕을 세워달라고 요구함

유대인은 모세의 인솔 하에 이집트를 탈출한 뒤 파키스탄, 즉 가나안으로 돌아왔다. 그러나 이후 '해상 민족'이었던 '팔레스타인'이 끊임없이 가나안 지역을 침범했다. 이 시기 유대인은 아직 국가를 형성하지 않고 종교 지도자의 지도에 따르는 씨족 부락의 형태를 유지하고 있었다. 북부에는 이스라엘인이, 남부에는 유대인이 부락을 이루고 있었는데 팔레스타인의 위협에 직면하자 이스라엘인과 유대인은 당시 선지자 사무엘에게 자신들을 위해 왕을 세워달라고 요청했다. 처음에 사무엘은 왕을 세우는

▼ 《십계명》
전해지는 이야기에 따르면 하느님은 시나이 산에서 모세에게 《십계명》을 주셨다. 모세는 유대인을 이끌고 이집트에서 탈출하여 약속의 땅을 찾아 길고 고된 여정을 시작했다.

▶ **시바의 여왕이 솔로몬을 만나다**

솔로몬 통치 시기는 이스라엘 왕국이 가장 번영을 누린 시기로 백성은 부유했고 나라는 강대했다. 솔로몬은 매우 지혜로웠다. 시바의 여왕은 수많은 향신료, 보석과 황금을 가져와 그를 알현하며 어려운 문제를 내서 솔로몬의 지혜를 시험했다. 그러나 솔로몬 왕은 그녀의 질문에 모두 정확하게 답했다.

것을 원치 않았다. 유대인들이 다시 노역을 당할 수도 있었기 때문이었다. 사무엘은 그들에게 말했다. "너희를 통치하는 왕은 분명히 이렇게 행동할 것이다. 그는 너희 아들들을 자신을 위해 마차를 몰게 하고 천 부장, 오십 부장을 시킬 것이다. 그리고 그는 자신을 위해 너희 아들들에게 논밭을 경작하게 하고 농작물을 수확하게 하며 무기를 만들게 할 것이다. 또한 그는 너희 딸들을 취하고, 자신을 위해 향수를 만들고 빵을 굽게 할 것이다. 그는 너희의 가장 좋은 농경지와 포도원, 올리브 농원을 빼앗고, 너희는 그에게 신하와 노복을 바쳐야 할 것이다…." 사무엘이 이 모든 이야기를 했지만 사람들은 계속해서 그에게 왕을 세워달라고 간청했다. 사무엘은 여호와의 뜻에 따라 이들의 간청을 받아들였다.

사무엘은 북부 이스라엘인 부락의 사울을 선택했다. 이렇게 해서 유대인은 왕국시대로 진입하게 되었다. 사울은 대다수 이스라엘, 유대인의 인정을 받았고 강대한 군대를 결성하여 팔레스타인과 전투를 벌였고 승리를 거두었다. 그러나 여전히 남부 유대인 부락의 많은 이들은 사울의 신하가 되려고 하지 않았다. 그들은 자신들의 지도자인 다윗을 중심으로 모였다. 그리하여 다윗과 사울 사이에는 첨예한 충돌이 일어났다. 그들은 각자 자신의 부락을 통솔하여 팔레스타인과 싸웠다. 다윗은 젊고 용맹하여 잇따라 승리했다. 그러나 사울은 운이 좋지 않아 한 차례 전투에서 패배했고 그 후 스스로 목숨을 끊었다. 이후 다윗은 이스라엘, 유대인의 왕이 되어 남북이 통일된 이스라엘왕국을 건설했고 예루살렘을 수도로 정했다. 다윗이 죽은 후 그의 아들 솔로몬이 왕위를 계승했다. 그는 적극적으로 주변국과의 관계를 개선하고 대외무역을 발전시켰다. 그러나 그는 대규모 토목공사를 진행하고 제멋대로 궁정 누각을 세웠으며 터무니없이 무거운 세금을 징수하여 민중의 분노를 일으켰다. 결국 기원전 935년, 솔로몬이 죽은 후 이스라엘왕국은 또다시 남과 북으로 갈라졌다. 북부는 10개 부락을 합해 이스라엘왕국이라고 불렀고, 남부는 2개 부락을 합해 유대왕국이라고 칭했다. 그러나 이 두 왕국은 약 200여 년 동안 남은 목숨을 겨우 연명해나갈 뿐 그들을 기다리는 것은 고통스러운 노역의 여정이었다.

쓰라린 피와 눈물

솔로몬이 죽은 뒤 이스라엘왕국은 또다시 분열의 길을 걸었다. 게다가 남북은 끊임없이 싸웠고 이러한 집안싸움은 서로를 갉아먹을 뿐이었다. 기원전 721년, 결국 아시리아가 이스라엘왕국을 멸망시켰고, 유대왕국은 수많은 재물로 아시리아를 회유하여 가까스로 속국의 지위를 얻게 되었다. 기원전 586년, 신바빌로니아 국왕 네부카드네자르 2세는 예루살렘을 함락하고, 성 안에 살고 있던 거주민을 바빌로니아로 집단 이주시켰다. 이렇게 유대왕국은 멸망했고 이를 '바빌로니아 유배' 라고 부른다. 기원전 539년, 페르시아가 신바빌로니아를 멸망시킨 후에야 바빌로니아에 있던 유대인은 예루살렘으로 풀려날 수 있었고, 그들은 고향을 재건하고 성전을 다시 지었다. 그러나 기원전 332년, 알렉산드로스 대왕이 동쪽 원정길에 올라 페르시아를 멸망시키자 유대인은 또다시 알렉산드로스 대왕 군대의 통치를 받게 되었다. 그리고 기원전 63년, 로마가 예루살렘을 함락했다. 그들은 약탈을 일삼으며 악행이란 악행은 모두 저질렀고 수많은 유대인을 살육하기에 이르렀다. 유대인은 로마인의 잔혹한 통치를 받으며 봉기를 일으키기도 했지만 돌아오는 것은 더욱 가혹해진 통치의 칼과 족쇄였다. 수많은 유대인은 로마의 잔혹함과 난폭함을 견디지 못해 멀리 타향으로 도망쳤고 유대인의 대유랑 시기는 이렇게 시작되었다. 이후 유대인은 세계각지에 뿔뿔이 흩어져 살면서 유대교를 믿고 할례를 받았다. 이것은 민족 공동체 의식의 상징이었다.

경건한 신앙

유대교가 형성되기 전, 유대인의 각 부락에는 수호신이 있었다. 여호와는 그 신들 가운데 하나의 신이었다. 유대인은 이집트를 탈출하는 동안 여호와와 계약을 맺었는데 그것이 바로 《십계명》이다. 《십계명》은 이러하다. '첫째, 여호와 외의 다른 신을 섬기지 않는다. 둘째, 우상숭배를 하지 않는다. 셋째, 여호와의 이름을 망령되게 하지 않는다. 넷째, 안식일을 지킨다. 다섯째, 부모를 공경한다. 여섯째, 살인하지 않는다. 일곱째, 간음하지 않는다. 여덟째, 도둑질하지 않는다. 아홉째, 거짓 증언하여 다른 사람에게 해를 입히지 않는다. 열째, 다른 사람의 아내와 재산을 탐내지 않는다.' '십계명'의 반포로 유대인은 구체적인 교의를 갖게 되었다. '바빌로니아 유배' 시기에 유대인의 종교는 한층 더 발전했다. '바빌로니아 유배' 기간 중에 남에게 얹혀사는 비참한 생활을 겪으면서 유대인은 이 괴로운 고난에서 벗어날 수 있도록 여호와께서 구세주를 보내주시길 바라며 묵묵히 기도했다. 당시 선지자는 이렇게 예언했다. "유대왕국은 여호와의 권능으로 부흥할 것이다." 이 예언은 유대인 사이에 빠르게 전해져 모두를 흥분시켰다. 이후 페르시아가 신바빌로니아를 멸망시킨 뒤 유대인은 예루살렘으로 돌아와 고향을 재건할 수 있게 되었다. 유대인은 이 모든 것이 여호와의 보살핌 덕분이라고 생각했다. 그래서 유대인은 여호와를 절대적이고 유일무이한 신으로 더욱 굳건히 섬기게 되었다. 유대교는 이렇게 탄생했다.

유대교의 기본신앙은 4가지로 정리할 수 있다. 첫째, 절대적인 유일신 신앙이다. 절대적이고, 유일무이하며 진정한 신이신 하느님 여호와만을 숭배한다. 여호와는 전지전능하시고 우주만물의 창조주이

시며 전 세계의 주관자이시다. 둘째, 이스라엘은 신과 계약을 맺은 선민이라는 굳은 믿음이다. 여호와는 수많은 민족 가운데 이스라엘을 자신의 '선민'으로 선택하셨다. 그러므로 이스라엘은 다른 어떤 민족들보다 우월하다. 셋째, 신의 뜻은 그가 계시한 법률서에 체현되어 있으므로 유대교의 법률인 《십계명》에 순응하는 것이 신의 뜻에 따르는 것이다. 넷째, 구세주 신앙이다. 유대인은 구세주가 유대 민족뿐만 아니라 전 인류를 구원할 것이라고 믿는다.

유대교의 경전은 《탈무드》인데 최초의 이름은 《타나크》로 기원전 2세기경에 편찬되었다. 약 500년경, 유대교는 700여 년간 쌓인 문헌들을 정리하여 기존의 《타나크》를 보충하였다. 그렇게 만들어진 것이 《탈무드》이다. 《탈무드》에는 민법, 형법, 교수법, 규칙조례, 전통풍속, 종교 예절 등의 내용이 포함되어 있으며 사회도덕 등 각 분야의 문제에 대한 토론, 변론 및 유명한 유대교 인사의 일생을 간략하게 정리한 내용도 들어 있다.

정복과 영토 확장 아시리아제국

맹수처럼 사나운 아시리아 군대가 휩쓸고 다닐 때마다 약탈과 학살이 잇따라 발생했다. 전쟁의 신을 신봉하는 아시리아 민족은 잔인하게 적들을 섬멸하며 철제무기 시대 최초의 군사제국을 세웠다. 그러나 그들의 피에 굶주린 듯한 학살과 극심한 약탈은 최초의 군사제국을 멸망시킬 씨앗이 되었다.

무예를 숭상하고 전쟁을 좋아하는 민족

아시리아는 지금의 이라크 영토 내의 메소포타미아 북부지역에서 티그리스 강 상류를 중심으로 번성했다. 아시리아의 이웃나라는 이집트, 히타이트, 바빌로니아, 우라루트였다. 아시리아는 지리적 환경 때문에 국내 영토와 자원이 부족한 상황이었고 언제나 적들의 침입을 받을 위협이 주변에 도사리고 있었다. 이 모든 상황은 아시리아에 검은 그림자를 드리웠지만 동시에 강건하고 용감한 아시리아인의 성격을 더욱 강하게 만들었다. 아시리아인은 아시리아 종교 최고의 신으로 전쟁의 신을 섬겼고 이것의 정신적 영향력과 호소력은 실로 엄청난 것이었다. 아시리아인에게 전쟁은 '신의 뜻' 이자 일종의 '성스러운 사업' 이었다. 전쟁에 참여하는 것은 아시리아인에게 평생의 임무였고 더할 나위 없이 영광스러운 일이었다. 그리고 전쟁에 대한 무관심은 신에 대한 모독으로 간주되었다. 이러한 관념의 영향 때문에 전쟁의 성격은 매우 모호했고 단지 전쟁에 대한 무한한 열정과 욕망만이 남을 뿐이었다.

▼ 니네베 도시의 유적
고대 아시리아제국의 도성으로 이라크 북부, 티그리스 강 동쪽 연안에 있으며 점유지는 7.5제곱킬로미터로 불규칙한 형태를 띠고 있다. 1846년부터 발굴이 시작되어 1950년대 후반에 부분적으로나마 성벽과 성문이 복원되었고 현재 5개 성문이 발굴되었다.

오늘날까지 전해지는 아시리아 시기의 벽화, 명문, 점토판 도서에는 그들이 전쟁을 얼마나 중요하게 여기는지를 알 수 있는 내용이 가득 담겨 있다.

기원전 10세기, 아시리아 주변의 강대국 대부분이 예전의 웅대한 위세를 잃고 쇠약해진 숨을 가쁘게 쉬고 있었다. 반대로 아시리아는 히타이트로부터 철기를 도입한 후 이를 널리 보급했다. 철기는 식량 생산과 군사 분야에서 널리 사용되어 아시리아의 생산력을 크게 향상시켰고 전쟁을 개시할 때 필요한 강력한 군사적 힘을 주었다. 철기는 아시리아 무기를 선진화시켰고 살상력 또한 비약적으로 높였다. 이때부터 아시리아 상비군은 날이 갈수록 강대해졌고 다른 서아시아 민족의 군사력을 훨씬 능가했다. 당시의 국내외 정세는 아시리아에 영토 확장을 위한 절호의 기회를 만들어줬다. 치밀한 계획을 세운 아시리아는 방대하고 예리한 전쟁무기를 들고 원정길에 올랐고, 아슈르나시르팔 2세 때부터 두 세기가 넘는 긴 기간 대외정복 전쟁은 계속해서 이어졌다. 그리고 점차 서아시아, 북아프리카를 넘나드는 노예제 대제국이 형성되었고 아시리아는 철기 시대 최초의 군사제국이라는 지위를 차지할 수 있었다.

▼ **아시리아왕국의 이웃 나라 정벌**
아시리아 도시국가 유적에서 출토된 오벨리스크의 일부. 조각과 설형문자가 결합된 형식으로 아시리아 왕이 이웃나라를 정벌하는 상황을 기록했다.

눈부신 업적을 세운 군주

아시리아의 영토 확장 역사에서 4명의 군주가 세운 찬란한 업적은 그 명성이 자자했다.

티글라트 필레세르 3세[94], 아시리아제국의 진정한 창립자이다. 그가 재위기간 동안 진행한 군사개혁으로 아시리아의 군사력은 대폭 강화되었고 강적 우라루트를 패배시켜 시리아 전체를 정복했으며 바빌로니아를 합병했다. 그의 영토 확장으로 아시리아는 서아시아에서 맹주의 지위를 확

94) 기원전 746년~기원전 727년까지 재위

고하게 다질 수 있었다.

사르곤 2세[95], 후대 사람들이 '아시리아의 나폴레옹'이라고 부르는 그는 처음에는 한 명의 하급군관에 불과했다. 이후 대외전쟁에서 탁월한 공로를 세워 빠르게 승진하면서 막강한 권세를 얻었고 마침내 왕위를 찬탈하기에 이르렀다. 왕이 된 그는 나라를 다스리는 재능과 군사적 재능을 모두 인정받아 훌륭한 군주로 칭송받았다. 그의 재위기간 동안 아시리아는 이스라엘과 이집트를 패배시키고 이집트가 지지하던 시리아와 페니키아 등지에서 일어난 봉기를 진압했으며 메디아왕국과 전쟁을 했다. 사르곤 2세 통치시기에 아시리아는 번성기에 접어들었다.

센나케리브[96], 그는 사르곤 2세의 첫째 아들이었다. 아버지의 화려한 전쟁 업적은 그에게 부담이자 일을 성취해갈 수 있게 해주는 원동력이 되었다. 그는 아버지를 본받아 재위기간 동안 눈부신 전쟁의 성과를 올렸다. 역사 연구 자료를 살펴보면 그는 89개 도시, 820개 마을을 차지하고 말 7,200마리, 낙타 11만 1천 마리, 소 8만 마리, 양 80만 마리를 전리품을 거둬들였고 포로 20만 8천 명을 붙잡았다.

에사르하돈[97], 그가 통치하던 동안 아시리아 국경은 아시아, 북아프리카를 넘었으며 제국은 최고의 번영기를 누렸다.

최고의 번영기 이후 50년 동안, 메소포타미아 역사상 최초의 군사제국이었던 아시리아는 멸망의 길을 걷게 되었다. 아시리아제국 역시 최고의 번영 다음에 찾아오는 쇠락의 수레바퀴에서 벗어나지 못했다. 기원전 612년, 새롭게 일어난 신바빌로니아왕국은 메디아인과 연합하여 아시리아의 수도 니네베(Nineveh)를 함락했고 제국의 유산 역시 이 두 나라에 분배되었다.

강대한 선진 군사력

아시리아의 정복역사를 살펴보면 이미 영토 확장 초기부터 아시리아의 군사력이 강대했음을 알 수 있다. 약 2세기가 넘는 시간 동안 정복전쟁을 치른 아시리아는 실제 전투를 통해 군사력을 더욱 발

95) 기원전 722년~기원전 705년까지 재위
96) 기원전 704년~기원전 681년까지 재위
97) 기원전 680년~기원전 669년까지 재위

전시켰고 점차 완벽한 수준에 다다라 마침내 '불패의 군사제국'이라는 말까지 나오게 되었다. 많은 병사를 보유하고 있던 아시리아 군대는 병사를 전투병, 기마병, 보병 등으로 구성된 주력부대와 공병[98], 치중병[99] 등의 보조부대로 나누었다.

철기 시대로 진입한 아시리아는 약탈, 자력 생산, 전리품, 정복지의 세금 등을 통해 대량의 '철'을 장악했고 아시리아 야금 장인의 선진화된 기술로 품질이 뛰어난 철제 무기가 탄생했다. 아시리아 군대의 무기가 선진화되고 높은 살상력을 갖추게 되었다는 것은 더 이상 설명할 필요가 없을 것이다. 아시리아 군대의 갑옷, 무기, 도성 공격에 사용하는 장비 등은 당시 세계에서 최고 수준이었다.

아시리아는 어떤 지역을 정복하기 전에 보통 치밀한 계획을 세웠다. 그들은 먼저 첩자를 보내 적진을 정탐하게 했고, 공격을 감행해야 할 때는 일반적으로 전격전을 운용했다. 이는 번개처럼 공격해 적군에게 손쓸 틈을 주지 않고 신속하게 승리하는 작전이었다. 대규모 '전격전'을 자주 사용함에 따라 아시리아 기병대의 힘은 지극히 중요했는데, 말안장을 발명한 이후 기병대의 전투력이 크게 높아졌고, 점차 전차병이 전장에서 차지하던 선봉 자리를 기병대가 차지하게 되었다. 기마병의 빠른 발전과 더불어 주력부대의 보병은 창 던지는 병사와 활 쏘는 병사로 나뉘어 발전해 나아갔다. 활쏘기 병사는 다시 호위 장비에 따라 중장비로 무장한 활잡이, 이보다 중장비를 덜 갖춘 활잡이, 경장비를 갖춘 활잡이, 이보다 더욱 가볍게 장비를 갖춘 활잡이로 분류되었다. 다른 부대와 협동작전을 펼칠 때는 중장비 활잡이 병사가 최전방에 배치되어 날카롭게 공격했고, 호위 장비를 완전하게 갖추지 못한 부대는 후방에 배치되어 여러 역할을 지닌 병사들의 힘을 충분히 발휘시켰다. 이밖에 작전의 효과를 높이기 위해 아시리아인은 교묘한 진영을 설계하는 데 힘을 쏟았다.

다시 말해서 아시리아인은 온갖 요소를 효과적으로 조합하여 정복전쟁을 치르기 때문에 아시리아 군대가 메소포타미아 평원에 있는 도성을 공격할 때 아시리아에 대적해 싸울 자가 없어 적군의 간담이 서늘해질 수밖에 없었다.

98) 군사상의 토목이나 건축 또는 기타 작전상 필요한 공사 따위의 임무를 맡는 병사
99) 군수품을 나르는 병사

야만적이고 잔혹한 정복

아시리아 군대가 막강한 힘으로 화려한 전쟁성과를 세우는 동안 제국의 수도인 니네베는 '피비린내가 진동하는 사자의 동굴'이라고 불리기 시작했다. 지금까지 전해지는 아시리아 군주와 관련된 명문, 벽화, 돌비석, 점토판 문서에는 아시리아 군대의 잔혹함에 대한 기록이 많이 남아있다.

아슈르나시르팔 2세의 명문에는 다음과 같은 기록이 있다. '적군의 시체를 산골짜기에 쌓아보니 산꼭대기까지 닿았다. 나는 적군의 머리를 베어 성벽을 장식했고, 그들의 집을 모조리 불태워버렸다. 그리고 성문 앞에 벽 하나를 세워 반역자 우두머리의 몸에서 벗긴 가죽으로 벽면을 도배했다. 나는 몇 사람을 산 채로 벽 안에 쌓기도 했고 또 다른 사람들은 산 채로 끝이 뾰족한 나무 기둥에 꽂은 다음 머리를 베어버리기도 했다.' 그리고 센나케리브와 관련된 명문에는 이렇게 기록되어 있었다. '적군은 온 하늘에 가득한 메뚜기 떼와 같이 무리를 이루고 있었다… 나는 진노하여 전차에 올라 적군을 잇따라 쓰러뜨렸다. 나는 한 손에는 신이 내려주신 활을 들고 다른 한 손에는 예리한 긴 창을 쥔 채 우레의 신처럼 포효하고 울부짖으며 적들의 공격 기세를 막고 그들을 성공적으로 포위했다. 적군의 귀족들은 몸에 황금 검을 지녔고 팔에는 반짝이는 황금 팔찌를 차고 있었

▼ **아수르 탑신전**
유적 아시리아제국의 성지 아수르에는 오늘날에도 탑신전 유적이 우뚝 솟아있다.

다. 그래서 나는 밧줄을 잘라내듯 그들의 목과 팔뚝을 절단해버렸다.' 이 명문에는 이러한 내용도 기록되어 있었다. '비록 아시리아 군대의 병사들이 전쟁에서 아무리 많이 죽었다고 한들 아시리아 군대의 손에 살해당한 15만 명의 적군과는 비교할 수 없었다.' 후대인들은 이 명문의 기록을 통해 아시리아 정복 전쟁이 얼마나 잔혹하고 피비린내 났었는지 가히 짐작할 수 있었으며 명문을 읽는 것만으로도 몸서리쳤다. 또한 센나케리브는 바빌로니아를 패배시킨 뒤 부하들에게 바빌로니아 성 전체를 불태워 잿더미로 만들라고 명령하기도 했다. 센나케리브가 바빌로니아 도성의 화려한 번영을 몹시 질투했었기 때문에 그런 명령을 내렸다는 말이 있다.

아시리아 군대가 가는 곳마다 도시와 마을은 잔혹한 약탈을 피할 수 없었고 오두막집은 모두 폐허로 변했으며 거주민들은 대부분 학살당했다. 겨우 목숨을 부지한 거주민들도 생존물자가 부족하여 추위와 배고픔에 목숨을 잃었다. 아시리아의 끔찍이도 파괴적인 정복 전쟁은 피정복지역의 생산력을 급속히 떨어뜨렸지만 아시리아는 그들에 대한 착취의 고삐를 조금도 늦추지 않았다. 결국 각지에서는 봉기가 폭풍처럼 거세게 일어났다. 그러나 그들이 아시리아에 저항할수록 아시리아는 더욱 잔인하게 그들을 진압했다. 이렇게 봉기와 진압이 끊임없이 반복되자 티글라트필레세르 3세에 이르러 아시리아는 피비린내 나는 학살 정책을 수정했다. 아시리아는 피정복 거주민들을 아시리아에서 가까운 지역으로 이주시켜 서로 다른 출신과 종족, 그리고 서로 다른 언어를 사용하는 사람들을 한데 섞어 놓고 의사소통에 어려움을 줘서 반란을 차단했다.

피비린내 나는 정복과 잔혹한 통치는 피정복지역에서 빈번한 반란과 봉기를 일으키게 했고 아시리아 왕실 내부의 왕위 쟁탈전은 국가 정국을 혼란스럽게 만들었다. 이러한 상황은 제국의 통치 능력을 크게 약화시켰다. 아시리아의 숙적인 메디아와 신바빌로니아는 이 기회를 틈타 연합군을 결성하여 아시리아의 수도 니네베를 공격했다. 연합군은 '그 사람의 방법으로 그 사람을 다스린다.'라는 방식으로 아시리아인을 다스렸고 도성 안에는 피가 강물을 이루었다. 그리고 아시리아 마지막 왕조의 국왕 신샤르이쉬쿤은 불타는 궁전 안에서 목숨을 잃었다. 이 강대한 군사제국은 갑자기 무너져 내렸고 연기처럼 사라져버렸다.

최후의 찬란한 빛 부흥한 신바빌로니아

하늘을 가르며 떨어지는 유성은 짧지만 화려하고 눈이 부시듯, 신바빌로니아는 겨우 88년 동안 유지되었지만 적을 두려워하지 않는 네부카드네자르 2세의 의지와 무적 군대의 위력이 신바빌로니아에 신비로운 광채를 더해주었다. 또한 불가사의라 불릴 만큼 아름다운 '공중화원'과 하늘로 통하고픈 '바벨탑'의 동경과 패기는 사람들에게 신바빌로니아의 강대함과 풍요로움을 각인시켜주었다. 그러나 너무 빨리 사그라진 신바빌로니아에 후대인은 아쉬움의 긴 한숨을 내뱉는다.

우뚝 솟은 신바빌로니아

아시리아제국이 메소포타미아 평원을 휩쓸고 다닐 때 많은 사람이 날카로운 칼 앞에 굴복했다. 그러나 잔혹한 통치는 오히려 각지의 봉기와 항거를 불러일으켰다. 기원전 626년, 아시리아는 칼데아(Chaldea)의 우두머리 나보폴라사르를 바빌로니아로 파견하여 그곳을 지키도록 했다. 그런데 아시리아의 명령과 달리 칼데아 인은 바빌로니아에서 아시리아의 잔혹한 통치에 반항하는 봉기를 일으키고 바빌로니아를 수도로 하는 신바빌로니아를 건설했다. 기원전 612년, 신바빌로니아는 메디아와 동맹을 맺어 아시리아를 멸망시키고 아시리아의 토지와 인구를 나눠 가졌다. 신바빌로니아는 티그리스-유프라테스 강 유역의 남부, 시리아, 파키스탄 및 페니키아를 얻었다. 아시리아제국이 무너지고 나서 메소포타미아 평원 위의 여러 무리는 세력 다툼을 했고 신바빌로니아 역시 그 틈을 타 영토를 확장했다.

▼ 이슈타르 문
복원된 이슈타르 문의 모습으로 문의 양쪽에 각종 동물이 질서정연하게 새겨져 있다.

나보폴라사르의 아들인 네부카드네자르는 젊은 시절부터 아버지를 따라 전쟁을 수행했다. 그는 재능과 지혜가 뛰어났고 앞장서서 군중을 이끌 줄 알았다. 그래서 아버지는 아들에게 무한한 신뢰를 보내며 그에게 중요한 자리를 맡겼고, 이후 나보폴라사르는 내정에 전념하면서 아들에게 군사를 부릴 수 있는 모든 권한을 넘겨주었다. 네부카드네자르 역시 아버지의 기대를 저버리지 않고 탁월한 공적을 세웠다. 그는 왕위를 계승한 뒤 자신의 뛰어난 재능과 원대한 뜻을 펼치며 신바빌로니아를 번성시켰다.

▲ **이슈타르의 뿔 달린 용**
신바빌로니아왕조 시기의 이슈타르 문 위에 있는 타일에 뿔 달린 용이 새겨져 있다. 선이 아름답고 힘이 있으며 과장법이 사용되었다. 예술적 표현력이 매우 풍부하다.

부강한 국가

티그리스-유프라테스 강 유역의 남부는 줄곧 사회경제가 발달한 지역이었다. 네부카드네자르는 시리아, 파키스탄 지역을 확실하게 자신의 수중에 넣었고 티그리스-유프라테스 강 유역과 지중해 사이의 왕래는 더욱 늘어나 그 통로 또한 넓어졌다. 원래부터 농업과 수공업은 좋은 기반을 지니고 있었고 여기에 장삿길까지 확대되자 상업무역의 발전은 한층 더 촉진되었다. 당시 신바빌로니아 영토 내에는 니푸르(Nippur), 우루크 등 수공업과 상업이 발달한 도시들이 많았는데 이 도시들은 국가 경제생활에서 중요한 역할을 했으므로 정치적 역량도 높아졌다. 이 도시들은 면세특권을 누렸을 뿐만 아니라 자신들의 자치 조직을 구성할 수 있었다.

신바빌로니아의 노예제도 역시 비교적 발전한 편이었다. 노예 인구는 증가했고 경제생활의 각 영역에서 노예는 널리 이용되었다. 노예도 독립적으로 토지를 소작하고 장사를 하며 수공업에 종사할 수 있었으며 금융점포를 열어 돈을 빌려주는 행위를 할 수 있었다. 극소수의 노예는 상당한 재산을 소유하기도 했고 심지어 자신이 노예를 고용할 수도 있었다. 그러나 당시 신분이 노예인 사람은 아무리

▲ **공중화원**
고대 유적들을 통해 예술가들이 자신들의 상상력을 동원하여 공중화원의 복원도를 제작했다.

부유하다고 해도 결국 주인의 재산 일부에 속할 뿐이었다. 몸에 주인의 이름이 낙인 찍혀 있는 노예는 주인이 마음대로 사고팔거나 양도할 수 있었고 자녀의 결혼식 때 예물로 보내질 수도 있었다. 왕실, 군사, 귀족과 상인, 제사장들은 가장 많은 노예를 보유했다.

비교할 수 없이 훌륭한 바빌로니아 도시

신바빌로니아의 국력은 네부카드네자르 2세의 재위기간에 가장 강대했다. 네부카드네자르 2세는 바빌로니아 도시에 대규모 토목공사를 진행했고 바빌로니아는 '하느님의 문' 이라고 불릴 정도로 티그리스-유프라테스 강 유역에서 가장 화려하고 웅대한 도시가 되었다. 특히 도시 안에 있는 '공중화원' 과 '바벨탑' 은 동시대 사람들과 후대 사람들의 감탄을 자아냈다. 그는 메디아왕국과의 동맹을 굳건하게 하려고 메디아왕국의 공주를 아내로 맞이했다. 그런데 신바빌로니아에 온 공주는 늘 우울해하며 고향을 그리워했고 날이 갈수록 초췌해졌다. 고향을 그리는 왕후의 마음을 위로하기 위해 네부카드네자르 2세는 몇 만 명의 장인들을 불러 7층의 거대한 석가산[100]을 만들게 했다. 석가산에 빈틈없이 방수조치를 하고 비옥한 토지를 쌓은 뒤 기이하고 아름다운 꽃과 풀을 많이 심었다. 그리고 관개 설비를 이용한 나선형 펌프를 통해 유프라테스 강 수원으로부터 물을 끌어와 계속해서 꽃과 나무에 물을 주게 했다. 석가산 위에는 호화로운 궁전을 지었는데 그곳에서는 도시 전체를 내려다볼 수 있었다. 바깥쪽에서 석가산을 바라보면 녹색 나무가 그늘을 드리우고 갖가지 꽃이 만발하여 마치 공중에서 화려하고 아름다운 꽃과 나무가 자라는 듯 보였다. 그래서 '공중화원' 이라는 아름다운 이름을 갖게 되었다. '공중화원' 은 고대 세계 7

100) 정원 등에 돌을 모아 쌓아서 만든 산

대 불가사의 중 하나로 손꼽히는 영예를 얻기도 했다.

이외에 네부카드네자르 2세는 수많은 종교 건축물을 새로 짓거나 복원하기도 했다. 그중 가장 규모가 큰 공사는 바벨탑을 재건하는 일이었다. 바벨탑은 총 7층으로 이루어졌는데 보기에 웅장하고 장엄했다. 탑 꼭대기에는 신전을 지어 바빌로니아의 주신인 마르두크를 섬겼다. 바벨탑은 구름 속에 우뚝 솟아있었는데 당시 사람들은 바벨탑이 '하늘에 닿을 수 있다' 고 생각했다. 그래서 바벨탑은 하늘 위의 신이 인간 세상으로 오는 도중 발을 디디는 곳으로 신들의 '환승역' 혹은 신들의 '여관' 과도 같았다. 300년 뒤, 바벨탑의 흔적을 본 알렉산드리아 대왕은 바벨탑의 웅장한 모습을 재현해내고 싶었다. 그런데 예상과 다르게 폐허가 된 탑의 벽돌과 기와만 제거하는 데에 1만 명의 사람이 필요했고 2개월이라는 시간이 걸렸다. 그리고 알렉산드리아 대왕이 갑자기 세상을 떠났고 바벨탑의 재건은 영원히 이루어지지 않았다.

바빌로니아 유배

역사를 살펴보면 네부카드네자르 2세는 뛰어난 재능과 원대한 책략을 품은 군주였다. 그러나 《구약성경》에서 그는 하느님이 유대인을 징벌하는 죄악의 도구로 묘사되어 있다. 이 모든 것은 유명한 '바빌로니아 유배' 라는 비통한 역사적 사실과 맞물려 있다.

신바빌로니아가 들고 일어난 이래로 신바빌로니아는 서아시아의 패권을 노리는 이집트와 마찰이 끊이지 않았고 마침내 양국은 전쟁을 치르게 되었다. 이 두 강대국의 싸움은 그 사이에 낀 작은 나라였던 유대왕국을 몹시 괴롭혔다. 기원전 601년, 네부카드네자르 2세가 이집트에게 패배하자 신바빌로니아의 신하였던 유대 국왕 여호야킴은 이 기회를 놓치지 않고 신바빌로니아에서 벗어나 이집트의 품에 안겼다. 정세에 따라 이쪽저쪽에 빌붙을 수밖에 없는 것이 약소국의 운명이듯 유대왕국 역시 예외가 아니었다. 그러나 이 일은 네부카드네자르 2세의 원망을 샀고 그가 유대왕국을 사지로 몰아넣을 결심을 하게 만들었다. 기원전 598년 말, 유대 왕 여호야킴이 세상을 떠나고 그의 아들 여호야긴이 왕위를 계승했다. 네부카드네자르 2세는 때가 왔음을 알고 직접 대군을 이끌고 예루살렘을 공격했다. 2개월이 넘게 포위공격을 당한 유대 국왕은 신하들을 이끌고 도성 밖으로 나가 항복했다. 네부카드네자르 2세는 여호야긴을 왕의 자리에서 쫓아내고 시드키야를 왕위에 앉혀 허수아비 정권을 세웠다. 기원전 588년, 이집트가 다시 파키스탄 지역을 공격하자 유대 국왕과 그 지역의 작은 나라들은 신바빌로니아에 대한 증오를 드러내며 잇따라 이집트에 의지했다. 그래서 네부카드네자르 2세는 또다시 예루살렘을 포위 공격했다. 1년 반 후, 예루살렘은 함락되었고 엄청난 재난이 유대왕국을 기다리고 있었다. 성전은 깡그리 약탈당했고 성벽은 무너졌으며 도시 전체는 화염에 휩싸였다. 네부카드네자르 2세는 유대 왕 앞에서 그의 아들들을 살해한 뒤 유대 왕의 두 눈을 도려냈다. 그리고 두 눈을 잃은 국왕을 쇠사슬로 묶어 바빌로니아 사람들 앞에서 조롱거리로 만들었다. 예루살렘에서 살아남은 2만여 명의 거주민은 모두 포로 신세가 되어 바빌로니아로 거처를 옮겨야 했다. 이렇게 해서 '바빌로니아 유배' 생활이 시작되었다.

허황한 꿈의 파멸

바빌로니아 도시는 인구가 많고 경제가 번성했으며 교통의 요지에 있었기 때문에 각국 상인들이 몰려들었고 서아시아에서 가장 유명한 상업과 문화의 중심지가 되었다. 그러나 겉으로 보기에는 화려하고 웅장하며 춤과 노래가 끊이지 않는 이곳에는 이미 위기가 도사리고 있었다. 신바빌로니아에게 약탈당하고 그들의 노예가 된 외부 민족들은 바빌로니아인 노예 주인에 대한 원한이 뼈에 사무쳐 있었다. 게다가 신바빌로니아의 빈부 격차는 날이 갈수록 심해져 수많은 사람이 파산하여 노예 신분이 되었다. 국내의 갈등이 극에 달했고 통치 집단 내부에서는 서로 권력과 이익을 차지하기 위한 내분이 끊임없이 일어났다. 네부카드네자르 2세가 죽은 뒤 신바빌로니아는 더욱 혼란스러워졌고 6년 동안 8명의 국왕이 폐위되었다. 신바빌로니아가 내분에 휩싸여 있을 무렵, 새롭게 일어난 페르시아제국은 신바빌로니아의 동맹이었던 메디아왕국을 정복했다. 그리고 페르시아는 다음 정복 대상으로 신바빌로니아를 선택했다.

기원전 539년, 건국한 지 88년이 된 신바빌로니아는 전쟁을 치르지도 않고 멸망해버렸다. 신바빌로니아의 멸망 원인에 대해서는 여러 가지 학설이 있다. 그중 하나는 페르시아 군이 도시 안 상인들과 서로 짜고 유프라테스 강을 통해 은밀히 도시 안으로 숨어들어와 바

▲ **바벨탑**
네덜란드 화가 피터르 브뤼헐(Pieter Bruegel)이 제작한 바벨탑의 모습. 뾰족한 탑은 구름 속에 우뚝 솟아 웅대한 장관을 이루었다.

빌로니아 도시를 점령했다는 것이다. 다른 하나는 국왕과 신전 제사장의 갈등이 심해졌고 결국 제사장단이 성문을 열어줘서 페르시아 군대가 도시 안으로 들어오도록 했다는 것이다. 페르시아 군은 칼 한번 휘두르지 않고 바빌로니아 도시를 점령했고 바빌로니아는 곧장 페르시아제국에 최대한의 금전적 자원을 제공했다. 바빌로니아가 낸 세금은 전체 페르시아 세금의 4분의 1에 달했다. 이밖에 바빌로니아는 페르시아 군대에 보리, 밀, 좁쌀, 참기름, 올리브기름, 무화과, 포도, 꿀, 대추야자 열매 등이 포함된 4개월 치의 식량을 제공했다. 페르시아제국에 속한 다른 지방의 식량을 한데 모아도 대군 8개월 치의 식량밖에 되지 않았다. 결국 풍요로운 바빌로니아가 키루스 2세(Cyrus II)의 영토 확장을 위한 물적 자원을 든든하게 제공했다고 할 수 있다.

세계 최대 제국의 창건자 키루스 2세

갓 태어난 키루스 2세는 그가 서아시아의 맹주가 될 것이라는 예언의 꿈 때문에 죽을 고비를 겪게 되었고, 사지에서 도망쳐 페르시아를 이끌고 대제국을 창건했다. 키루스 2세가 이룬 패업의 바탕인 그의 비범한 재능과 지혜는 적들조차 감탄하게 만들었고, 각 민족이 그의 신하라고 자처하게 했다. 키루스 2세는 '천하제일의 왕' 이라는 칭호에 전혀 손색이 없는 인물이었다.

키루스 2세의 손안에서 페르시아는 강대국에 머리를 조아리고 신하로서 복종하던 비참한 운명에서 완전히 벗어나 태평성대의 위업을 세울 수 있었다. 페르시아는 아시아, 아프리카, 유럽의 세 대륙에서 이제까지 없었던 강대한 제국으로 거듭났다. 키루스 2세는 기적의 창조자이자 페르시아제국의 창시자였다.

비운의 어린 시절

고귀한 혈통과 신분을 타고난 키루스 2세는 비운의 성장과정을 보내야만 했다. 어머니가 뱃속에 키루스 2세를 가졌을 때부터 죽음의 신은 줄곧 이 어린 생명의 주위를 맴돌았다. 그가 위험에 처하게 된 결정적인 계기는 그의 외할아버지가 꾼 2개의 꿈 때문이었다. 키루스의 외할아버지는 메디아 국왕 아스티아게스였다. 한번은 꿈에서 자신의 딸 만다네가 오줌을 눴는데 그것이 하늘까지 차고 넘치는 강물을 이루어 아시아 전체를 잠기게 했다. 제사장은 공주가 왕국에 미칠 위협을 예지한 꿈이라고 해몽했다. 그래서 왕은 딸을 성격이 온순하고 점잖은 페르시아 귀족 캄비세스의 아내로 시집보내기로 했다. 이렇게 하면 딸을 메디아의 정권에서 멀리 떨어뜨려 놓을 수 있고, 국력이 약해 다른 나라에 저항하지 못하는 나라에 붙잡아 둘 수도 있었다. 그러나 얼마 후 메디아 국왕은 또 다른 악몽을 꾸었다. 이번에는 딸 만다네의 배에서 포도 덩굴이 자라나 금세 무성해지더니 마침내 그 잎이 전체 아시아를 뒤덮는 꿈이었다. 제사장은 이렇게 해몽했다. "이 꿈은 공주의 아이가 메디아왕국을 멸망시키는 것은 물론이고 전체 소아시아의 맹주가 될 것이라는 것을 예언한 것입니다." 메디아 국왕은 후환을 없애려고 딸을 메디아로 불러들여 일단 아이를 낳게 한 뒤 즉시 죽이기로 했다. 국왕은 관리 하르파구스(Harpagus)에게 아기를 죽이는 임무를 맡겼다. 그런데 하르파구스는 이 임무를 또다시 방목자에게 넘겨버렸다. 그런데 방목자가 자신의 아내가 낳자마자 죽은 아기와 공주 만다네가 낳은 아기를 바꿔치기했다. 그래서 공주의 아이는 노예의 신분이 되었지만 살아남을 수 있었다. 그로부터 10년 후, 한 연극에서 왕의 역할을 맡은 어린 키루스가 말을 듣지 않는 귀족 아이에게 벌을 줬는데 이 일이 도미노 게임처럼 꼬리에 꼬리를 물고 이어져 어린 키루스의 진짜 신분까지 밝혀내고 말았다. 국왕은 자신이 마음 편히 지내온 10년의 세월이 모두 거짓이었음을 알고 노발대발하여 처음 임무를 맡겼던 관리의 외아들을 죽이고 그 죽은 아들로 요리를 만들어 관리에게 먹게 했다. 아들을 잃은 비통함과 분노에 휩싸인 관리의 마음속에는 국왕에 대한 복수심이 활활 타올랐다. 제사장은 어린 키루스가 연극에서는 왕을 연기했지만 현실에서 왕이 될 수 없으며, 메디아왕국에 대한 그의 위협도 이미 사라졌다고 생각했다. 그래서 어린 키루스는 다행히 페르시아로 보내졌다.

천하제일의 왕

기원전 558년, 키루스는 페르시아의 우두머리가 되어 메디아왕국에 저항하는 깃발을 들었다. 이 사실을 안 아스티아게스는 즉시 군대를 보내 이를 진압하기로 하고, 하르파구스를 진압군의 통솔자로 임명했다. 오랜 세월 분노를 참으며 기회를 노려오던 하르파구스는 키루스과 밀약을 맺어 대군을 이끌고 전선에 나아가 메디아왕국을 배반해버렸다. 결국 메디아 국왕과 키루스 간의 전쟁은 3년 동안 계속해서 이어졌고 시간이 지날수록 메디아에는 패배의 기운이 짙어졌다. 기원전 550년, 아스티아게스의 군대는 키루스 군에 참패당하고 메디아는 멸망했다. 이를 기점으로 키루스는 정식으로 페르시아제국을 건설했고 제국의 화려한 역사가 펼쳐지기 시작했다. 외할아버지 아스티아게스는 키루스의 보살핌을 받으며 사는 동안 키루스가 페르시아제국을 이끌면서 아시아 맹주의 자리를 차지해 나가는 과정을 보게 되었다. 마치 자신이 꿈속에서 보았던 포도 덩굴 잎이 아시아의 하늘을 뒤덮어버린 모습과 같았다.

이 지혜롭고 책략이 뛰어난 국왕은 몇십 년 만에 메디아, 리디아,

신바빌로니아 등 세 나라를 멸망시켰을 뿐만 아니라 유대, 페니키아, 지중해 동쪽 연안부터 중앙아시아의 광활한 지역을 발밑에 두었다. 바빌로니아로 수도를 옮길 무렵 이 위대한 군주는 자랑스럽게 자신을 '천하제일의 왕' 이라고 불렀다.

맹주의 존귀한 영광

드넓은 영토를 정복한 키루스는 피정복민에게 매우 관대하게 대했다. 이것은 아시리아제국의 잔혹하고 피비린내 나는 정복과는 선명한 대조를 이루었다. 그는 진보적인 종교정책을 펼쳐 각지의 종교와 풍속을 존중했고 피정복지 민족은 계속해서 자신의 신을 믿을 수 있었다. 키루스는 신바빌로니아 시대에 '바빌로니아 유배' 로 고난 당한 유대인을 성스러운 도시 예루살렘으로 돌려보냈다. 이로써 유대인은 자신들의 성전을 재건하고 경전을 편찬하게 되었다. 이 사건은 《성경》에도 기록되어 있는데, 《성경》은 키루스를 '하느님의 도구' 라고 불렀으며 '각국이 그의 앞에 복종했다.', '성문을 그의 앞에 활짝 열었다.' 고 표현했다. 게다가 오랜 기간 페르시아와 적대관계에 있던 그리스인마저도 키루스는 탄복할 만한 군주라고 인정했다. 키루스의 통치하에서 페르시아제국은 안정과 번영을 누렸으며 아시리아제국 때처럼 피정복민이 봉기하거나 대항하는 일은 벌어지지 않았다.

▼ 고대 페르시아 왕궁의 조각으로 유목민족인 메디아인의 모습이다.

기원전 529년, 키루스는 군대를 이끌고 마사게타이인(Massagetae)을 정복하고자 했다. 페르시아인의 눈에 이 유목민족은 가난하고 낙후되었으며, 과부(국왕이 죽고 그의 아내가 왕위를 계승했다)가 민족을 통솔하고 있었으므로 그들을 정복하는 일은 무척 쉬워 보였다. 그러나 예상과는 달리 마사게타이의 여왕은 완강히 저항하며 페르시아에 굴복하지 않았다. 결국 페르시아 군대는 전멸했고 키루스의 머리는 여왕에게 잘려나가 가죽부대 안에 넣어졌다.

키루스는 파사르가다에에 안장되었는데 명문의 기둥에는 이렇게 새겨졌다. '나, 키루스는 세계의 왕이며 위대한 왕이었다.'

History of the World

제 4 장
고대 그리스의 영광

- **서양 문명의 원류** 에게 해와 에게 문명의 발견
- **미궁과 전설** 크레타 문명
- **청동 시대의 황금 국가** 미케네 문명
- **그리스의 '성서'** '호메로스 서사시'
- **격정과 낭만의 충돌** 고대 그리스 시가와 우화
- **작은 나라와 많은 인구** 고대 그리스의 노예제 도시국가
- **천하무적의 군대** 고대 그리스의 해군과 보병
- **술의 신의 광란** 고대 그리스 연극
- **올림포스 산 위의 신** 고대 그리스의 신
- **'올리브 관을 쓰든지, 목숨을 잃든지'** 고대 올림픽

서양 문명의 원류 에게 해와 에게 문명의 발견

아름답고 오색찬란한 에게 문명은 서양 문명의 발원지이며, 에게 문명의 감동적인 전설은 사람들이 오매불망 그리워하던 것이었다. 사람들은 끊임없이 탐구하고 발굴하여 마침내 천 년의 깊은 잠에 빠져 있던 문명을 깨워 다시 세상 빛을 보게 했다. 지금부터 뽀얀 먼지로 뒤덮인 역사의 발자취를 따라가 보자.

에게 해와 아름다운 전설

그리스 전설에 따르면 미노스(Minos)는 하늘의 왕 제우스와 페니키아 공주 에우로페의 아들이었다. 그는 성인이 된 후 크레타 섬(Creta I.)의 왕이 되었는데 스스로를 신이라 부르며 오만방자하게 행동했고 폭정을 일삼았다. 제우스는 그를 벌하려고 그의 부인이 수소와 관계하도록 해 소머리에 사람 몸을 한 미노타우로스(Minotauros)를 낳게 했다. 미노스는 이 일을 매우 치욕스럽게 생각했다. 그래서 그는 유명한 예술가인 다이달로스(Daidalos)에게 부탁하여 교묘하게 설계한 미궁을 짓게 하고 그곳에 미노타우로스를 가둬버렸다. 미노타우로스는 식사량이 엄청났는데 오직 산 사람과 산 가축만을 먹었다. 그러던 어느 날, 미노스는 아테네와의 전쟁에서 승리했고, 미노스 왕은 아테네 왕에게 매년 7명의 남자아이와 여자아이를 공물로 바치라고 요구했다. 바쳐진 아이들은 모두 미노타우로스에게 잡아먹히고 말았다. 세 번째 공물을 바쳐야 할 때가 다가오자 아테네 사람들은 큰 소리로 울었다. 이 당시 아테네 국왕의 이름은 에게로 그의 아들 테세우스(Theseus)는 백성을 구하기 위해 자신이 직접 크레타 섬으로 가서 미노타우로스를 죽이기로 결심했다. 늙은 왕은 슬퍼하면서 아들을 떠나보낼 수밖에 없었다. 그리고 만약 미노타우로스와의 싸움에서 승리하거든 배의 검은 돛을 흰 돛으로 바꾸라고 신신당부했다. 그렇게 하면 사람들이 싸움의 결과를 빨리 알 수 있었기 때문이었다. 테세우스는 몇몇 신하와 함께 크레타 섬을 향해 출발했다. 그는 훤칠하고 용모가 준수했으며 용맹스럽기까지 했다. 섬에 내린 테세우스는 그곳의 공주를 만나게 되었고, 공주는 첫눈에 테세우스에게 반하고 말았다. 그래서 공주는 그에게 실타래를 주면서 미노타우로스를 찾아낼 방법을 알려주었다. 테세우스

는 미궁에 들어가 실 끝을 입구에 묶어 놓고 이곳저곳을 다닐 때마다 실타래를 풀었다. 테세우스가 미궁의 깊은 곳에 다다랐을 때 갑자기 미노타우로스가 그를 향해 사납게 덤벼들었다. 격렬한 싸움 끝에 테세우스는 미노타우로스를 해치우게 되었고, 풀었던 실타래를 다시 감으면서 테세우스 일행은 미궁 밖으로 무사히 빠져나올 수 있었다. 며칠 뒤 테세우스를 태운 배는 아테네 항구 근처에 도착하게 되었다. 테세우스와 신하들은 매우 기뻐했다. 그러나 그들은 검은 돛을 흰 돛으로 바꾸라는 국왕의 당부를 잊어버리고 말았다. 먼 바다를 하염없이 바라보며 아들이 돌아오기만을 기다리던 에게 국왕은 아들의 배가 검은 돛을 달고 있자 아들이 죽은 것으로 오해하고 몹시 슬퍼하며 바다에 몸을 던져버렸다. 아테네에 돌아온 테세우스는 이 소식을 듣고 매우 슬퍼했고 국왕을 위해 성대한 장례식을 거행했다. 이후 테세우스는 왕위에 올라 전국을 통일하여 아테네의 창건자가 되었다. 이때부터 사람들은 국왕이 빠져 죽은 바다를 에게해(Aegean Sea)라고 부르기 시작했고, 이 슬프고도 아름다운 이야기는 영원히 사람들의 마음속 깊이 새겨졌다.

에게 해 지역의 주요부분은 그리스 반도이며 크고 작은 많은 섬과 소아시아 서부의 연안이 포함되어 있었다. 이곳은 전형적인 지중해 기후로 유럽대륙처럼 심하게 춥지 않았고 아프리카 대륙처럼 푹푹 찌지도 않았다. 또한 포도와 올리브유가 많이 생산되었고 대리석, 도자기의 원료로 쓰이는 진흙, 금속 자원도 풍부했다. 항구가 많고 크고 작은 섬들이 바둑알처럼 널려 있어 해외 무역이 발달했다. 에게 해 지역은 또한 항해업이 발전할 수 있는 천연의 요람이었으며 그리스 용사를 단련하는 터전이었다. 그리스는 아시아, 아프리카, 유럽의 3대륙이 만나는 지점에 있었으므로 지리적으로 매우 좋은 위치에 있었다. 동쪽으로는 티그리스-유프라테스 강 유역에, 남쪽으로는 이집트에 닿았으므로 각 지역의 선진 문화를 흡수하기에 매우 유리했다. 이것이 훗날 에게 문명이 발전하게 된 밑거름이 되었다. 사람들의 기억에서 잊혔던 에게 문명은 19세기에 두 명의 위대한 학자로 인해 새롭게 조명되었다. 바로 고고학자인 하인리히 슐리만(Heinrich Schliemann)과 아서 에번스(Arthur Evans)였다. 이 두 사람은 뛰어난 지혜와 불굴의 신념으로 에게 문명의 신비한 베일을 벗겼다.

한 아이의 변치 않는 꿈

에게 문명의 발견은 그리스 신화에 대한 한 아이의 평생토록 변치 않은 신념 덕분이었다. 슐리만(1822년~1890년)은 독일에서 태어났다. 아버지는 역사를 몹시 사랑하는 가난한 목사로 자주 아들에게 호메로스 서사시의 이야기를 흥미진진하게 들려주곤 했다. 어린 슐리만은 아버지의 이야기를 들으며 아킬레우스, 아가멤논 등과 같은 영웅의 모습을 떠올렸고 그 모습들은 그의 머릿속에서 오랫동안 가시지 않았다.

슐리만이 7세가 되었을 때, 그의 아버지는 《세계사 그림책》이라는 책을 선물해주었다. 그 책의 이야기 중 트로이 성이 전쟁의 화염에 불타 사라져버린 이야기는 어린 슐리만의 마음을 사로잡았다. 그는 아버지에게 물었다. "트로이는 어느 곳에 있었어요? 트로이는 이 그림과 똑같았나요?" 아버지는 대충 얼버무렸다. "하느님께서만 알고 계신단다." 어린 슐리만은 트집을 잡으며 말했다. "그림책을 만든 사람은 분명히 트로이 성을 본 적이 있을 거예요. 그렇지 않다면 그

▼ 에게 해와 크레타 섬은 여전히 존재하고 있지만 이곳에서 화려하게 꽃피웠던 고대 그리스 문명은 그 모습을 감춰버렸다. 오직 우뚝 솟아있는 돌기둥과 허물어진 벽만이 여기에서 일어났던 모든 일들을 말없이 전해주고 있다.

가 어떻게 이런 그림을 그렸겠어요?" 아버지가 웃으며 대답했다. "트로이는 이미 오래전에 불타버렸으니 그건 상상으로 그린 것뿐이야." 어린 슐리만은 아버지의 말을 믿지 않았다. 그는 이 더할 나위 없이 아름다운 도시가 상상일 뿐이라는 것을 인정할 수 없었다. 그래서 고집을 부리며 말했다. "아무런 흔적도 없이 사라지지는 않았을 거예요. 제가 크면 꼭 트로이 성을 찾아내고 말겠어요."

슐리만은 어려운 가정형편 때문에 12살 때부터 돈을 벌어야 했다. 그는 판매원, 선원, 사무소 잡무원 등의 일을 했다. 그는 일을 하는 한편 혼자서 열심히 공부했다. 때로는 잠도, 먹는 일도 잊을 정도였다. 갖은 고생을 견디고 노력한 슐리만은 끝내 10여 종의 언어를 정복하게 되었고 상업계에서도 알아주는 부자가 될 수 있었다. 그러나 그는 어린 시절 트로이 성을 찾고 말겠다는 꿈을 잊지 않았다.

1871년 10월, 슐리만은 많은 사람의 조롱과 멸시에도 아랑곳하지 않고 물자를 실은 낙타 7마리를 몰고, 호메로스의 《일리아드》를 몸에 지닌 채 터키로 향했다. 그리고 그곳에 도착하자마자 발굴 작업에 착수했다. 3년이라는 고된 발굴시간이 지난 1873년의 어느 날, 드디어 탑 밑에서 대량의 보물이 발굴되었다. 그중에는 아름다운 금은 제품과 호박 제품이 포함되어 있었다 이 발견으로 그는 하루아침에 유명인사가 되었다. 슐리만은 여기서 멈추지 않고 또다시 새로운 목표를 정했다. 바로 미케네(Mycenae) 성루의 발굴이었다. 하지만 슐리만이 몰래 트로이의 보물을 가져간 일로 그리스 정부는 발견한 보물을 자신들에게 넘길 것을 요구했고 '그리스 고고학협회'의 회원을 파견하여 슐리만의 발굴 작업을 감독하게 했다. 1876년 여름, 강하게 내리쬐는 태양빛으로 작업은 어려움을 겪었다. 슐리만은 4개월 동안 고전한 끝에 세상을 깜짝 놀라게 할만한 발견을 하게 되었다. 그는 무덤 5개, 뼈대만 남은 시체 15구를 발견했는데 남성뿐만 아니라 여성과 아이까지 포함되어 있었다. 부장품은 셀 수 없이 많았다. 죽은 사람의 얼굴에는 가면이 씌워져 있었고 그 주위에는 수많은 황금 장식품, 예를 들어 흉갑 정강이 보호대, 허리띠 등이 있었다. 그러나 슐리만을 가장 흥분시킨 것은 가면 아래로 뚜렷한 얼굴을 볼 수 있었다는 사실이었다. 그러나 공기와 접촉한 얼굴은 순식간에 흩어져버렸다. 깊은 상심에 빠져 있던 그는 또다시 얼굴, 머리, 눈 등의 부위가 완벽하게 보존된 시체를 발견했다. 슐리만은 곧장 약사에게 방부처리를 하게 했다. 그는 발견한 시체 중 한 구를 아가멤논으로 간주하고 "나는 아가멤논의 얼굴을 응시했다."라고 공언했다. 그러나 사실 슐리만인 발견한 무덤은 아가멤논 시대보다 더 이른 기원전 1600년에서 기원전 1500년대의 미케네 왕실 구성원의 것이었다. 그래서 슐리만은 '그리스 선사 시대 고고학의 창건자', '고고학상의 콜럼버스' 라고 불렸다.

다시 열린 문명의 빛

미노스 왕궁을 발견한 사람은 고고학의 거장 에번스였다. 에번스(1851년~1941년)는 영국에서 태어났다. 할아버지와 아버지는 영국왕실학회의 회원이었고 부유한 가정환경 덕분에 그는 어릴 때부터 좋은 교육을 받을 수 있었다. 1868년 그는 옥스퍼드 대학에 입학하여 역사를 공부했고 1875년에는 콜롬비아 대학으로 가서 공부했다. 그는 여러 곳을 돌아다니면 모험하기를 좋아했고, 크레타 섬을 발굴하기 전에 박물관 작업, 인종연구와 고고학 작업에 대한 풍성한 지식을 쌓았다. 그리고 1883년 그는 아내와 그리스로 가서 슐리만을 방문한 뒤 즉시 그의 발굴사업을 이어서 했다. 1899년 에번스는 마침내 발굴허가증을 손에 넣게 되었고 심혈을 기울여 전문 엘리트 고문단을 설립했다.

1900년 3월, 에번스는 보물을 찾는 방식을 취한 슐리만의 발굴과 다르게 전문적인 고고학적 작업을 고집했다. 모든 부분을 상세히 기록하고 촬영을 했으며 모든 작업은 매우 치밀하고 빈틈이 없이 진행되었다. 같은 해 4월 5일 아침, 노동자들은 그림이 발견되었다며 소리쳤다. 소식을 전해 들은 에번스가 현장으로 달려가 보니 미케네의 벽화 두 개가 오색찬란한 빛깔을 천천히 드러내고 있었다. 에번스는 흥분한 마음을 가다듬고 공구를 집어 들고는 직접 발굴 작업을 하기 시작했다. 사람들은 숨죽인 채 그의 작업 과정에 집중했다. 2시간의 사투 끝에 두 폭의 정교하고 아름다운 벽화가 사람들 앞에 모습을 드러냈다. 발굴 현장은 환호성으로 가득 찼고 에번스 역시 감격스런 감정을 감출 수 없었다. 그는 그날의 일기에 이렇게 썼다. '벽화의 윗면에 사람의 머리와 이마가 뚜렷하게 보였다. 또 다른 벽화에는 여성의 허리와 치마 일부가 보였다. 그들의 얼굴은 매우 고귀했다. 입술을 두꺼웠고 아랫입술은 살짝 활 모양으로 굽어 있었고 두 눈은 짙은 검정 색깔이었다.' 런던의 《타임즈(Times)》는 이렇게 평가했다. '크노소스 궁전(Palace at Knossos)의 발굴은 더할 나위 없이 중요한 성과이며 슐리만의 발견과 비교해보아도 손색이 없다.'

에번스는 크게 고무되어 노동자를 100여 명으로 늘렸다. 그는 찌는 듯한 태양빛을 무릅쓰고 발굴 현장을 분주하게 뛰어다녔다. 그리고 중대한 문물이 잇따라 출토되었다. 저장실, 의정실, 조각, 벽화가 어두운 세상을 벗어나 다시 한 번 햇빛을 보게 되었다. 또한 에번스는 꿈속에서도 찾고 싶어 했던 점토판 문자를 발견했다. 그로부터 5년이 지난 후, 그는 조금도 나태해지지 않고 발굴에 전념하여 왕궁 주요 부분의 기반을 완벽하게 발굴해냈다. 전체 발굴 작업은 끊어졌다 이어졌다를 반복하면서 30여 년간 지속되었다. 왕궁 안의 계단과 건물을 복원하기 위해 에번스는 당시 최고의 건축 재료인 강화 콘크리트와 강철선을 꼬아 만든 줄을 이용했다. 그의 세심한 발굴과 복원 덕분에 후대인은 신비한 왕궁유적을 직접 체험할 수 있었다. 그리고 크레타 문명은 생생히 살아나 마침내 우리 눈앞에 펼쳐졌다. 그러나 안타깝게도 대다수 문물이 2차 세계대전의 포화로 훼손되고 말았다. 이것은 인류에게 커다란 손실이 아닐 수 없다.

◀ 불완전한 크노소스궁전의 유적에서 여전히 그 옛날 웅장했던 기세를 짐작해볼 수 있다.

미궁과 전설 크레타 문명

대형 선박의 모습과 닮은 크레타 섬은 쪽빛 에게 해를 순찰하는 듯하다. 에게 해에 있는 세계의 천연 항구는 서양의 화려하고 찬란한 고대 문명을 탄생시켰다. 고대 고고학자들의 노력으로 크레타 문명은 마침내 그 신비로운 베일을 벗고 건축, 회화, 예술, 종교 등 예전의 성대함을 우리 눈앞에 드러내며 사람들의 감탄을 불러 일으켰다.

섬이 만든 기묘한 전설

크레타 섬의 유구한 역사는 기원전 5000년까지 거슬러 올라간다. 이곳은 에게 문명의 발상지이자 서양 문명의 요람이다. 크레타 섬은 에게 해의 크고 작은 300여 개의 섬 가운데 가장 큰 섬으로 바다를 사이에 두고 이집트와 마주 바라보고 있었다. 한 척의 대형 선박처럼 생긴 크레타 섬은 아름다운 바다 위를 순찰하는 듯한 모습을 연상시켰다. 호메로스는 《오디세우스》에서 이렇게 묘사했다. '크레타 섬은 술 빛깔을 한 대양의 중앙에 있다. 아름답고 토양이 비옥하며 파도에 에워싸여 있으며 거주민이 많다.' 크레타 섬은 폭이 좁고 기다란 모양을 하고 있다. 동서의 길이는 250킬로미터이고 남북의 길이는 약 12킬로미터에서 60킬로미터이다. 이곳은 바다와 육지가 잇닿아 있고 지리적으로 중요한 위치에 있으며 교통이 편리하다. 그래서 크레타 섬은 에게 해 지역 대외무역의 출입문이자 주요 통로의 역할을 하며 예로부터 유럽 문명의 중심지라고 일컬어졌다.

▼ 고대 그리스 신화 가운데 아테네 영웅 테세우스는 크레타 섬 미궁 안에 살고 있던 소머리의 사람 몸을 한 괴물을 살해했다.

크레타 섬에는 아름다운 전설이 있다. 크레타 섬의 미궁에 관한 전설에 따르면, 페니키아 국왕에게는 에우로페라는 착하고 천사처럼 아름다운 딸이 있었다. 아름다움을 사랑하는 하늘의 왕 제우스도 그녀의 미모에 반하여 아무 일도 못할 지경이었다. 그리고 제우스에게 기회가 찾아왔다. 구름 한 점 없이 맑은 날이었다. 에우로페는 초원에 와서 친구들과 깔깔대고 웃으면서 장난을 치고 있었다. 제우스는 이리저리 생각한 끝에 온몸에 황금색 털이 난 소로 변신하여 초원에서 풀을 뜯는 소 무리에 섞여 들어갔다. 그리고 기회를 보면서 스리슬쩍 에우로페의 곁으로 가서 그녀에게 살짝 기대앉았다. 노는데 열중하고 있던 에우로페는 제우스가 변신한 소를 살살 쓰다듬더니 별생각 없이 소 등 위에 올라탔다. 제우스는 자신의 계획대로 되자 갑자기 미친 듯이 질주하기 시작했다. 그리고 곧장 에게 해로 돌진하여 에우로페를 크레타 섬으로 데리고 갔다. 에우로페는 크레타 섬에 온 뒤부터 하염없이 눈물을 흐리며 먹지도, 마시지도 않으면서 걸핏하면 죽어버리겠다며 울부짖었다. 그렇게 한참의 시간이 흘렀다. 무슨 수를 써도 제우스로부터 도망칠 수 없다는 것을 깨달은 에우로페는 어쩔 수 없이 제우스와 결혼하고 미노스를 낳았다. 미노스의 용맹함은 그 누구와도 비교할 수 없었고, 그는 수년간의 정벌 전쟁을 통해 마침내 전에 없던 거대한 제국을 건설했다. 널리 알려진 크레타 섬 미궁은 그의 저택이었다. 유명한 역사학자 투키디데스(Thukydides)는 이렇게 말했다. "전설에 따르면 미노스는 최초로 해군을 조직한 사람이었다. 그는 에게 해 대부분을 지배했으며 대부분 섬에 최초의 식민지를 건설했다."

사실 이것은 흥미로운 신화일 뿐이다. 그러나 신화의 배경이 되는 곳에는 실제로 크레타 문명이 세워졌다. 고고학 자료를 통해서 알 수 있듯이 크레타 문명은 매우 오래된 문명 중 하나로 건축, 종교, 예술 등 여러 분야에 뛰어난 업적을 남겼다.

▲ 약 기원전 15세기 그리스 크레타 섬의 크노소스 궁전 벽화에 있는 왕의 모습이다.

정교하고 아름다운 왕궁 문화

크노소스 궁전은 미노스 왕조의 정치, 경제, 문화의 중심으로 크레타 문명의 뛰어난 대표 건축으로 손꼽힌다. 이곳은 크레타인의 지혜의 결정체로서 당시 번창한 궁정생활을 그대로 보여준다. 크노소스 궁전은 약 기원전 1800년부터 기원전 1700년 사이에 건설되었으며 이후 여러 차례에 걸쳐 증축되었다. 하지만 왕실의 진귀한 공문 문서와 세수[101]기관 및 창고 시설 등의 원시 모습이 그대로 보

101) 국민에게서 조세를 징수하여 얻는 정부의 수입

존되어 있어 현대인들에게 크레타 문명과 관련된 고고학 자료를 제공하며 그 고고학 자료의 절반 이상이 이 왕궁으로부터 나왔다. 마지막으로 완성된 왕궁은 면적이 2만 2천 제곱미터이며 최소한 1,500개의 방이 있는 웅대하고 복잡한 건축물이었다. 주변에는 작은 궁전, 극장 및 시장 등이 있었다. 전체 왕궁은 산을 뒤에 두고 건설되었다. 직사각형 모양이며 중앙 정원을 중심으로 내부 각 층은 빈틈없이 붙어 있고 복도는 구불구불했다. 건축물은 들쭉날쭉하며 대칭 없이 불균형을 이루고 있어 처음 이 궁에 들어온 사람은 방향을 쉽게 잃어버리기 십상이었다. 이것이 크노소스 궁전이 '미궁이라고 불리는 까닭이다. 서쪽 건물은 감실과 제단이 질서 있게 배열되어 있는데 주로 국왕이 사무를 보고, 제사를 지내거나 재물을 보관하는 용도로 사용했다. 동쪽 건물은 생활구역으로 침궁, 학당, 작업실 등이 있었다. 왕후의 침궁은 사람의 시선을 가장 많이 끄는 곳으로 정교하고 아름다운 벽화가 있었다. 어떤 것은 우아한 자태를 뽐냈고 또 다른 것은 왕궁의 호화로운 생활을 생생하게 반영했다.

물을 공급하는 문제를 해결하기 위해 크레타인은 왕궁에서 5킬로미터 떨어져 있는 산의 맑은 샘물을 도자기관으로 끌어들였고 이 도자기관을 연결한 곳에 포물선 모양의 물 마시는 고랑을 만들어 물을 대었다. 고고학자 에번스는 이것에 대해서 자세하게 말했다. '이러한 설계는 놀라운 것이다. 이 설계는 물의 흐름을 빠르게 해 침전물이 엉겨서 뭉치는 것을 막았다.' 왕궁 내의 위생설비는 매우 앞서 있어 목욕용 욕조는 현대의 욕조와 매우 비슷하고 욕실 안에는 뜨거운 물과 찬물이 나오는 수도관이 갖춰져 있었으며, 화장실에는 물 내리는 설비까지 있었다. 겨울에는 따뜻하고 여름에는 시원한 효과를 내기 위해 크레타인은 왕궁 지붕에 투명한 창을 만들고 접이식 문짝을 발명했다. 겨울에는 문을 닫아 따뜻한 기운을 유지했고 여름에는 문을 접어 시원한 바람이 통하게 했다.

수준이 다른 회화 예술

회화는 크레타인이 칭송받는 예술분야이다. 돌기둥, 돌비석 등 대형 건축물뿐만 아니라 금잔, 은잔, 날카로운 단도 등 작은 물품에도 그들의 세심한 조각 작품이 남아있다. 크노소스 궁전의 벽화는 크레타 예술에서 가장 뛰어난 성과로 평가되며 회화 예술의 진수를 보여

▲ **약 기원전 1500년 미노스인의 원항도**

그리스 시라궁의 벽화로 전체 그림은 시라의 궁전을 배경으로 하고 있으며 앞쪽에는 복장을 갖추고 출발을 기다리는 함대의 모습이 보인다.

준다. 이 벽화들 가운데 어떤 작품들은 제사를 거행하거나 여흥을 즐기는 장면을 표현하기도 하고 또 어떤 작품은 꽃, 풀, 나무, 곤충, 물고기, 새, 짐승 등 자연의 아름다운 사물을 나타내는 등 다양한 내용을 담겨 있었다. 그중에서도 특히 《투우도》가 가장 유명하다. 이 그림은 최고의 예술 수준을 자랑했다. 그림 속에서 사나운 소는 두 개의 뿔로 여자를 받으려고 핏대를 잔뜩 세우고 있고 여자는 위험 앞에서도 두려워하지 않고 오히려 소뿔을 붙잡고 돌진해오는 소의 등에 타려고 기회를 엿보고 있다. 남자는 소 등 위에 서서 아슬아슬한 공중제비를 하고 있고 뒤에 있는 여자는 남자를 받을 준비를 하고 있다. 전체 화면은 당시의 아슬아슬한 여흥 문화의 한 장면을 매우 생생하게 재현하고 있다. 이 밖에 《관람도》, 《항아리를 들고 있는 사람》 등의 벽화 역시 보기 드문 명품이다. 자연주의풍의 작품으로는 《물속에서 장난치는 돌고래》, 《고양이가 꿩을 잡다》 등이 있다. 물속에서 장난치는 돌고래, 노는데 열중하는 교활한 고양이, 놀라서 정신없이 날아가는 어린 새는 매우 생동감 있고 심지어 귀엽기까지 하다. 벽화와 예술품을 통해 우리는 당시 사람들이 비교적 커다란 원양범선과 전함을 제작했었다는 사실을 알 수 있다. 크레타 섬의 해외 무역은 진보한 단계에 접어들어 있었으며 이미 이집트와도 긴밀한 관계를 맺고 있었다.

크레타인은 모든 물체에 영혼이 있다고 믿었다. 그래서 사람들은 꽃, 풀, 나무, 곤충, 물고기, 새, 짐승을 모두 숭배했는데 그중에서도 용기, 힘, 생식력을 상징했던 소는 중요한 숭배 대상이었다. 크레타 섬은 홀로 바다 위에 떠 있는 섬이었으므로 맹수는 보기 드물었다. 그러므로 야성을 지닌 수소는 사람들이 무릎 꿇어 숭배하는 대상이 되었고, 중대한 종교의식이나 축하의식 등의 활동에서 소는 없어서는 안 될 성스러운 존재였다. 이외에 크레타인은 양날의 도끼를 숭상했다. 처음에 도끼 머리는 단지 종교의식에 쓰이는 제물일 뿐 별다른 의미는 없었다. 그런데 사람들은 어떠한 장면을 목격한 후부터 도끼에 신성을 부여했다. 또한 크레타인은 저승이 있다고 믿었기 때문에 죽은 자가 저승에서도 계속해서 즐겁고 걱정 없이 생활할 수 있도록 수많은 부장품을 마련했다. 크레타에 종교 제사를 지내는 방대하고 웅장한 신전은 없었지만 그들의 종교 신앙은 그리스에 거대한 영향을 미쳤고, 올림포스(Olympus) 신들 가운데 하나인 아테나의 고향을 크레타 섬으로 만들어버렸다.

연기처럼 사라진 역사의 운명

크레타 문명의 멸망에 관한 수수께끼는 많은 학자를 혼란에 빠뜨렸다. 그들은 서로 다른 각도에서 오랫동안 연구를 진행했지만 선형문자 A는 해독되지 않았고 이와 관련된 역사 자료도 부족했기 때문에 아직도 여러 학파의 의견이 분분하다. 어떤 학자들은 이민족의 침입이 크레타 문명이 멸망하게 된 원인이라고 주장한다. 또 다른 학자들은 당시 대규모의 사회적 혼란이 일어나 도시가 몰락한 것이라고 생각한다. 에번스는 '지진 멸망설'을 제시하기도 했다. 그러나 대다수 학자는 '이민족 침입설'에 가장 큰 무게를 두면서 아카이아인(Achaeans)을 이민족 침입의 주범으로 간주한다.

아카이아인은 본래 유럽에서 비교적 낙후된 민족이었는데 기원전 2000년경 다른 민족이 남쪽으로 내려오는 힘에 밀려 도나우 강을 따라 남쪽으로 이주했고, 몇 세기 동안 피비린내 나는 학살과 이주를 겪으면서 기원전 1600년에 펠로포니소스(Peloponissos)를 정복했다. 당시에는 강대한 통일국가가 없었는데 그중에서 미케네가 가장 강대한 도시국가였다. 미케네인은 인도-유럽 언어 체계의 그리스인에 속했고 그들은 크레타인과 같은 민족이 아니었다. 당시 번영기를 누리고 있던 크레타 문명은 전체 에게 해 지역에 널리 영향을 줬고, 미케네인은 크레타인과의 왕래 과정에서 갈망해오던 선진문명을 흡수하면서 서서히 강대해졌다. 그들은 규모가 큰 해군을 조직하고 여러 차례 군대를 이끌고 바다를 건너 에게 해의 많은 섬을 통치했다. 이에 반해 크레타인은 무력했고 끊임없이 퍼붓는 아카이아인의 공격을 끝내 버텨낼 수 없었다.

▲ **돌조각으로 만든 제사용 술그릇**
소머리를 앞쪽으로 기울이면 소의 입에서 술이 흘러나왔다.

기원전 1450년경, 미노스왕국은 무너져내렸고 미노스 문명 또한 침체기로 접어들었다. 이후 크레타 섬에는 그리스 본토로부터 온 미케네 문화가 번성하기 시작했고 에게 문명은 새로운 역사의 단계로 들어섰다. 크레타 문명은 서서히 역사의 흔적으로 변해갔고 폐허 속에 묻힌 채 사람들의 기억 속에서 사라져버렸다. 그리고 19세기가 되어서야 다시 빛을 보게 된 것이었다.

청동 시대의 황금 국가 미케네 문명

미케네 문명은 크레타 문명의 향불을 이어받아 찬란한 고대 문명을 계승했고 에게 해 세계에 밝게 빛나는 세력으로 등장했다. 미케네 문명은 각 분야에서 뛰어난 성과를 올리고 세계 문화라는 밀림 속에 자신만의 자취를 남겨 세계 문명사의 또 다른 진귀한 꽃이 되었다. 광대한 우주에는 각양각색의 천체들로 가득했는데 그 가운데 짙은 푸른빛을 띠는 천체가 하나 있었다. 이 천체는 너무나 평범하고 보잘 것 없이 보였지만 우주에서 가장 웅장하고 아름다운 이야기를 간직하고 있었다. 생명의 빛이 반짝거리며 새로운 숨을 불어넣었고, 마침내 이곳은 셀 수 없이 많은 생물의 아름다운 정원으로 거듭났다. 갖가지 다양한 인류 문명을 잉태하며 인류의 위대한 어머니로 거듭난 이 천체는, 바로 지구였다.

화려하고 힘있는 건축

미케네 문명의 이름을 미케네 도성에서 따왔듯이 미케네 문명의 건축은 그 성과가 매우 뛰어났다. 기원전 1600년경 미케네에는 수직으로 갱을 파서 만든 묘혈이 등장했다. 묘혈을 만드는 방법은 매우 특별했다. 먼저 지하 수십 미터 아래의 지점에 석판 벽돌을 사각형으로 쌓고 꼭대기를 통나무 혹은 석판으로 덮었으며 지면에는 흙더미를 만들었다. 그리고 다시 각종 도안이 새겨진 묘비를 세웠다. 슐리만은 이렇게 만들어진 묘혈 안에서 금 도장, 금 뿔잔 및 청동검 등의 부장품을 발견했다. 약 기원전 1500년부터 미케네에는 둥근 천정묘가 등장했다. 묘 앞에는 원형 묘실로 이어지는 복도가 있었다. 묘실 안 모양은 마치 벌집과 같아 벌집묘라고 불리기도 한다. 원형 꼭대기 묘의 건설은 매우 웅대했고 규모에서 크레타 국왕 왕릉을 훨씬 뛰어넘었다. 현존하는 최대 원형 꼭대기 묘의 문은 높이가 10미터, 문 안 복도의 무게가 120톤에 달하는 거대 바위로 막혀 있다.

▼ **고대 그리스 금메달 위의 조각**
세 명의 미케네 여인이 손에 든 꽃을 제단에 바치며 봄의 도래를 축하하는 모습

무덤 외에도 몇몇 대형 건축물 역시 매우 웅장한 장관을 이루고 있어 당시 미케네 문명의 화려한 번영을 보여준다. 미케네 성벽의 둘레 길이는 900

미터이고 총 면적은 3만 제곱미터이며 성벽 두께는 5미터, 높이는 8미터이다. 성벽은 커다란 바위를 겹치고 돌과 돌 사이의 틈에 진흙과 같은 돌들을 채워 넣었다. 이렇게 만들어진 미케네 성벽은 매우 거대해서 사람의 힘으로 완성한다는 것은 불가능한 일이라 외눈박이 거인이 인간 세상에 지어준 것이라는 이야기가 전해진다. 미케네 성채의 전체적인 건축은 화려하고 힘이 있다. 성문에는 두 개의 문틀과 문지방, 아치형 천장이 각각 한 개씩 있는데 아치형 천정 위의 큰 돌은 그 무게가 약 20톤이나 됐다. 문미[102)]는 4개의 큰 돌로 구성되어 있고 윗면에 세워진 삼각형의 돌조각에는 흐릿하지만 위엄을 갖춘 사자가 조각되어 있다. 사자가 두 발톱으로 기둥의 기반을 밟고 도성 문을 수호했기 때문에 '사자문'이라고 불리기도 한다. 사자문은 높고 크며 폭이 넓어서 기마병과 전차가 그 밑을 마음대로 지나다닐 수 있었다. 또 적군을 겁먹게 하는 효과가 있어 미케네 국왕의 기세등등한 위력을 보여주었다. 이외에도 미케네 도성에는 눈에 잘 띄지 않는 옆문이 있었는데 옆문에서 멀지 않은 곳에 감히 사람이 만들었다고는 생각할 수 없을 정도로 정교한 문이 있다. 이 비밀문은 성의 비밀 수원이 있는 곳으로 곧장 연결되었다. 미케네 도성의 가장 동쪽에는 좁고 작은 두 개의 통로가 있는데 이는 위급한 상황에서 후퇴하거나 적들의 포위망을 뚫을 때 사용했다.

왕궁은 화려하고 아름다웠다. 벽면과 바닥은 채색 염료가 세밀하게 칠해져 있다. 왕궁 안에는 매우 정교한 대칭을 이룬 수많은 방이 즐비해 있어 두 눈이 어리어리할 지경이다. 방의 벽면에는 대부분 격렬한 전쟁장면을 그린 오색찬란한 벽화가 있다. 이는 미케네인의 호전적이고 용맹스러운 기질을 잘 보여준다. 왕궁 안에는 매우 완벽한 생활시설을 갖추고 있었고 침실, 욕실, 오물과 폐수의 배출 설비 등 설계가 매우 실용적이고 정밀했다. 산꼭대기에 서서 전체 왕궁을 내려다보면 사람들의 패기 넘치는 호방한 마음과 웅대한 의지를 느낄 수 있다. 성루 아래에는 왕래가 빈번하고 번화한 시내와 거상과 시민의 거주지가 있었다. 미케네 성루는 미케네인의 수준 높은 지혜를 보여주었고 세계 건축사에서 불후의 걸작으로 평가받고 있다.

102) 문 위에 가로 댄 나무

신비하고 풀리지 않는 고대 암호

미케네 문명의 큰 특징은 신비한 문자이다. 이 문자는 화려하고 고귀한 궁전, 웅대한 무덤, 정교하고 아름다운 조각벽화처럼 에게 문명의 진귀한 문물이다. 즉 이 문자는 역사적 자료로 많은 가치가 있고 미케네 문명의 문을 열 수 있는 열쇠와도 같다는 말이다. 미케네 인은 본래 문자를 가지고 있지 않았다. 그러나 그들은 열심히 공부하여 선형문자 A를 기반으로 선형문자 B를 창조해냈다. 고고학자들은 미케네의 넓고 커다란 건물에서 올리브유가 스며든 도자기 단지와 수많은 문자 점토판, 인장을 발견했다. 인장 뒷면에는 매우 가늘고 정교한 문자가 새겨져 있었고 사람들은 흥분했다. 미케네 문명을 한 발자국 더 이해하려면 이 문자의 해독 작업이 우선이었고 수많은 학자가 이를 위해서 평생의 시간과 노력을 바쳤다. 그리고 1952년, 드디어 학자들은 공동 연구 끝에 사람들을 괴롭혔던 어려운 문제를 성공적으로 해결했다. 미케네 시대의 선형문자 B는 그리스어에서 뻗어나온 최초의 갈래로 59개의 상용문자 부호를 가지고 있었고 선형문자 A보다 훨씬 간단했다. 대부분의 점토판 문서는 왕실 재물의 목록을 기록하고 있었고 미케네의 정치, 역사와 관련된 내용은 나오지 않았다. 그러나 대량의 문서가 등장함으로써 당시 왕실과 귀족계층만이 문자를 사용한 것이 아니라 일반 백성도 문자를 사용했다는 사실이 확실히 증명되었다. 이 사실은 문명의 번성을 반영하는 명확한 증거였다. 또한 점토판 문서는 당시 토지의 점유상황을 보여주었다. 왕실과 귀족은 대량의 토지를 점유했고 자유민은 소량의 토지만을 가지고 있었다. 점토판 문서는 당시의 엄격했던 사회등급을 반영하기도 했다. 미케네는 노예제 사회로 수많은 노동자가 통치자의 잔혹한 착취를 받았고 배불리 먹지 못하는 비참한 삶을 살았다. 호메로스의 이야기에도 등장하듯이 당시 노예들은 '곡물을 타작하는 노예', '양털 깎는 노예', '재봉하는 노예' 등 작업 종류에 따라 분업하여 일했다.

훌륭한 기술로 만든 예술 작품

크레타왕국이 멸망한 뒤 수많은 공예가는 자신의 공예품을 들고 미케네를 향해 먼 길을 떠났다. 미케네는 이 공예가들의 기술을 흡수하여 이를 바탕으로 웅장하고 아름다운 예술품을 만들었다. 무덤에서는 황금가면, 황금귀걸이, 황금종 등 정교하고 아름다운 부장품이 많이 출토되었다. 그중에서도 황금가면은 죽은 자의 생전 얼굴의 특징을 생생하게 잘 살려냈다. 어떤 가면은 짙은 눈썹에 큰 눈을, 또 어떤 가면은 옅은 눈썹에 작은 눈을 하고 있었다. 그리고 어떤 가면은 표정이 엄숙했고 또 다른 가면은 얼굴 한 가득 웃음꽃을 피우고 있었다.

▲ 아가멤논의 황금가면
아가멤논의 황금가면은 아테네의 국립 고고학 박물관에 소장되어 있으며 사람의 용모를 본떠 만든 유럽 최초의 공예품으로 인정받고 있다. 비록 이 작품은 미케네 왕실 가족의 구성원이 제작한 것으로 판명되었지만 가면의 명칭은 여전히 유지되고 있다.

청동 문명은 미케네 문명의 또 다른 특징이었는데 사냥하는 장면을 담은 벽화에 청동단검이 함께 그려져 있기도 했다. 미케네의 조각은 생동감이 넘쳤다. 어떤 조각은 사냥꾼 다섯 명이 긴 칼과 창을 들고 사자를 잡으려는 장면이 새겨져 있었다. 수사자는 이빨을 드러내고 으르렁거리면서 사냥꾼들을 공격할 틈을 노리고 있었다. 다른 조각은 수사자 한 마리가 영양의 무리를 뒤쫓아 가는 장면을 묘사했다. 영양들은 너무 놀라 다급하게 사방으로 도망치고 있었는데 그중 한 마리는 불청객 사자의 날카로운 발톱 아래에 쓰러져 있었다. 이렇게 생동감 넘치는 장면들이 조각이라는 사실은 눈으로 보고도 믿기 어려울 지경이다.

오리 모양의 사발도 눈길을 끌었다. 투명한 수정으로 제작된 것으로 직경은 15센티미터였고 매우 우아했다. 오리는 고개를 돌려 먼 곳을 응시하고 있었는데 사발에 붙어 있는 손잡이 모양도 아름다웠고 오리의 꼬리모양으로 장식된 테두리 부분도 특이했다. 또 다른 공예품으로 정교함이 돋보이는 비둘기 잔이 있었다. 양쪽으로는 긴 손잡이가, 밑부분에는 높은 다리가 있었는데 두 개의 손잡이 위에는 각각 황금 비둘기가 새겨져 있었다. 이 두 마리의 비둘기는 그 속에 담긴 맛좋은 술에 미련이 남은 듯 꼼꼼히 잔 안을 들여다보고 있었다. 비둘기 잔의 출토는 '호메로스 서사시'가 결코 근거 없는 이야기가 아님을 증명해주었다. 호메로스의 《일리아스》에는 이런 내용이 나온다. '옆에는 노인이 고향에서 가져온 술잔이 놓여 있었다. 술잔에는 황금 못이 조각되어 있었고 두 개의 손잡이마다 황금 비둘기가 한 마리씩 서 있었는데 이는 마치 부리로 모이를 쪼아먹은 모습과 같았다.' 이밖에 소머리와 사자머리 모양의 커다란 은잔 역시 걸작으로 손꼽힌다.

문명의 별이 조용히 떨어지다

기원전 15세기에서 기원전 13세기에 이르러 미케네 문명은 번성기로 접어들었다. 그들의 발자취는 이집트, 시리아, 페니키아, 키프로스 등지까지 골고루 퍼졌고 미케네는 이 지역들과 긴밀한 경제·무역관계를 맺었다.

번성와 쇠락은 역사 발전의 유일한 법칙이다. 그리고 미케네 문명 또한 이 법칙의 예외일 수 없었다. 화려한 번영기를 지나 기원전 13세기 중엽이 되자 미케네 문명은 말년을 보내는 노인과 같이 생명의 마지막 종착역을 향해 달려갔다. 당시 지중해를 제패한 맹주는 빠르게 교체되었다. 히타이트, 이집트 등 이름난 강대국은 이미 번영기의 장년기를 지나 쇠락의 길을 걷고 있었다. 화산의 폭발로 위기에 빠지듯 백성의 봉기는 통치기반을 위기로 몰아넣었다. 더욱 두려운 것은 대규모 침입을 감행하는 해상민족이었다. 결국 히타이트왕국은 멸망의 길로 들어섰고 이집트도 해상민족의 침입에 피를 흘리며 대항했지만 몰락을 늦출 수는 없었다. 이런 위태로운 정세 속에서 미케네 등 그리스 국가의 전통적 대외무역은 서서히 그 기세가 꺾였고 백성은 의지할 곳을 잃은 채 살 곳을 찾아 헤맸다. 미케네 문명 후기, 잔혹한 왕위 쟁탈전은 더욱더 심각해졌으며 도시국가 간의 전쟁은 끊이지 않았다. 국내 갈등을 밖으로 돌리고 부족한 재산을 약탈하기 위해 미케네 국왕은 다른 도시국가의 호응을 요구하며 소아시아의 트로이와 전쟁을 일으켰다. 그러나 '호메로스 서사시'는 그리스인의 피를 뿌리는 전쟁을 10여 년 동안 계속 했지만 적의 투항을 받아내지 못했다고 기록하고 있다. 결국 지략에 뛰어난 아킬레우스가 '트로이 목마(Trojan Horse)'라는 계책을 써서 트로이를 멸망시켰다. 이는 그리스인이 도시국가를 위기에서 구원하기 위해 단행한 최후의 발악이었다. 전쟁은 그리스에 많은 재산을 안겨주기는커녕 국력에 심각한 타격만 입힌 채 끝이 났다.

이때부터 미케네 문명은 다시 일어서지 못하고 끝을 향해 달려갔다. 에게 문명은 기원전 2000년 크레타 최초의 노예제 국가에서부터 기원전 12세기 미케네의 멸망까지 800년 동안 휘청거리며 이어져 내려왔다. 중국 속담 중에 이런 말이 있다. '사마귀가 매미를 잡으니 뒤에 참새가 기다리고 있다.' 80년 후, 호시탐탐 기회를 엿보던

◀ **사자문(부분)**
사자문은 돌 하나로 만든 문기둥이다. 문의 넓이는 3.5미터로 기마병과 전차가 쉽게 통과할 수 있었다. 이는 미케네 성의 주요 입구였다. 들보 위에 있는 한 쌍의 돌사자는 비록 머리부분은 이미 사라졌지만 예전의 위엄을 여전히 잃지 않고 있다.

도리스인(Dorians)이 결국 미케네 등 도시국가를 정복했고 그리스 역사는 새로운 페이지로 넘어가게 되었다. 이후 복잡한 호메로스 시대(Homeric Age)[103]를 거치면서 그리스인은 자신의 나라를 건설했고 눈부시도록 아름다웠던 에게 문명은 역사의 뒤안길로 모습을 감췄다.

103) 도리아인의 침입으로 미케네 문명이 멸망한 기원전 12세기부터 도시국가가 성립하기 시작하는 기원전 800년 사이의 시대를 말한다. 호메로스 시대라고 부르는 이유는 이 시기에 대한 기록이 전혀 없어서 오직 호메로스의 서사시인 《일리아스》와 《오디세이》를 통해서만 이 시기의 정황을 알 수 있기 때문이다.

그리스의 '성서' '호메로스 서사시'

"역사의 기억은 민족의 영혼 안에 소박하게 담겨 영원히 사라지지 않는 것이다. 호메로스, 이 맹인 시인이 대지를 떠돌며 소리 높여 읊은 서사시는 수천 년이 지나도록 그 빛을 잃기는커녕 더욱 크고 깊어졌다."
어두운 시대가 낳은 불후의 작품 '호메로스 서사시', 이 서사시가 내뿜는 빛은 어두운 시대의 그림자를 몰아내며 야만 시대에서 문명 시대로 진입하던 그리스인이 남긴 중요한 유산이다. 호메로스 서사시는 에게 문명의 자손을 키우고, 그리스인의 민족정신을 형성했다. 이것은 그리스의 '성스러운 책'이며 유럽 문학의 시작이자 영원히 넘어설 수 없는 모범이다.

'시인의 왕'-호메로스

호메로스는 약 기원전 9세기부터 기원전 8세기까지 살았다. 어쩌면 이 서사시가 너무 오래되었기 때문에 내용이 유치하고 문장이 허술할 것이라고 생각할 수도 있다. 그러나 호메로스 서사시는 세련된 언어를 치밀하게 구사한 명작 중의 명작이다. 호메로스 서사시는 그리스의 신화나 전설, 영웅의 업적을 선대 시인들이 시적 정취를 가득 담아 구술한 시가에 호메로스가 자신의 예술적 취향을 더해서 만들어 낸 그리스 민간 시가의 결정체이다. 누군가는 호메로스 서사시의 내용이 허구이므로 호메로스도, 그리고 그의 작품도 그리 대단한 것이 아니라고 생각할지도 모른다. 그러나 그 무엇도 호메로스 서사시의 예술적 가치를 손상할 수 없다. 프랭크 뉴먼은 이렇게 말했다. "호메로스 서사시는 품격 높은 경전이다. 그 주된 가치는 명확한 역사적 진실성 혹은 민간 문화의 유래에 있는 것이 아니다." 이렇듯 호메로스는 '시인의 왕'이라고 불려도 전혀 손색이 없으며 후대인도 범접할 수 없는 '시 작품의 위대한 업적'을 세웠고 그리스 민족의 품격을 창조했다.

우렁차고 패기가 넘치는 《일리아스》

《일리아스》는 트로이 전쟁 중 최후의 51일 동안 일어난 이야기를 다룬 서사시이다. 트로이 전쟁은 트로이 왕자가 스파르타의 왕후인 헬레네를 유혹했고, 이에 분노한 스파르타인이 일으킨 전쟁으로 10

년 동안 계속해서 이어졌다고 한다. 그리고 승패가 갈리지 않던 지루한 싸움은 서서히 전환점을 맞이했다. 그리스 총사령관 아가멤논은 자신의 지위를 이용하여 영웅 아킬레우스의 여자 포로를 강제로 빼앗았다. 그러자 아킬레우스는 크게 화를 내며 전장에서 나와 버렸다. 여기까지가 《일리아스》의 서막이다. 아킬레우스가 떠난 그리스 군대는 오합지졸이었다. 그들은 트로이군에게 참패를 당하고 해안가까지 후퇴하게 되었다. 순식간에 전멸할 위기에 처하자 아킬레우스의 친한 친구인 파트로클로스가 아킬레우스의 투구와 갑옷을 빌려 입고 용감히 앞장서서 그리스 군대를 지휘했다. 그는 트로이군의 공격을 물리쳤지만 트로이의 왕자 헥토르에게 살해당했다. 이 소식을 들은 아킬레우스는 매우 비통해하며 친구의 복수를 하기 위해 다시 전장에 나가기로 결심했다. 결국 용맹한 아킬레우스는 헥토르가 이끄는 트로이군을 패배시키고 친구의 원수인 헥토르를 죽였다. 그리고 그의 시신을 말꼬리에 매달고 트로이 성 주위를 세 바퀴 달렸다. 아킬레우스는 이렇게 헥토르의 시신을 모욕하여 마음속 원한을 풀었다. 트로이 국왕은 한밤중에 아킬레우스를 찾아가 아들의 시체를 받아와 잠시 휴전하며 아들을 위해 성대한 장례를 치러주었다.

《일리아스》는 24권으로 구성되어 있고 시의 3분의 2는 두 나라 군대가 벌이는 전쟁을 묘사했다. 호메로스는 하늘을 찌를 듯한 기세의 전쟁장면을 이렇게 묘사했다. '활활 타오르는 불길이 산속 숲을 모두 집어삼킨다… 그들은 반짝이는 청동휘장을 하늘 높이 곧추세우고 원정길에 오른다…' 그는 동시에 찬란한 영웅들의 모습을 생생하게 형상화했다. 고집 센 아가멤논, 용맹스럽고 싸움을 잘하는 아킬레우스, 군사를 이끌며 용감히 싸우는 헥토르, 정의롭고 두려움 없이 앞장서는 파트로클로스 등의 모습이 눈앞에 저절로 그려진다. 호메로스는 거침없이 적을 물리치는 용맹스러운 영웅의 정신을 칭송했다.

낭만적이고 신비로운 《오디세이아》

《일리아스》와 《오디세이아》는 호메로스가 낳은 쌍둥이 작품이지만 느껴지는 정취와 품격은 매우 다르다. 전자는 우렁차고 격앙된 어조의 전쟁 서사시이다. 기원전 12세기의 고대 전장의 모습을 현실주의적으로 재현했으며 영웅주의적 색채가 가득 넘쳐흐른다. 이에

▲ 위대한 맹인시인 호메로스는 천 년을 전하는 서사시를 썼는데 그는 하프를 뜯으면서 서사시를 읊었다고 한다.

반해 후자는 주인공 오디세우스가 겪는 아슬아슬한 모험과 귀국에 대한 이야기이다. 낭만주의 색채가 가득하지만 가정생활에 대한 생동감 넘치는 서술은 현실주의 정서를 어느 정도 반영했다고 할 수 있다.

《오디세이아》에서는 그리스의 영웅 오디세우스가 트로이 전쟁에서 쓴 기묘한 '트로이 목마' 계책을 묘사했다. 이 계책으로 그리스군은 트로이 성을 무너뜨렸고 오디세우스는 고국으로 돌아오게 된다. 오디세우스의 귀국 여정은 파란만장하고 아슬아슬한 사건들로 가득했다. 부하가 이상한 연꽃을 먹고 고향에 대한 기억을 잊어버리는가 하면, 거인 섬에 잘못 내려 외눈박이 거인에 의해 동굴에 갇혀 있다가 가까스로 탈출하기도 했다. 또한 바람신의 섬을 지나갈 때 마음씨 좋은 바람의 신이 오디세우스 일행에게 바람 주머니를 선물로 주어 그들이 고국으로 돌아갈 수 있게 도와주었다. 그래서 그들은 고향 근처까지 단숨에 도착할 수 있었다. 그때 욕심스러운 동료 하나가 바람 주머니를 열어버렸다. 그러자 큰 바람이 일어 그들을 고향에서 멀리 떨어진 곳으로 보내버렸다. 그러나 오디세우스는 절망하지 않고 다시 고국으로 돌아갈 방법을 찾았다. 이후 오디세우스 일행은 여자 요괴가 유혹하는 노랫소리를 이겨내기도 하고 무서운 괴물과 싸우는 등 수많은 고난을 겪게 되었다. 저승에 가보기도 하고 바다에서 큰 화를 당하기도 했지만 오디세우스는 살아서 고국으로 돌아갈 수 있었다. 고향에 도착한 오디세우스는 거지로 변장하여 아내의 절개를 시험했다. 그리고 집안 상황을 파악한 뒤 아들과 함께 자신의 아내와 재산을 탐하던 구혼자를 죽이고 왕위에 올랐다.

▲ 오디세우스는 바다 요괴가 부르는 아름다운 노래에 유혹당하지 않으려고 부하들에게 자신을 돛대에 밧줄로 묶어놓게 했다.

시가작품의 위대한 걸작

호메로스 서사시는 입에서 입으로 전해지던 전설을 모아서 편집한 것이지만 문학과 예술적 가공을 거쳐 호메로스가 구사한 어휘나 글쓰기 방식, 줄거리 구성면에서 정교한 독창성을 띤다.

호메로스 서사시는 구술 문학이지만 '일상용어를 사용하지 않고 고품격의 특수한 어휘를 선택하여 영웅 서사시의 격식에 맞는' 뛰어난 작품이다. 물론 호메로스 서사시는 구술 시가의 언어적 특성 때문에 중복되는 단어의 결합과 틀에 박힌 말이 종종 사용되기도 했다. 예를 들면 '준족[104]의 아킬레우스', '인간의 주관자', '죽은 자는 머리를 숙이고', '새벽을 열고' 등과 같은 단어의 조합이 문장에 자주 등장했다. 그렇다고 해서 글이 간결하지 못한 것은 아니었다.

104) 걸음이 매우 빠른 사람

그 말들은 반드시 들어가야 할 곳에 적합하게 사용되었고 단어나 말의 형태를 다양하게 변화해 구사함으로써 운율감을 높이는 효과를 내기도 했다. 호메로스 서사시의 특징 중에서 후대인이 가장 널리 모방한 것은 '마치 높이 나는 한 마리 매와 같이', '마치 보리가 빽빽이 자라고 있는 보리밭처럼' 등의 문장에 사용된 직유법이었다. 이러한 직유법은 주로 고대 그리스인의 생활과 밀접한 관계가 있는 사물과 현상을 이용했고 주로 동물, 바다, 파도, 폭우 등이 그 대상이 되었다. 호메로스 서사시의 언어는 꾸밈이 없고 자연스러웠으며 간략했다.

호메로스 서사시의 기묘한 줄거리 구조는 후대인의 시선을 사로잡는다. 호메로스는 장장 10년에 걸친 정치적 싸움 가운데 마지막 51일 동안의 사건에만 집중하여 이야기를 풀어나갔다. 그는 사건의 결말을 먼저 쓴 다음, 발단과 전개 과정을 쓰는 작문방법, 장면의 순간적인 전환을 반복하는 수법을 통해 줄거리의 구조를 한층 더 중시했다. 보는 사람을 빠져들게 하는 줄거리는 치밀했고 상세함과 간략함을 적당히 사용하여 웅장하고 규모가 큰 전쟁과 개성이 뚜렷한 영웅들의 모습을 생생하게 묘사했다. 오디세우스가 10년 동안 겪은 아슬아슬한 여정 또한 40일 동안으로 압축하여 때로는 상세하게, 때로는 간단하게 갖가지 사건을 풀어나갔다. 호메로스는 오디세우스가 트로이를 떠나 고향으로 돌아갈 때까지의 여정을 그의 행동에 따라 《오디세이아》에서 화려한 무늬가 수놓아진 비단 못지않게 아름답게 그려냈다. 《오디세이아》는 온갖 모험 여정을 모아놓은 작품이다. 이 작품이 어수선하거나 산만하지 않은 이유는 모든 사건이 주인공 한 명에게 일어난 일이기 때문이다. 게다가 이 사건들에서 오디세우스가 지혜로운 방법으로 위기에 대처하는 의연한 모습을 드러내 줌으로써 다재다능하고 완벽한 영웅의 이미지를 그려내어 이야기의 흥미를 돋우었다.

인류의 유산

호메로스 서사시는 고대 그리스인이 인류에 남긴 가장 중요한 유산이다. 그것은 후대 시인의 마음에 열정을 불러일으키고 작가들에게 끝없는 창조력과 소재를 제공했다. 베르길리우스, 단테, 톨스토이, 괴테 등은 호메로스 서사시의 영양분을 먹고 자란 문단의 거성들로서 훌륭한 작품들을 많이 남겼다.

호메로스 서사시는 기원전 12세기부터 기원전 9세기까지 고대 그리스의 정치, 경제, 군사, 사회생활, 종교, 신화와 관련된 진귀한 자료를 제공했다. 이것은 역사학자들이 그리스와 세계 초기 역사를 탐구할 수 있는 역사의 거울이자 보물지도이다.

호메로스 서사시는 예로부터 그리스 교육의 초석이었는데 어떤 사람은 다음과 같이 평가했다. '어떠한 민족의 시가도 자신들의 민족정신에 대해 호메로스의 시가처럼 직접적이고 거대한 교육의 힘을 보인 적이 없다.' 플라톤은 호메로스를 '그리스의 교육자' 라고 소리 높여 찬양했다.

격정과 낭만의 충돌 고대 그리스 시가와 우화

아름다움과 지혜를 추구한 그리스인의 정신은 웅대한 아테네의 건축과 조각 예술 작품에 집중되어 있고 문장 하나하나에도 가득 넘쳐흐른다. 시가가 그리스인의 우아하고 낭만적이면서도 열정적인 감정이 표현된 것이라면, 미묘한 운치가 있고 사람을 깊게 성찰하게 하는 우화는 단순하지만 결코 유치하지 않은 그리스인의 또 다른 감정의 집합체이다.

비장한 영웅 서사시

그리스 시가의 원류는 바로 호메로스 서사시이다. 호메로스 서사시는 맹인 시인 호메로스의 작품이라고 전해지지만 사실 고대 그리스 민간을 떠돌던 음유시인들의 지혜를 모아놓은 것이다. 기원전 750년에 책으로 만들어졌고 《일리아스》와 《오디세이아》의 두 권으로 구분되었다. 《일리아스》는 트로이 전쟁 최후의 51일 동안 벌어진 사건을 다루고 있는 작품으로 그리스 영웅 아킬레우스의 공적을 노래했다. 《오디세이아》는 트로이 전쟁이 끝난 뒤 그리스 영웅 오디세우스가 고국으로 돌아오는 10년간의 고된 여정을 줄거리로 한다. 호메로스 서사시는 언어가 간결하면서 우아하고, 줄거리에 생동감이 넘치며, 인물에 대한 묘사가 뚜렷하다. 후대인의 시가가 뛰어넘을 수 없을 정도로 위대한 고대의 문학 작품이다.

▼ 도자기
영웅 아킬레우스가 트로이의 전쟁터에서 빠져나오는 모습을 묘사하고 있다.

부드럽고 아름다운 시인의 마음

사회가 발전하고 풍요로와지면서 사람들은 신들에 대한 어렴풋해진 추억만으로는 만족할 수 없었고 현실의 풍부한 감정을 밖으로 드러내고 인간의 의지와 일을 찬미하기를 간절히 바랐다. 이때 등장한 것이 바로 서정시였다. 서정시의 운율형식, 주제, 정서, 종류는 오늘날 서양시가의 율격, 정취, 전통적 정서와 시가 유형의 초석을 닦았다.

기세등등하고 비장한 느낌이 드는 서사시에 비해 서정시는 더욱 개성이 넘쳤고, 부드럽게 사람을 감동시켰다. 차마 버리지 못하는 종교적 감정이 종종 나타나긴 했지만 사람들은 고대 그리스의 애절한 사랑, 맛있는 술에 대한 찬양과 아름다운 대자연에 대한 감탄과 그 대자연에 취한 감정을 더 많이 느끼고 표현하길 바랐다. 그러나 고대 그리스인의 진리에 대한 관심은 그들의 상상력과 구사하는 언어를 제한하기도 했다. 요컨대 그리스 시가는 아름다움과 지혜를 추구했지만, 언어의 꾸밈 혹은 감정표현이 절제되었고 처음부터 끝까지 이성에 맞는 판단이 있었던 것이다. 그리스 예술의 '고귀한 단순함' 은 시가에서도 두각을 나타냈다. 그리스의 시가는 단순함을 추구했고 고귀하고 간결한 정서를 표현했지만, 단편적인 주제를 배제했다. 고대 그리스의 유명한 시인들 가운데 사포(Sappho)는 고대 그리스에서도 손꼽히는 서정시인이었다. 그녀의 시는 선율이 아름답고 감정은 격렬했으며 표현은 솔직하되 우아함을 잃지 않았다. 운율은 다양했고 내용은 주로 소녀의 마음을 묘사했는데 여성의 아름다움과 그 가치를 높이 찬양했다. 다음은 사포의 시 중 짤막한 일부분이다.

> '어떤 이가 말하길 세상에서 가장 좋은 것은 기마병, 보병 그리고 군함이라 하네.
> 하지만 내가 가장 좋아하는 것은 사랑이라네…
> 저 아름다운 돌고래는
> 저 폐허가 된 트로이의 슬픈 여인…
> 그녀는 딸도, 부모도 모두 잊은 채
> 사랑의 포로가 되어, 사랑 찾아 떠나간다네…'

사포는 또한 강렬한 감정의 충돌로 빚어진 복잡한 심경을 표현해 내는 능력이 뛰어났다.

> '내 눈에 비친 당신은 하늘의 신과 같아서
> 당신 앞에 앉아
> 당신이 속삭이는 부드러운 목소리를 들으면
> 소리 내 웃으며 기뻐합니다…
> 내 마음 나도 어쩔 수가 없어요.
> 나를 휘감고 있는 건 불 같은 열정뿐…'

이후 장엄하고 화려한 합창시가 등장했고 여기에 노래와 춤이 더해진 아테네의 연극시가 탄생했다. 연극시는 사람들에게 서사시나 서정시보다 더 큰 감동을 선사했다.

지혜가 충만한 우화

기원전 6세기의 산문 작가들은 창작 재능을 발휘하여 입에서 입으로 전해 내려오던 고대 그리스의 풍토와 인정, 사회현상, 신화, 전설과 관련된 이야기들을 한데 모아 기록했다. 그리고 예술적 가공을 더하여 풍자적이고 해학적인 우화를 탄생시켰다. 사람들은 우화의 탄생을 《이솝우화》를 쓴 이솝(Aesop)의 공으로 돌린다. 이솝은 사모스 섬의 노예였는데 자신의 재능과 지혜 덕분에 자유를 얻게 되었고, 나중에 철학가가 되었다고 한다. 《이솝우화》는 자신이 직접 쓴 것도 있지만 대부분 예전에 있던 이야기들을 편집하여 완성한 것이었다. 내용은 짧지만 예리하고 생동감 있는 줄거리로 하층민과 노예의 생각과 감정을 반영했으며, 당시 통치계급에 대해 신랄한 풍자와 질책이 담겨 있었다. 그리고 《이솝우화》는 고대 사회의 다양한 경험이 담겨 있어 사람들에게 마음의 지혜를 안겨주었다. 우화는 모순의 격렬한 충돌, 의인화와 풍자 수법의 사용을 중시했는데, 이 모든 것은 그리스 희극의 밑거름이 되었다.

▼ 이솝

이솝은 글을 빨리 쓰는 지식인으로 묘사되었지만, 사실 그는 아마도 글자를 알지 못했을 것이다. 그가 살던 시대의 가난한 하층민과 노예는 보통 교육을 받을 권리가 없었기 때문이다.

작은 나라와 많은 인구 고대 그리스의 노예제 도시국가

지중해의 유구한 해안선은 아름다운 에게 해의 윤곽을 그리고, 해상의 크고 작은 섬들과 그리스 반도는 은하수처럼 빛나는 많은 도시국가를 배출했다. 비좁은 영토를 가진 작은 국가들은 문명의 찬란한 빛을 내며 어두웠던 유럽을 환하게 비추었다. 이 나라들이 화려한 그리스 문명을 창조하고 '그리스의 기적'을 이뤄냈다.

'도시국가'는 고대 그리스어로 '폴리스(Polis)'이다. 이 말을 정확하게 해석하는 것은 사실 스핑크스의 수수께끼를 푸는 것만큼 어렵다. 우선 어원으로부터 해석해보도록 하자. '도시국가'는 없어서는 안 될 세 가지 요소를 포함하고 있다. 바로 도시와 국가, 공민집단이다. 그중에서도 공민집단이 핵심요소이자 도시국가의 상징이다. 예를 들어 고대 그리스인은 "아테네인이 스파르타인을 패배시켰다."라고 말하지 "아테네가 스파르타를 패배시켰다."라고 말하지 않았다. 전체 인류 문명의 발전사를 통해서 볼 때, '도시국가'는 동양의 왕국, 제국과는 별개의 것이다. 그것은 독특한 국가형태이며 인류 문명시대 최초의 사회, 정치, 군사, 종교의 집합체였다.

그렇다면 이 국가들은 어떻게 형성된 것일까?

지리적 자연환경과 역사의 인연이 만들어낸 결합

도리스인의 침입은 부유한 통일국가였던 미케네왕국을 멸망시켰다. 그 결과 그리스는 문명시대의 이전으로 또다시 뒷걸음질치기 시작했다. 거주민은 대부분 고향을 떠나야 했고 씨족 구성원들은 뿔뿔이 흩어졌다. 그래서 서로 다른 도시국가에 같은 씨족 구성원이 존재하게 되었다. 그리스 반도는 이집트나 메소포타미아의 비옥한 강 유역과 광활한 평원이 아닌 가로세로로 뻗은 산봉우리와 넓게 분포한 강, 은하수처럼 빽빽이 들어선 크고 작은 섬으로 이루어졌다. 이와 같은 지리적 환경은 고대 그리스인을 비교적 고립된 섬과 산골짜기에 갈라놓았다.

전쟁으로 불안하던 때에 외부와 단절된 산골짜기와 고립된 섬에서 생활한 거주민들은 부락의 생존을 위해 외부에서 오는 적의 침입을 막고 자신들의 토지와 재산을 지켜야만 했다. 그 결과 수많은 보루를 지을 수밖에 없었다. 보루는 각 부락 간의 단절을 촉진하면서 각각의 도성을 형성했고 이러한 도성을 중심으로 주변의 농촌들이 결합하여 고대 그리스의 노예제 국가가 탄생했다. 물론 모든 도시국가가 똑같은 방식으로 형성된 것은 아니었다. 도시국가는 일반적으로 세 가지 방법으로 형성되었다. 첫째, 이주민이 먼저 성을 건설한 뒤 경제와 사회가 발전함에 따라 씨족 부락이 무너지고 법률이 만들어지면서 새로운 국가가 조직된 형태이다. 이러한 방법으로 노예제 민주정치가 형성되었는데 아테네가 이렇게 형성되었다. 둘째, 다른 거주민을 정복함으로써 본래 씨족 부락이 무너져 내릴뻔한 모순을 느슨하게 하고 다른 부락민에게 일을 시키면서 몇몇 사람이 국가의 지배권을 장악하는 정치형태의 노예제 도시국가이다. 스파르타가 여기에 해당한다. 셋째, 해외에 식민지를 개척하여 도시국가를 형성하는 방법으로 밀레토스(Miletos)를 예로 들 수 있다.

작은 국가의 많은 인구는 고대 그리스 도시국가의 중요한 특징 중 하나였다. 고대 아테네 시기에 플라톤이 지은 《이상국》과 아리스토텔레스가 쓴 《정치학》에서는 고대 그리스 도기국가의 청사진을 간략하게 제시하고 있다. 플라톤은 이상적인 도시국가는 공민 5,000명을 보유해야 한다고 말했고, 아리스토텔레스는 다음과 같이 주장했다. '10명의 도시국가는 불가능하다. 이런 국가는 스스로의 힘으로 생활할 수 없기 때문이다. 10만 명의 도시국가 또한 터무니없다. 알맞게 통치할 수 없기 때문이다.' 사실 영토가 작은 편이었던 도시국가는 겨우 100제곱킬로미터에 불과한 때도 있었고, 비교적 큰 편이었던 스파르타의 영토 역시 8,400제곱킬로미터 정도였다. 최고 전성기 때의 아테네의 영토 역시 2,550제곱킬로미터였으며 그때의 거주민은 40만이었다.

민주정치의 요람

고대 그리스는 서양 문명의 요람이며, 도시국가는 민주, 자유 등 귀중한 정치문명을 길러냈다.

그리스 도시국가의 정치형태에는 민주정치(아테네), 귀족 과두정치[105](스파르타), 참주[106]정치 등이 있었다. 그러나 참주정치는 노예

105) 소수의 사람이 한 국가의 주권을 장악하여 다스리는 정치
106) 고대 그리스의 폴리스에서 비합법적으로 독재권을 확립한 지배자

제 도시국가에 위기가 발생했을 때 평민과 귀족의 싸움으로 만들어진 산물이었으며 그리스 도시국가의 정상적인 형태가 아니었다. 귀족 과두정치 역시 민주정치의 특수한 형태로서 스파르타의 양두정치[107]감찰기관은 국왕의 권력을 제약했다. 진정한 도시국가의 정치형태는 민주정치뿐이었다. 도시국가는 공민집단이 정치, 경제, 문화 등 각종 업무에 참여해야 했다. 페리클레스(Pericles)[108]는 한 강연에서 도시국가의 민주정치에 걸맞은 설명을 했다. "정권은 소수가 아닌 전체 공민의 수중에 있습니다.", "모든 사람은 법률적으로 평등합니다." 아테네를 예로 들어보자. 공민대회는 아테네 도시국가의 최고 국가기관이었다. 도시국가의 모든 업무는 반드시 전체 공민으로 조직된 공민대회의 토론을 거친 후에 결정되었다. 오백인 회의

▼ 아래 그리스 아테네의 도성은 기원전 5세기에 세워졌으며 아테네 및 전체 그리스의 보배였다. 아테네의 가장 높은 곳에 있으며 그 위에 서서 내려다보면 도시 전체를 한눈에 볼 수 있었다.

107) 두 사람의 우두머리가 같이 다스리는 정치

108) 고대 그리스 아테네의 정치가이자 군인. 민주정치를 실시하고 델로스 동맹을 이끌어 그리스를 번영시켰으며, 파르테논 신전을 건립하는 등 아테네의 황금 시대를 이룩했다.

▲ 아테네의 아고라(agora) 시장은 상업의 요충지이자 행정, 사법의 중심지였다.

역시 공민이 제비를 뽑아 구성했다. 이 회의는 국가의 행정기관으로 공민대회의 안건준비, 조직의 소집, 구체적 결의의 시행을 책임졌다. 국가의 최고 사법 기관은 선거구에 따라 뽑힌 공민으로 구성되는 배심원 법정이었다. 이 기관은 도시국가의 각종 민사, 형사 소송 및 관리의 감독을 책임졌다. 국가의 모든 관직(십장군은 제외)은 공민에게 열려 있었고 재산, 등급 등의 제한이 없었다. 공민은 모두 제비뽑기 방식의 선거를 통해 각각의 관리를 뽑았다. 법원의 배심원을 담당하는 공민에게는 생활 보조금이 지급되었고 공민대회에 참가하는 공민은 참가수당을 받을 수 있었다. 아테네 도시국가에는 '도편추방제' 가 있었는데, 이는 '공민집단' 에 위협이 되거나 독재자가 될 위험성이 있는 인물의 이름을 도기의 파편이나 조개껍데기에 적어 투표한 뒤 국외로 추방하던 제도였다.

그리스 도시국가의 민주정치는 높은 수준으로 발달했다. 공민의 정신세계를 압도하는 종교 제사장단도 인간의 사상을 통제하지 못했다. 현실생활에 대한 열정, 자연과 진리에 대한 추구는 그리스의 자유사상이 뿌리내릴 수 있는 기본 토양이 되었다. 독일 철학가 칼 야스퍼스(Karl Jaspers)는 '그리스 도시국가는 서양의 모든 자유로운 의식, 자유로운 사상과 자유로운 현실의 기초이다.' 라고 말했으며, 현대 미국 역사학자는 '그리스인이 있는 곳에 세계 최초의 사상이 있다.' 라고 이야기했다.

인간과 신의 계약

최초의 도시국가는 혈연을 기반으로 건설되었다. 그러나 씨족 제도가 무너지면서 혈연적 유대는 지역적 유대로 대체되었고 공통된 종교만이 그들을 이어주는 매개체가 되었다. 그리스인은 일찍이 아득한 옛날부터 독특한 종교 신념을 형성했으며, 가족의 신, 부락의 신을 숭배했다. 신단에 놓인 성스러운 불은 가족이 대를 이어 조심스럽게 지켰다. 가족이 아닌 외부인은 여기에 손을 댈 수 없었고 다른 종교의식에도 외부인은 참여할 수 없었다. 심지어 외부인이 엿보는 것조차 불길하게 여겼으며 외부인은 신단에도 발을 들여놓을 수 없었다.

고대 그리스인은 도시국가를 가정의 확대로 받아들였다. 그래서 각각의 도시국가는 공민이 같은 신에게 제사를 올릴 것을 요구했기 때문에 거의 모든 그리스 도시국가는 자신만의 수호신을 가지고 있었다. 각 도시국가의 공민은 자신들의 신에게 제사를 지냈고 도시국가마다 독특한 제사 방식을 가지고 있었다. 다시 말해서 하나의 도시국가마다 하나의 종교단위를 가지고 있던 것이다. 고대 그리스인은 제단의 성스러운 불이 꺼지지 않도록 조심했다. 그렇게 하면 신이 도시국가 안에서 영원히 공민을 지켜줄 것이라고 믿었다. 마치 인간과 신이 계약을 맺은 것과 같았다. 공민이 신을 잘 모시면 신은 도시국가의 행복을 보장했다. 만약 어떤 도시국가가 다른 국가에 정복당했다면 고대 그리스인은 신이 그곳을 내버려두고 돌보지 않은 것이라고 이야기했다.

도시국가는 독립적이었고 외부인을 꺼렸다. 고대 그리스인은 신성한 신만이 자기 도시국가의 공민을 보호할 수 있다고 믿으면서 외부인은 제사에 참여하지 못하게 했다. 만약 외부인이 제사장이 제사를 위해 정해놓은 성스러운 장소에 잘못해서 들어갔다면 사형에 처했다. 외부인은 신의 보호를 받을 수 없었고 당연히 공민의 대우도 받지 못했다. 정치 권리도 없었고 법률적 보호도 받을 수 없었다. 오직 그 성 안에서 덕망과 명성이 높은 보호자를 찾아야만 일정한 권리를 누릴 수 있었다. 마치 아이스킬로스(Aeschylos)의 비극 중에 나오는 외부인의 말과 같았다. “나는 당신들의 신을 두려워하지도 않고, 그가 내리는 은혜도 받지 않겠소.”

고대 그리스인은 신이 도시국가의 장소를 정한다고 믿었다. 그래서 성을 건설할 때 델포이(Delphi)는 신의 계시가 있기를 원했다. 성의 건설을 기념하는 축하의식에서 제사장은 도시국

▼ **투표 표결을 하고 있는 모습이 조각되어 있는 병**
전설 속에 나오는 그리스의 무사들이 아테나의 감시 아래에서 돌을 이용하여 투표 표결을 하고 있는 모습

가 제단에 성스러운 불을 밝히고 신을 부르며 아름다운 시를 노래했고 예언가는 신의 계시를 풀이하는 의식을 거행했다. 해외에 식민지를 개척할 때에도 전문적인 의식을 치렀다. 도시국가에서 그들이 신봉하는 신과 선조의 영혼이 머무르는 곳은 신성불가침[109]장소였다. 도시국가를 위기로부터 지키기 위해 고대 그리스인은 기꺼이 군사가 되었고 조금도 망설이지 않고 자기 목숨을 내놓았다. 그리고 그리스-페르시아 전쟁에서 비좁은 땅을 가진 작은 나라인 그리스는 예상과 다르게 강대국 페르시아를 상대로 승리했다. 이것은 '도시국가의 이상' 과 '그리스 정신' 이 합쳐져서 만들어낸 결과였다.

유기적 통일체로 맺어지다

고대 그리스인은 도시국가를 하나의 유기적 통일체로 인식하면서 자신을 그 조직의 일부로 여겼다. 그들의 재산, 이익, 가정, 명예, 희망, 육체의 생명과 정신의 생명, 심지어 죽은 뒤 영혼까지도 모두 도시국가의 것이었고, 도시국가에 속한 것이었다. 도시국가 안에서만 공민의 모든 것이 존재할 수 있었고 도시국가가 사라지면 모든 것을 잃게 되었다. 도시국가가 멸망하면 노예로 전락하거나 외부인이 되어 학살당하는 일이 종종 일어났다. 또한 도시국가가 번성하면 가장 먼저 이득을 얻는 것은 공민들이었다. 그들이 가장 소중하게 아끼는 자유는 자신들의 도시국가 안에서만 얻을 수 있었다.

고대 그리스인은 어떻게 하면 공민의 지혜를 모아 자신들의 도시국가를 위해 쓸 수 있을지 알고 있었다. 아테네에서는 일정 수량을 초과하는 재산을 가진 공민은 매년 인명부에 따라 일종의 '의식' 을 거행하고 자신들의 재산을 공공사업에 기부했다고 한다. 예를 들어 군사 장비, 전함, 연극공연 혹은 종교 순례 등 도시국가를 위해 유익한 일에 돈을 낸 것이다. 돈을 기부한 사람은 재산을 빼앗겼다는 분노를 전혀 느끼지 않았고 오히려 더할 나위 없는 영광으로 여기며 즐거워했다. 도시국가의 존망이 달린 전장에서 공민들은 너나 할 것 없이 자신의 생명을 돌보지 않고 용감하게 달려나가 적들을 무찔렀다. 다음에 나오는 이야기를 잘 살펴보도록 하자. 스파르타인은 자신의 친척이 전쟁 중에 세상을 떠났다는 소식을 듣고 공공장소에서

---

109) 신성하여 함부로 침범할 수 없음

▲ **고대 그리스의 장례 의식**
그림에서 왼쪽 남자는 죽은 자를 향해 손을 흔들며 이별을 고하고 오른쪽 여자는 죽은 자를 위한 매장 준비를 하고 있다. 다른 여자들은 흐느껴 울면서 머리카락을 잘라 비통함을 표현하고 있다.

즐거워했다. 전장에서 도망친 아들을 둔 어머니는 목 놓아 슬피 울었고, 반대로 아들이 전장에서 죽어 더 이상 아들을 볼 수 없게 된 어머니는 기뻐하며 신전으로 달려가 신께 감사의 기도를 올렸다. 이렇게 인간의 보편적인 정서에 어긋나는 행위는 도시국가에 대한 고대 그리스인의 광적인 애정으로만 해석될 수 있다.

완벽한 삶의 낙원

어떤 의미에서 도시국가는 일종의 생활방식이었다. 노예제 도시국가는 기본적으로 자급자족했고 노동을 하는 노예들에게 풍족한 물질적 보상과 긴 여가 시간을 주었다. 또한 고대 그리스인은 편리한 해상교통을 이용하여 진취적으로 대외 왕래를 전개하면서 적극적이고 낙천적인 정신을 길렀다.

고대 그리스인이 살아가는 모습을 보면 개인주의자라고 할 만하다. 그러나 완벽한 삶을 실현하는 면에서 그들은 본질적으로 '공산주의자'였다. 도시국가 자체는 일종의 완벽한 삶의 본보기였다. 도시국가는 공민을 교육하고 공민의 정서를 연마시켰으며 공민의 고귀한 품성을 키우는 책임을 졌다. 모든 공민은 일정한 연령이 되면 학교에 가서 시가, 음악, 문장 다듬기, 수학 등의 과정을 공부했고 선생님은 도시국가에 의해 선정되었다. 그들은 성인이 되면 노천 광장으로 가서 공민대회에 출석했고 다른 사람의 격앙된 연설을 귀담아들었으며 당당하게 자신의 의견을 발표했다. 이 과정 속에서 공민의 사무판단 능력은 향상되었고, 연설하는 기술 또한 훈련되었다. 이는 도시국가의 정치에 대한 관심과 애착을 높이는 데 중요한 역할

▲ 철학가들의 토론을 경청하는 것 역시 아테네인에게 생활의 즐거움이었다.

을 했다. 도시국가는 모든 공민에게 정치에 참여할 수 있는 기회를 줬다. 어떤 공직이든지 공민에게 열려 있었고 정치적 재능을 펼칠 수 있는 무대를 제공했다. 극장에서는 사람의 마음을 뒤흔드는 비극과 희극을 공연했고 공민들은 즐겁게 감상했다. 공연을 보는 동안 그들은 유쾌함을 느끼는 것 외에 고상한 정서까지도 키울 수 있었다. 공민은 '아카데미(academy)'[110]에서 대가의 강연을 들으며 시야를 넓히고 우주와 대자연의 신비에 대해 탐색했으며 인생의 오묘한 이치를 깨달았다. 피곤함이 느껴질 때는 도시국가의 우아하고 장엄한 건축 예술품 사이를 천천히 거닐며 쉬었고 이와 동시에 예술적 정서를 단련할 수 있었다. 주변으로 눈을 돌리면 바로 체육관에 도착할 수 있었다. 그들은 운동을 하면서 심신을 단련했고 아름답고 건강한 몸매를 가꾸기도 했다. 이러한 활동은 건강에도 좋았지만 전쟁이 발생했을 때 군대에 들어가 도시국가의 안전을 지킬 수 있는

110) 그리스 철학자 플라톤이 철학을 가르치던 곳

체력을 키우는 데에도 많은 도움이 되었다. 푸른 초원 위에, 시냇가에, 푸른 나무의 그늘 밑에서 고대 그리스인은 삼삼오오 모여 시가, 철학, 음악 등을 토론했다. 그리고 고대 그리스인은 가끔 벌어지는 연회에 참석해 밤새도록 흥겨움에 빠질 수도 있었다.

노예제 도시국가는 완벽한 사회가 아니었다. 그러나 분명히 완벽한 사회를 추구했다. 그리스의 도시국가는 공민을 위해 공동의 인생 목표와 가치기준을 세웠다. 그래서 그들은 민주와 자유를 사랑하고 자연과 일상생활에 큰 애정을 가졌으며 아름다움과 지혜를 추구했다. 그리스 도시국가, 이 낙원에서 생활하는 그리스인은 정치가, 예술가, 작가, 수공업자를 막론하고 모두가 긍정적이고 적극적으로 진보했다. 그들은 자신만만하고 열정적으로 모든 일을 했고 완벽과 조화를 위해 힘썼다. 그 결과 철학, 자연과학, 정치학, 문학, 건축과 조각 등 여러 분야에서 놀라운 창조를 했고 그들의 지혜로 서양의 밤하늘을 수놓았다. 서양 인문정신의 씨앗은 도시국가라는 비옥한 토양이 있었기에 뿌리를 내리고 꽃을 피우며 마침내 열매를 맺을 수 있었다.

천하무적의 군대 고대 그리스의 해군과 보병

고대 그리스 도시국가 가운데 해군을 창설한 나라는 아테네였다. 그리고 스파르타의 용맹하고 전투에 능숙한 보병은 군사 역사상 하나의 기적이라 불린다. 바다와 육지에서, 고대 그리스의 해군과 보병은 찬란한 역사의 새로운 장을 나란히 열었다.

강대한 해상 함대

고대 그리스는 반도와 크고 작은 섬으로 구성되었으며 넓은 에게해와 지중해가 마주 보고 있었다. 고대 그리스는 일찍이 상업무역과 안보를 위해 해군을 창설했다. 그들의 해군은 구성원들의 짜임이 고르고 실력이 뛰어났는데 그중에서도 아테네의 함대가 가장 강했다.

전함과 관련된 가장 오래된 기록은 호메로스 서사시에 나온다. 물론 서사시가 노래한 것은 기원전 12세기의 전쟁이었지만 그 배경은 저자 호메로스가 살던 시대인 기원전 8세기였다. 그러므로 서사시에서 묘사하는 배는 그리스 도시국가가 만든 초기 전함으로 보는 것이 타당하다.

당시 전함은 주로 20개의 노가 달린 경량형 배와 노 50개가 달린 전함으로 나눌 수 있었다. 뱃머리와 뱃고물에는 갑판이 있고, 노를 젓는 사람들은 의자에 앉아 뱃고물을 마주하고 노를 저었다. 배 위에는 돛대와 4개의 돛이 있었는데 돛대, 삭구[111], 돛은 모두 해체할 수 있었다. 작전을 기다릴 때는 이러한 설비를 해체하여 무게를 가볍게 만들었다. 이런 종류의 전함은 가볍고 민첩했지만 안정성이 낮아서 배가 쉽게 뒤집혔다.

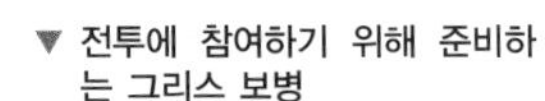
▼ 전투에 참여하기 위해 준비하는 그리스 보병

기원전 7세기, 상업과 무역에 종사하던 페니키아인이 2층짜리 노가 달린 전함을 발명했다. 이 선진 조선기술은 매우 빠르게 고대 그리스인에게 흡수되었다. 고대 그리스인은

111) 배에서 쓰는 로프, 쇠사슬 따위의 총칭

이를 바탕으로 단시간 내에 새롭게 바꾸어 노 젓는 사람이 앉을 자리를 한 층 더 증축하여 3층짜리 노가 달린 전함을 만들었다. 그리고 배 앞쪽 모양은 날카롭게 만들어 '충돌뿔'을 만들었다. '충돌뿔'은 목재로 만들었는데 겉면은 금속으로 휘감아 더욱 단단하게 만들었고 적의 배에 부딪혀 공격하는 용도로 사용했다. 뱃머리에는 눈을 그려 적을 위협했다. 3층짜리 노가 달린 전함은 움직임이 민첩했고 튼튼했으며 내구성이 좋아 기원전 6세기에 이르러 해군의 주요 장비가 되었다.

해상 전쟁

일단 전쟁을 준비할 때 양측은 비교적 확 트인 해역을 선택하고 '一(일)자형'으로 마주 보고 늘어섰다. 전쟁이 정식으로 시작되기 전 양측은 각자의 함대에 올라 신에게 제사를 올리며 신의 보호를 기원했다.

▲ 3층짜리 노가 달린 전함모형

고대 그리스에서 흔히 사용했던 해군 전술은 세 가지가 있다. 첫째, 빠르게 우회하여 적함의 뒤쪽으로 가서 부딪혀 '충돌뿔'로 공격하는 방법이었다. 배의 뒤쪽은 방어할 방법이 없었으므로 적군을 가라앉힐 수 있는 확률이 비교적 높았다. 둘째, 빠른 속도로 배를 몰아서 적군의 옆으로 가서 순식간에 노를 들어 올려 상대의 노와 충돌시켜 노를 망가뜨리는 방법이었다. 이 전술에 성공하려면 매우 빠른 속도와 전체 구성원의 협동이 반드시 필요했다. 그렇지 않으면 아군의 노까지 망가질 수 있는 위험이 있었다. 셋째, 적함으로 돌진하다가 갑자기 군함의 방향을 틀어 적함의 옆면에 부딪히는 전술이었다. 이 전술에서 가장 중요한 점은 방향을 바꾸는 타이밍이었다.

▲ 50개의 노가 달린 전함모형

전함의 제작비는 매우 비쌌고 당시 선원의 임금 또한 낮지 않았으므로 아주 부유한 도시국가만이 배를 제작할 수 있었다. 예를 들어 아테네, 코린토스(Corinth)처럼 충분한 재정 예산을 보유한 도시국가만이 대량의 군함을 만들 수 있었고 그렇지 않은 도시국가는 육군만으로 전쟁을 치러야 했다.

보병의 제왕

기원전 8세기, 정규 육군의 창설 초기에는 기마병이 군대의 주력 부대였다. 기마병은 말과 무기를 준비해야 했고 심지어 보급품까지 스스로 책임져야 했다. 그러므로 일정한 재력을 가진 귀족만이 기마병이 될 수 있었고 가난한 사람들은 보병을 담당하게 되었다. 하지만 그리스 반도는 산과 구릉이 많고 평원이 적었으므로 기마병 전투에는 적합하지 않았다. 그래서 기원전 7세기에 이르면서 사람들은 서서히 전쟁에서 보병의 운용을 중시하기 시작했다. 보병은 중장비 보병과 경장비 보병의 두 종류로 구분되었다. 그중 중장비 보병은 고대 그리스 군대의 주요 병력이었다.

중장비 보병은 전신에 장비를 지닌 보병을 일컬었다. 머리에는 청동 투구를 쓰고 몸에는 가죽과 청동으로 제작한 갑옷을 입었다. 발에는 정강이 보호대를 싸매고 왼손에는 원형 방패를, 오른손에는 청동으로 만든 긴 창을 쥐었다. 중장비 보병은 기마병와 마찬가지로 장비들을 스스로 준비해야 했기 때문에 대부분 상류층 공민이었다. 가난한 공민은 투구와 갑옷, 무기를 살 수 없었으므로 경장비 보병만 될 수 있었다. 경장비 보병의 장비는 가벼운 표창, 활과 화살 등이었다. 그들은 중장비 보병을 보조하여 공격하거나 병참 보급 근무를 했다.

술의 신의 광란 고대 그리스 연극

프로메테우스(Prometheus)는 황량한 바위산 위에 외롭고 쓸쓸하게 홀로 남겨졌다. 그러나 그는 결코 후회하거나 굴복하지 않았다. 제우스는 인류에게서 불을 빼앗았지만 인류를 사랑한 프로메테우스는 하늘의 불을 몰래 훔쳐서 인류에게 전해주었다. 그래서 프로메테우스는 영원히 끊을 수 없는 쇠사슬에 묶여 신의 매가 그의 간을 파먹는 형벌을 날마다 받아야 했다. 그리고 그렇게 사라진 간은 또다시 자라났다. 그는 영웅 헤라클레스에게 구출될 때까지 이 죽을 것 같은 고통을 겪고 또 겪었다. 이 감동적인 신화는 고대 그리스 3대 비극작가 중 한 명인 아이스킬로스(Aeschylos)의 작품 《포박된 프로메테우스》속에 담겨 있다.

술의 신의 광란

디오니소스(Dionysos)는 술의 신이자 식물의 신이다. 신화에서 그는 제우스와 인간의 여자 세멜레 사이에서 태어난 아들이었다. 제우스는 인간인 세멜레를 사랑하여 그녀와 달빛 아래에서 만났고 그녀의 말이라면 뭐든지 다 들어주었다. 이 사실을 알게 된 제우스의 아내인 헤라는 사람으로 변신하여 세멜레에게 다가가 이렇게 말했다. "당신은 왜 진짜 제우스의 모습으로 그를 만나지 않나요? 그렇게 해야 그의 진심을 알 수 있을 거예요." 세멜레는 일리 있는 말이라고 생각했다. 그래서 그녀는 제우스에게 본래 모습을 보여 달라고 말했다. 제우스는 어쩔 수 없이 자신의 진짜 모습인 벼락과 천둥번개로 변했다. 그러자 세멜레는 순식간에 잿더미로 변해버렸다. 그런데 세멜레는 임신한 지 6개월이 다되어 가고 있었다. 제우스는 불 속에서 태아를 꺼내 자신의 허벅지 속에 집어넣었다. 그리고 시간이 흘러 아이가 태어났다. 바로 디오니소스였다. 디오니소스는 태어난 후 엄마인 세멜레의 두 자매에게 보내졌다. 하늘의 여왕 헤라는 이것을 알고 두 자매를 미쳐버리게 했다. 그러자 제우스는 디오니소스를 어린 새끼 양으로 변하게 하여 인간 여자에게 주어 그 손에 자라게 했다. 언젠가 그가 배 위에 올라탔는데 선원들이 그가 혼자뿐임을 알고 그에게 족쇄와 수갑을 채웠다. 그러나 족쇄와 수갑은 저절로 풀려버렸고 디오니소스는 산양의 신과 함께 이집트, 페르시아와 인도를 여행한 뒤 유럽으로 갔다. 그는 자신이 가는 곳마다 늘 사람들에게 포도나무를 재배하고 포도주를 만드는 방법을 가르쳐주었다. 사람들은 그를 무척 사랑했고 특히 여성들이 그를 숭배했다.

역사적으로 포도는 고대 그리스의 가장 중요한 작물이었다. 디오니소스가 포도주 제조 기술을 가르쳐 주었으니 그리스인에게 숭배받은 까닭은 짐작할 만하다. 호메로스 서사시에서 디오니소스는 제단에서 모시는 신이 아니었다. 그러나 평민과 신흥 귀족들은 그를 매우 좋아했다. 그들은 올림포스 산 위의 모든 신은 귀족의 신이어서 다가가기 어려운 존재라고 생각했다. 하지만 디오니소스는 산양의 신, 그리고 그를 광적으로 추종하는 여자들과 함께 마음껏 노래하고 춤을 추면서 흥겨움에 취해 지냈다. 평민과 신흥 귀족들은 이러한 디오니소스의 평범한 모습을 아끼고 사랑했다. 아테네 최초의 연극 공연은 바로 술의 신 디오니소스를 기념하는 활동이었다. 사람들이 술의 신에게 제사를 지낼 때면 무용수들은 산양의 가죽을 걸치고 술의 신으로 분장한 사람과 함께 미친 듯이 노래하고 춤을 췄다. 이들이 부르는 노래는 '산양의 노래' 라고 불렀다. 그리스어에서 '비극' 은 원래 '산양의 노래' 라는 의미였고, '희극' 은 원래 '미친 듯이 기뻐하며 부르는 노래' 라는 뜻이었다.

비극의 거장

고대 그리스 문학에서 가장 위대한 성과는 바로 비극과 희극이다. 고대 그리스의 비극은 세계적인 의미가 있다. 바로 역사와 시대의 의미를 완전히 하나로 합쳤고 그 내용 또한 풍부했다는 점이다. 고대 그리스의 희극은 대부분 정치 풍자극과 사회 풍자극으로 생활과 밀접한 관계가 있었으며 내용이 가볍고 자유로웠다. 고대 그리스에서 최고의 비극작가는 바로 아이스킬로스, 소포클레스(Sophocles) 그리고 에우리피데스(Euripides)이다. 한 가지 알아둘 것은 아테네가 그리스 도시국가 문명의 대표 주자였고, 그리스 연극의 대가들 역시 대부분 아테네 공민들이었다는 사실이다.

아이스킬로스(기원전 525년~기원전 456년)는 고대 그리스 비극의 진정한 창립자로서 가장 위대한 비극작가로 인정받고 있다. 그는 아테네 근교인 엘레우시스의 오래된 귀족가문에서 태어났다. 아이스킬로스는 어린 시절부터 포도원에서 포도 구경하는 것을 매우 좋아했다. 어느 날 아이스킬로스가 포도나무 아래에서 잠을 자고 있었는데

▲ 에우리피데스의 비극 《메데이아》

이아손과 메데이아가 훔쳐낸 황금양털을 가지고 콜키스를 탈출하는 장면. 이아손은 왕의 자리를 차지하려면 콜키스 섬의 왕이 가지고 있던 황금양털이 필요했다. 이아손을 사랑한 메데이아는 그가 아버지의 황금양털을 훔쳐 무사히 도망갈 수 있도록 도와주었다.

꿈속에 술의 신 디오니소스가 나타나 그에게 비극을 쓰라고 부탁하고는 사라져버렸다고 한다. 아이스킬로스는 젊었을 때 보았던 아테네의 참주가 통치하는 모습 때문에 민주정치 운동을 지지하게 되었다. 훗날 그는 페르시아 침략에 대항하는 마라톤 전쟁과 살라미스 해전에 참여했다. 한편, 아이스킬로스는 연극을 상연할 때 한 명의 연기자만 등장하던 고대 그리스 연극의 전통 형식을 깨고 두 명의 연기자를 출연시켜 극의 줄거리에 생동감을 불어넣었다. 그는 총 90여 편의 작품을 썼는데 오늘날에는 단지 일곱 편만이 완전하게 전해지고 있으며 또 다른 세 편은 부분적으로 보존되고 있다. 전해지는 그의 일곱 편의 작품은 《테베 공격의 7장군》, 《페르시아인》, 《구원을 바라는 여자들》, 《포박된 프로메테우스》, 〈아가멤논〉, 〈코에포로이〉 그리고 〈에우메니데스〉이다. 특히 마지막 세 작품은 완전히 남아있는 유일한 3부작으로 합쳐서 《오레스테스 3부작》이라고 부른다. 《페르시아인》은 그리스-페르시아 전쟁을 주제로 하는 작품으로 당시의 현실 생활을 담은 유일한 비극 작품이다. 아이스킬로스의 모든 작품은 신화와 영웅 전설에 그 바탕을 두고 있다. 아이스킬로스는 고대 그리스 전체에서 최고의 비극 거장으로 평가되고 있으며, 그의 작품은 영웅주의의 기개와 애국의 열정으로 가득했다. 그의 작품은 전체 서양 연극예술 발전에 커다란 영향을 미쳤다.

소포클레스(기원전 496년~기원전 406년)는 아테네의 부유한 기사 가문에 태어났으며 그리스 비극예술의 완성자라고 인정받는다. 소포클레스는 온화한 민주파 일원으로 페리클레스와 사이가 매우 좋았다. 소포클레스는 아테네 연극계에서 수십 년 동안 명성을 떨쳤으며 연극예술의 '호메로스'라고 불렸다. 그는 초기에 아이스킬로스의 작품을 공부했지만 빠르게 자신만의 특색을 만들었다. 소포클레스는 먼저 연극 인원을 세 명으로 늘려 연극의 무대 역할을 한층 더 튼튼하게 만들었지만 합창단의 역할은 축소했다. 소포클레스는 일평생 총 100편 이상의 연극작품을 썼지만 아쉽게도《안티고네》,《엘렉트라》,《오이디푸스 왕》,《필로크테테스》,《트라키아의 여인》등의 일곱 편만이 현재 전해지고 있다. 그중에서《안티고네》와《오이디푸스 왕》이 가장 높은 평가를 받고 있는데 특히,《오이디푸스 왕》은 고대 그리스 비극의 전형적인 작품으로 여겨진다. 소포클레스는 일생을 도시국가 제도의 최고 번성기 시절에 보냈는데, 그는 비극작품을 통해 이상적인 도시국가의 공민에 대해 탐구했다. 그의 비극은 예술적으로 완벽을 추구했고 정서적으로는 장중함을 원했다. 이는 페리클레스 시대 아테네 문명의 풍요로움과 번창을 반영한 것이기도 하다.

에우리피데스(기원전 485년~기원전 406년)는 아테네 최후의 위대한 비극작가이다. 그가 살던 시대는 바로 아테네 노예제 도시국가의 위기가 전면적으로 폭발한 시기였다. 에우리피데스는 귀족가문 출신으로 어릴 때부터 다양한 예술에 대해 체계적인 공부를 했다. 정치적으로 그는 민주파를 옹호했지만, 평생에 걸쳐 거의 어떠한 정치활동에 참여한 적이 없었고 오히려 철학에 빠져 무대 위의 철학가라고 불릴 정도였다. 에우리피데스는 특히 사실성[112]과 열정을 중요시했다. 그는 인물의 심리에 대해 깊이 있는 묘사를 했으며, 작품 속에서 성찰이 필요한 문제들을 제시했다. 에우리피데스는 일평생 총 80여 편의 비극 작품을 썼고 현재는 그중 18편만이 전해진다. 특히《메데이아(Medeia)》는 서양 문학에서 최초로 여성을 주인공으로 한 작품으로 이방인 여자 메데이아와 그리스 남자 이아손과의 사랑이야기

112) 있는 그대로 적거나 그려내려고 하는 경향을 지닌 특성

를 다뤘다. 에우리피데스에 대한 평가는 지금까지도 일치하지 않는다. 어떤 사람은 그를 가장 위대한 비극작가라고 평가하는 반면, 또 어떤 사람은 비극이 그의 손에서 몰락했다고 비평하기도 한다.

▼ **명화 《오이디푸스와 스핑크스》**
프랑스 화가 모로(Gustave Moreau)의 명화《오이디푸스와 스핑크스》이다. 오이디푸스가 스핑크스의 수수께끼를 풀고 있는 장면을 묘사했다. 배경은 깎아지른 듯한 절벽과 고대 등대 기둥의 유적으로 짙은 고대의 숨결을 느낄 수 있다.

희극의 대가

기록에 따르면 아테네에서 희극이 정식으로 등장한 것은 기원전 487년부터라고 한다. 아테네는 유명한 희극 시인들을 배출했는데 그들 가운데 아리스토파네스의 작품만이 후세에 전해지고 있다.

아리스토파네스(기원전 446년~기원전 358년)는 아테네에서 태어났다. 그가 살던 때는 그리스 도시국가 내부에서 펠로폰네소스 전쟁이 한창 진행되던 중이었고, 그리스 도시국가의 위기가 이제 막 겉으로 드러나면서 아테네 문명이 쇠락의 길로 접어들던 때였다. 아테네 사회는 양극화가 매우 심각했고 파벌 간의 투쟁이 극에 달했다. 아리스토파네스는 평생 총 44편의 희극대본을 썼는데 그 중 완전히 전해내려 오는 것은 11편뿐이다.. 그의 유명한 작품으로는 정치 야심가의 이야기를 다룬《기사들》과《벌》, 문단의 비리를 묘사한《구름》과《개구리》, 한 모험가가 아테네인에게 가져온 재난을 풍자한《새》가 있다. 아리스토파네스는 중소토지귀족의 입장에 서서 정의롭지 못한 펠로폰네소스 전쟁을 중지해야 한다고 주장했다. 그런 그의 작품은 정치적으로 한쪽에 치우치는 경향이 강했다. 그는 풍부하고 다채로운 언어구사력과 뛰어난 상상력으로 당시 사회문제를 폭로하고 동시대를 살던 일부 사상가와 정치가를 비판하는 한편 빈부격차와 사회 불공평 현상을 조롱했다. 아리스토파네스는 해학과 풍자를 통해 심각한 사회문제를 언급했다.

올림포스 산 위의 신 고대 그리스의 신

세계에서 어떤 민족도 그리스인처럼 신과 신화에 도취한 민족은 없을 것이다. 또한 그리스인만큼 사람들의 입에 자주 오르내리는 다채로운 신화를 가진 민족도 없을 것이다. 그리스인의 신에 대한 숭배와 애정 또한 다른 민족들은 이해하기 어려울 것이다. 하늘에서 대지까지, 산속을 흐르는 시내에서 바다까지, 그들은 세상 만물을 전쟁의 신, 사랑의 신, 술의 신, 운명의 신, 복수의 신, 지혜의 신 그리고 문명의 신 등으로 만들어버렸다. 이러한 신들은 모든 곳에 존재했고 모든 그리스인의 생활을 지배했다.

올림포스 산 위의 신

그리스는 인간과 신이 '공존'하는 나라였다. 고대 그리스인의 눈에 그들과 늘 함께 있는 신들은 그리스 반도 북부의 올림포스 산 위에서 생활했다. 신과 인간은 똑같은 모습과 특성을 지니고 있었다. 신들에게도 남자와 여자가 있었고, 사람이 지닌 모든 감정을 지니고 있었다. 신도 질투를 하고 사랑을 했으며 결혼을 하고 바람을 피우기도 했다. 또한 신들은 인간 세상에 간섭하기를 좋아했다. 서로 다투기도 했고 '쿠데타'를 일으키기도 했다. 신과 인간 사이의 유일한 차이점은 신은 죽지 않고 영원히 살며 평생 젊음을 유지하지만 인간은 늙고 병들며 결국 죽는다는 것이었다.

▼ **올림포스 산 위의 신들**
고대 그리스 신화에서 인류를 주관하고 세계를 통치하는 신들은 모두 올림포스 산 위에서 살았다. 하늘의 신들은 평상시에 각자의 영역에서 아무런 걱정 없이 생활하다가 '신들의 왕'인 제우스가 부르면 그들은 제우스의 신전에 잇따라 모여들었다.

고대 그리스의 신은 두 부류로 나눌 수 있다. 한 부류는 상상 속의 신이다. 그들은 세상 만물의 주관자로서 자연과 인간이 만들 수 없는 인연과 기회를 주관했다. 그래서 사람들은 그들에게 무한한 경외심을 갖고 있었다. 나머지 한 부류는 전설 속에 나오는 영웅이었다. 그들은 원래 이전 시대의 부락을 이끌던 수장이거나 전쟁 영웅들이었다. 처음에 사람들은 영웅의 힘, 용기, 지혜와 품성을 흠모했는데 여러 세대가 지나면서 영웅들은 점점 신처럼 힘이 강대하고 용모는 더할 나위 없이 빼어나게 바뀌었다.

시간이 흐르면서 그리스인은 너무나도 많고 다양한 신들에 혼란을 느꼈다. 기원전 8세기에 이르러 위대한 시인 호메로스와 헤시오도스(Hesiodos)는 신들의 혈통을 깨끗이 정리했다. 당시 그리스에는 도시국가가 많았으므로 크고 작은 문제들이 발생했다. 그러나 각 도시국가는 신앙 문제로 부딪히지 않았기 때문에 훗날 유럽의 중세시대에 생겨난 이단에 대한 재판과 같은 일들이 벌어지지 않았다.

그리스의 신은 자연신의 속성을 지녔다. 그리스인은 신비한 대자연이 세상 만물을 키운 것이라고 인식하고 있었고, 이러한 인식을 바탕으로 자연에 대한 강렬한 숭배심리가 자라나게 되었다. 그리고 그들의 숭배심리는 자연을 신격화시키기에 이르렀고 마침내 수많은 그리스 신들이 탄생하게 되었다. 그리스의 신은 지방적인 특성이 있었다. 한 명의 신은 하나의 도시국가를 대표했고 신과 그의 도시국가는 일체화되었다. 그리스인은 신을 공양하는 것을 좋아했고 신을 숭배하는 종교 활동은 그리스의 각 도시국가 공민들의 생활에서 중요한 부분을 차지했다. 종교는 그리스인에게 의미 없는 설교나 추상적인 가르침이 아니라 그들의 일상생활에 녹아들어 있었기 때문에 당연히 있어야 할 존재였다.

세상을 창조한 신화와 신구 신들의 투쟁

세상이 생겨나기 전, 우주는 빛도 그림자도, 하늘과 땅도 없이 그저 혼돈만이 존재했다. 대지의 어머니 가이아는 하늘의 신 우라노스를 낳았고, 우라노스는 훗날 세상의 주관자가 되었다. 가이아와 우라노스는 결합하여 티탄이라고 불리는 열두 명의 거인 신을 낳았고 그들은 각각 하늘, 땅, 해, 달, 별, 바다 등을 다스렸다. 가이아와 우라노스는 그들 외에도 외눈박이 거인 세 명과 손이 백 개가 달린 세 명의 거인을 낳았다.

우라노스는 자신의 권력을 아들딸에게 빼앗길까 두려워 그들을 전부 암흑천지인 지하에 가둬버렸는데, 이것은 자식을 끔찍이도 사랑하는 가이아를 매우 화나게 했다. 가장 어린 아들인 크로노스는 가이아의 도움을 받아 형과 누나들을 구출하였고 그들은 힘을 모아 아버지 우라노스를 죽이고 그의 통치를 전복시켜버렸다. 이후 크로노스가 통치자의 자리에 올라 제2대 주신이 되었다. 이 양대 신이 바로 그리스 신화에 나오는 '구세력'의 신이다.

크로노스는 신들의 우두머리가 된 후 누나 레아와 결혼하여 삼남 삼녀를 낳았다. 크로노스는 자기 손으로 아버지의 통치를 전복시킨 적이 있던 터라 내심 자기 자식들도 자신을 밀어내지 않을까 두려워했다. 크로노스는 근심거리를 미리 없애버리기 위해 레아가 아이를 낳을 때마다 뱃속에 삼켜버렸다. 레아는 다섯 명의 아이를 낳았는데 크로노스는 아이 다섯을 모두 다 먹어버렸다. 레아가 여섯 번째로 낳은 아이가 바로 제우스였다. 그녀는 이 아이마저 남편에게 먹히게 할 수 없었다. 그래서 커다란 돌을 천으로 감싸 자신이 낳은 아기라고 속여 크로노스가 먹게 했다. 돌을 먹은 크로노스는 아이를 먹은 것처럼 배가 불렀으므로 제우스는 다행히 살아남을 수 있었다.

▲ 힘의 신 헤라클레스(Hercules)

성장한 제우스는 강력한 신력을 갖게 되었다. 그는 조심스럽게 크로노스의 술잔에 독약을 넣었는데 크로노스는 이것을 마시고 심하게 기침을 했다. 그러자 크로노스의 뱃속에 있던 자식들이 튀어나왔다. 제우스는 형, 누나들과 함께 '쿠데타'를 재연하여 아버지를 우두머리 자리에서 밀어내고 '신세력'의 시대를 세웠다. 이들이 바로 '올림포스의 신들'이며 제우스와 그의 부인 헤라[113]는 올림포스 산에서 절대적인 권력을 가진 통치자가 되었다.

성대한 신들의 계보

올림포스 산에는 많은 신이 있지만, 그중에도 열두 명의 신이 가장 중요하다. 그들은 각각 만물을 주관하여 '올림포스 12신'이라고

113) 그녀 역시 제우스의 누나였다.

불렸다. 바로 신중의 신 제우스, 신의 여왕 헤라(Hera), 태양의 신 아폴론, 달의 신 아르테미스, 지혜의 신 아테나, 사랑의 신 아프로디테, 전쟁의 신 아레스, 신의 전령 헤르메스, 농사의 신 데메테르, 불의 신 헤스티아, 바다의 신 포세이돈과 어둠의 신 하데스이다.

제우스는 전설 속에서 신들의 왕이다. 그는 절대 권력을 가지고 있으며 인간의 질서와 법률을 결정하고, 인간의 길흉화복을 주관한다. 전쟁과 운동경기의 승패를 판단하며 세시 풍속과 종교의식이 정상적으로 실행되고 있는지 감독했다. 그의 무기는 천둥과 번개였기 때문에 하늘과 땅을 통틀어 그의 권력을 막을 수 있는 것은 아무것도 없었다. 그러나 그의 위엄, 권력과는 딴판으로 그의 애정과 관련된 이야기는 고대 그리스 신화에서 셀 수 없이 많이 등장했다. 여신이든 인간 세상의 여자이든 상관없이 제우스는 아름다운 여인에게 지대한 관심을 보였다. 그리하여 그에게는 수많은 자녀가 있었고 그의 자녀들은 서로 다른 신력을 가졌고 서로 다른 처지에 놓였다.

▼ **제우스와 테티스(Thetis)**
제우스와 여신 테티스는 열렬히 사랑했다. 그러나 이후 제우스는 테티스에게 인간 남자와 결혼할 것을 명령했다. 그림에서 올림포스 산에 제우스가 앉아있고 테티스 여신은 그에게 마음을 바꿔줄 것을 간절히 애원하고 있지만 제우스는 완강한 태도를 보이고 있다. 이 그림은 프랑스 화가 앵그르(Jean Auguste Dominique Ingres)가 그리스 신화를 바탕으로 그린 유화 작품이다.

코린토스 왕 시시포스는 여자들에게 치근거리는 제우스의 행동을 매우 못마땅하게 여겼다. 이 사실을 안 제우스는 시시포스를 지옥에 가두고 벌을 받게 했다. 바로 커다란 바위를 산꼭대기로 밀어올리는 벌이었는데, 그 바위는 꼭대기 근처에만 다다르면 다시 아래로 굴러 떨어졌다. 시시포스는 영원히 이 형벌에서 벗어날 수 없었다.

이렇듯 제우스는 안심할 수 없는 남편이었다. 그의 아내 헤라는 질투심이 매우 심한 여신이었다. 사실 이 왕비는 제우스의 누나였다. 원시사회에서의 근친혼 풍속은 신화에서 그녀를 제우스와 결혼하도록 했고 헤라는 제우스의 정식 아내가 되었다. 헤라는 결혼생활을 지키는 여신으로 특히 이미 결혼한 부녀자를 보호했다. 그러나 그녀는 사실 자신의 결혼생활조차 제대로 못 지키는 여신이었으니, 이 부분에서 풍자적인 요소를 엿볼 수 있다. 고대 그리스 전설에서 헤라는 끊임없이 남편 제우스의 애인과 그 사이에서 낳은 자녀들을 수습하느라 정신이 없었다. 질투와 증오에 불타는 그녀는 복수할 때 종종 냉혹하고 잔인한 면모를 보였다.

그리스 신화에는 '올림포스 12신' 외에도 백 명이 넘는 신들이 나오는데 그들은 대부분 인간이 아닌 괴물이거나 반신반인의 존재들이었다. 그 가운데는 모든 사람의 운명을 관장하는 운명의 세 여신이 있었다. 클로토는 생명선을 짰고, 라케시스는 생명선의 길이를 결정했으며, 아트로포스는 생명선을 잘라버렸다. 예술의 여신들도 있었다. 모두 아홉 명이었는데 각각 역사, 천문, 비극, 희극, 무용, 애정시, 송가 등을 주관했다. 괴물 신 중에는 히드라, 네메아의 사자, 스핑크스 등이 있고, 반신반인의 존재로는 판도라가 대표적이다. 판도라는 헤파이스토스가 흙으로 빚어 만든 여인이었다. 그리고 트로이 전쟁을 보면 그리스의 위대한 영웅인 아킬레우스와 에우로페가 있다. 에우로페는 아름다운 인간의 여인으로 제우스의 애인이었는데 유럽(Europe)[114]의 어원이라고 전해진다.

이러한 신들은 그 기원이 넓으며 그 속에 연관된 사람이 많을 뿐만 아니라 관계도 복잡하다.

신과 인간의 사이

그리스 신화에는 영웅의 이야기가 많이 나온다. 영웅은 신과 인간이 결합한 산물로서 그들은 신보다 더 용감하고 두려움이 없는가 하면, 신보다 더 친구와의 우정을 중시한다. 또한 신보다 더 국가에 충성하기도 하고 신보다 더 사람들을 감동시키기도 한다. 이런 점에서 그리스 신화의 기본적인 두 가지 특징을 알 수 있다. 신은 인간과 똑같은 모습과 성격을 가졌다. 그들은 인간보다 더 도덕적이거나 더 숭고하지 않았고 인간보다 현명한 것도 아니었다. 신들은 단지 더

114) 알파벳을 하나씩 읽어보면 에우로페이다.

완벽한 육체를 가지고 있을 뿐이었다. 신들 역시 잘못을 저질렀고 화를 냈으며 사람과 똑같은 감정을 지니고 있었다. 그들 역시 기뻐하고 즐거워했으며 사랑하는 이와 이별도 했다. 신들에게도 남자와 여자가 있었고, 결혼을 하여 아이를 낳고 후손을 번성시켰다. 제우스는 다른 여신들 혹은 인간의 여자들과 몰래 연애를 하기도 했다. 신들도 똑같이 싸움을 했고 이웃의 추잡한 일을 떠들어대기도 했다. 그리고 인간들처럼 사회조직이 있었다. 사랑을 잃었을 때 신들은 억울함을 느꼈고 친구를 잃었을 때 상실감을 느꼈다. 신과 인간의 가장 중요한 차이점은 신의 생명은 무한하나 인간의 생명은 유한하다는 것뿐이었다.

인간이 근본이 된 그리스 신화의 가장 큰 특징은 모든 신이 이기적이라는 점이다. 이것은 다른 신화와 종교에서 등장하는 신비스럽고 고귀하여 감히 다가갈 수 없는 신들과 가장 큰 차이를 보이는 부분이었다. 또한 신과 인간이 같은 모습과 성격을 가졌다는 것은 고대 그리스인과 다른 민족 간의 무시할 수 없는 차이점을 보여주는 것이었다. 고대 아테네 작가의 붓끝에서 인성이 풍부한 종교와 예술, 시가, 음악, 운동경기와 도덕이 탄생했다는 것은 고대 그리스인에게 엄청난 행운이었다. 그들에게는 이단에 대한 재판도, 종교적 박해도, 신앙적 논쟁도 존재하지 않았다. 부정할 수 없는 점은, 다채롭고 인성이 풍부한 종교가 그리스 문명의 특별한 매력을 만든 중요 요인이라는 것이다. 르네상스(Renaissance)[115]는 바로 고대 그리스 문화를 다시 융성시키자는 깃발 아래에서 출발한 것이며, 인문주의(humanism)의 사상은 바로 인간을 근본으로 하는 그리스 신화의 영향을 받은 것이다. 그리스 신화는 최초의 그리스 인본주의 관념을 형성했고 전체 그리스 문명의 영혼이 되었으며, 더 나아가 전체 서양 사회 정신문명의 핵심이 되었다.

115) 14세기~16세기에 이탈리아를 중심으로 하여 유럽 여러 나라에서 일어난 인간성 해방을 위한 문화 혁신 운동

'올리브 관을 쓰든지, 목숨을 잃든지' 고대 올림픽

> 당신은 순수한 그리스인인가 아니면 이방인인가? 당신은 자유인인가 아니면 노예인가? 당신은 남자인가 아니면 여자인가? 이렇듯 고대 올림픽에 참가하는 일은 절대로 쉬운 일이 아니었다. 고대 올림픽은 매우 선명한 민족적 색채와 종교적 색채를 띠고 있었고, 경기 전에 운동선수에 대한 자세한 조사를 했다. 조사에 합격한 후에야 운동선수의 이름은 올림피아(Olympia)에서 가장 눈이 잘 띄는 곳에 있는 나무판 위에 걸렸다. 이때부터 운동선수들은 어떤 이유로도 경기에서 물러날 수 없었고 우승하기 위해서 필사적으로 싸워야만 했다.

올림픽의 기원

그리스의 수도 아테네는 그리스 동남부 아티카 반도의 서쪽에 있으며 삼면이 바다로 둘러싸여 있었다. 사람이 살기에 적합한 기후였기 때문에 그리스 정치, 경제, 문화의 중심이 되었다. 고대 아테네 시기에 그리스는 유럽 문명의 요람이었고 아테네는 바로 이 요람의 중심이었다. 아테네에서 서남쪽으로 약 200킬로미터 떨어진 지역에 언덕 지대가 있었는데 이곳이 세계적으로 이름난 고대 올림픽의 발원지인 올림피아였다.

고대 그리스인은 신화를 몹시 좋아해서 어떤 사람이든지 무슨 일이든지 간에 신화와 관련되어야만 만족했다. 고대 올림픽도 예외는 아니었다. 고대 올림픽의 기원과 관련된 전설은 아주 많다. 그중 한 가지는 고대 올림픽이 제우스에게 제사를 지내기 위해 정기적으로 실시한 운동 경기라는 것이다. 제우스는 신들의 왕이 된 후 올림피아에서 성대한 축하행사를 거행했는데 이것이 최초의 고대 올림픽이라고 한다. 또 다른 전설은 펠롭스가 결혼을 하게 된 이야기이다. 피사의 왕 오이노마오스는 자신의 딸에게 이상적인 남편감을 골라주기 위해 청년들에게 자신과 전차 경주를 해서 이기면 자신의 사위로 삼겠다고 말했다. 그 결과 열세

▼ 레슬링 경기

명의 청년이 경주를 하다가 죽었고 열네 번째 청년이었던 펠롭스가 아내를 얻기 위해 지혜를 짜내어 국왕을 이겼다. 펠롭스와 공주는 성대한 축하 의식을 열었는데 이 활동들이 훗날 올림픽이 되었다고 한다.

사실 고대 올림픽의 출현은 당시 그리스 사회의 정치, 경제, 문화 및 종교와 밀접한 관계가 있다. 그리스는 씨족사회가 무너져 내린 후 몇 백 개의 작은 도시국가가 새롭게 세워졌다. 하지만 이 도시국가들은 서로 협력하지 않아 혼란이 끊이지 않았다. 각각의 도시국가는 체력 단련을 통해 강대한 병사를 배양해내고 싶어 했다. 스파르타 도시국가의 어린 아이는 7세 때부터 나라의 주도하에 체력 단련과 군사훈련에 참여했다. 고대 올림픽의 경기 종목에도 군사훈련과 관련된 것들이 있다. 이밖에 다신교를 믿은 고대 그리스인은 경축일이 되면 도시국가들에서 노래, 무용 그리고 운동경기 등을 통해 신들에게 제사를 지내 경의를 표했다. 그래서 고대 그리스인이 신들의 왕인 제우스에게 지내는 제사 역시 올림픽의 탄생을 촉진했다고 할 수 있다. 최초의 올림픽은 기원전 776년에 시작했고 이때부터 그리스는 정확하게 연대를 기록하기 시작했다. 끊이지 않고 이어지는 전투에 백성들은 싫증을 느끼고 있었다. 그래서 올림픽이 열리기 한 달 전에 도시국가 간에 벌어지는 전쟁에는 휴전이 선포되었다. 신성한 횃불이 마치 신의 명령인 것처럼 횃불이 가는 곳마다 반드시 전쟁의 화마가 꺼졌다. 이른바 '신성한 휴전'이었다.

성대한 체육 행사

올림픽이 열리는 운동장은 2만 명의 관중을 수용할 수 있을 정도로 컸다. 고대 올림픽은 운동경기 대회였을 뿐만 아니라 사실상 고대 그리스인의 전국적인 명절이었다. 기원전 561년, 고대 올림픽의 여러 경기규칙 가운데 선수의 자격규정에 대해 알아보도록 하자. 운동선수는 반드시 두 세대 이상이 순수한 그리스인이어야 했고 형벌을 받아본 적이 없는 자유인에 한했다. 또한 정치적, 도덕적, 종교적, 법률적인 면에서 오점이 없어야 했다. 여자는 경기에 참가할 수도, 경기를 참관할 수도 없었으며 이러한 규칙을 어긴 사람은 낭떠러지에서 던져졌다.

고대 올림픽의 주요 경기 종목에는 달리기 시합이 있었다. 단거리와 중거리, 몸에 투구와 갑옷을 입은 채 각각의 손에 방패와 창을 들고 달리는 무장경주가 포함되어 있었다. 특히 무장경주는 특이한 장면을 만드는 동시에 매우 치열했다. 높이뛰기, 격투 무술, 고대 5종경기도 있었는데 고대 5종경기의 경기 종목은 단거리달리기와 멀리뛰기, 창던지기, 원반던지기 그리고 레슬링이었다. 또한 전차경주와 경마 종목도 있었다. 전차경주는 매우 격렬했으며 전차를 모는 말들은 현란하고 다채로워 장관을 이루었다. 선수들은 알몸으로 채찍을 휘두르며 말을 재촉했다. 그 와중에 전차가 망가지고 사람이 다치는 사고가 종종 발생하여 끝까지 경기를 완주하는 사람은 반도 되지 않았다. 경마의 말은 안장도 등자[116]도 없이 그저 선수의 기술에만 의존하여 경기를 치렀다. 그래서 어떤 선수들은 경기 도중에 말에서 떨어져 다치기도 했고 현장에서 목숨을 잃기도 했다. 이외에도 다른 여러 가지 경기 종목이 있었다.

▲ 높이뛰기 경기

마라톤 장거리 달리기 역시 주의 깊게 살펴볼 만한 종목이었다. 그런데 장거리 달리기 종목의 이름은 왜 마라톤이 되었을까? 원래 마라톤은 고대 그리스의 지명이었다. 기원전 490년, 그리스 도시국가는 페르시아의 침입으로 시작된 그리스-페르시아 전쟁을 치르고 있었다. 그리고 당시 마라톤에서 전투가 벌어지고 있었다. 이 전투는 아테네와 더불어 전체 그리스의 존망이 달린 매우 중요한 싸움이었다. 마라톤 전투가 벌어지고 있을 때 아테네인들은 모두 아테네 도성의 중앙 광장에 모여 초조하게 전투 결과를 기다리고 있었다. 한편 마라톤 전투에서 승리한 그리스 군대의 지휘관은 모두에게 승전 소식을 빨리 알려주기 위해 장거리 달리기에 능한 병사를 아테네

116) 말을 탔을 때 두 발로 디디는 제구

로 보냈다. 그 병사는 부상을 당한 상태였지만 의연하게 임무를 받아들였다. 아테네인들이 초조한 시간을 보내고 있을 때 상처로 가득한 그리스 병사 한 명이 중앙 광장으로 달려오며 격앙된 목소리로 외쳤다. "환호하십시오, 우리가 승리했습니다!" 그리고 이 병사는 그 자리에서 숨을 거두었다. 마라톤 전투로 아테네인은 큰 대가를 치러야 했지만 페르시아 군대는 물러나게 되었고 아테네인은 자신들의 나라를 지켜낼 수 있었다. 그래서 마라톤 장거리 달리기는 마라톤 전투와 승전 소식을 전하고 죽은 병사를 기념하기 위해 생겨났다.

우승의 영광

고대 올림픽은 현대 올림픽의 전신이다. 현대 올림픽의 정신 중에는 '참가하는 데에 의의가 있다' 라는 것이 있지만 고대 올림픽의 구호는 오히려 '올리브 관을 쓰든지, 목숨을 잃든지' 였다. 우승자는 역사서에 기록되었고 도자기 꽃병에 모습이 새겨졌을 뿐만 아니라 그들의 모습이 조각으로 만들어지고, 그들의 행적은 시가로 노래되었다. 그래서 고대 올림픽은 2, 3등에 대한 설명은 없었고 어떤 종목이든 오직 우승자만이 존재했다. 다시 말해서 2, 3등은 아무런 의미가 없는, 그저 승리하지 못한 패배자일 뿐이었다.

우승자의 지위는 대단히 높았다. 그는 먼저 올리브 가지로 만든 관을 썼다. 이 올리브 가지는 상부의 명령을 받은 소년이 성스러운 올리브 농장에 가서 황금 칼로 잘라온 가지였다. 올리브 가지로 엮어 만든 올리브 관은 가장 신성한 상품이었다. 그런데 왜 하필 올리브 가지였을까? 바로 고대 그리스에서 올리브가 가지는 특수한 지위 때문이었다. 올리브는 술을 담가 마실 수도 있고 기름을 짜거나 식용으로 사용할 수도 있었다. 또한 향료를 얻고 약재로 이용하는 등 그 용도가 매우 넓어 경제적 가치가 아주 높았다. 그래서 올리브는 그리

▼ 열심히 경기하고 있는 선수들

스인의 생활과 매우 밀접한 관련이 있었고 사람들은 올리브에 각별한 애정과 숭배하는 마음을 가지고 있었다. 우승자에게 주어지는 혜택은 일반 사람들이 매우 바라지만 얻을 수 없는 것들이었다. 도시국가마다 우승자를 위해 성대한 축하행사를 열어주었고 우승자의 행적은 당시 가장 유명한 시인이 시가로 만들어 노래로 불렀다. 그의 이름은 역사책에 기록되었고 그의 모습은 도자기와 청동, 대리석 위에 조각되었다. 또한 우승자에게는 전쟁터에서 왕과 선두에 나란히 서서 적과 싸울 수 있는 자격을 얻었고 모든 극장에서 맨 앞줄에 앉아 공연을 관람할 수 있었다. 이밖에 가장 현실적이고 실용적인 혜택도 있었는데 당시 귀족들조차 부러워할 만한 것이었다. 고대 올림픽에서 우승한 사람은 모든 도시국가의 공공식당에서 평생 음식을 공짜로 먹을 수 있었고 국가에 대한 각종 의무를 면제받았으며 도시국가는 그에게 종신 보조금을 지급했다. 당시 유명한 시인은 다음과 같은 웅장하고 아름다운 시를 써 내려갔다. '그는 고귀한 표창을 받고, 풍요로운 청춘을 보내나니, 그를 높이 떠받들자, 그의 마음속에 있는 용기의 날개는 부귀보다 더욱 아름답고 찬란하구나.'

▲ 횃불 이어달리기

역사적 유산

기원전 776년에 제1회 고대 올림픽이 개최된 이래로 약 천 년의 시간이 흘렀지만 올림픽은 그치지 않고 계속해서 이어졌다. 펠로폰네소스 전쟁 이후 그리스 도시국가들은 서서히 몰락의 길을 걷기 시작했다. 훗날 그리스가 마케도니아(Macedonia) 제국에 합병되었을 때 마케도니아의 알렉산드로스 대왕은 자신이 체육을 좋아하지 않았지만 올림픽을 개최하는 것에는 커다란 지지를 보냈다. 이후 역사에서 수많은 사람이 고대 올림픽에 대한 흠모의 감정을 내보인 것을 알 수 있다. 예를 들어 로마제국의 황제인 네로는 자신이 경기에 참여할 수 있도록 일부러 올림픽 개최를 2년 미뤘다. 이 황제는 서기 67년에 거행된 올림픽에서 6개 종목의 우승을 차지했다고 한다. 그러나 네로황제는 로마 역사에서 폭군으로 이름난 황제였으므로 그의 우승이 진정한 그의 실력이었을지는 확신할 수 없는 부분이다. 로마가 그리스를 정복한 뒤에도 올림픽은 로마 황제들의 경제적 원조를 받아 서기 2세기에도 계속해서 발전해 나갈 수 있었다. 그러나 고대 올림픽은 수난의 시기를 맞이하게 되었다. 서기 267년, 올림픽이 열리던 신전이 외부 민족인 고트(Goth)인의 침입으로 몽땅 약탈당했다. 이후 가톨릭교가 로마제국의 국교로 지정되면서 가톨릭교는 올림픽을 이단 활동으로 규정하여 억압했다. 그리고 서기 394년, 로마제국의 황제 테오도시우스 2세는 로마의 그리스에 대한 통치를 유지하고 국교로서 가톨릭교의 지위를 단단히 굳히려고 올림픽 개최 금지를 명령했다. 293회가 열리고, 1169년의 세월동안 이어져 내려오던 고대 올림픽은 이렇게 해서 사라져버렸다.

고대 올림픽은 비록 사라졌지만 인류사회에 보석과 같은 문화유산을 남겼다. 이른바 '고대 올림픽 정신'으로, 이는 현대 체육에 커다란 영향을 미쳤다. '고대 올림픽 정신'은 사람들이 평화를 갈망하는 염원을 반영했으며 공정, 평등, 경쟁의 정신을 존중했다. 또한 사람들이 몸을 건강하게 유지할 수 있길 바라는 마음과 자아실현을 이루고 싶어하는 마음을 드러냈다. 요컨대 '올림픽 정신'을 통해 인류가 진보하고 고무되었으니, 이는 귀중한 정신적 재산이라고 말할 수 있다.

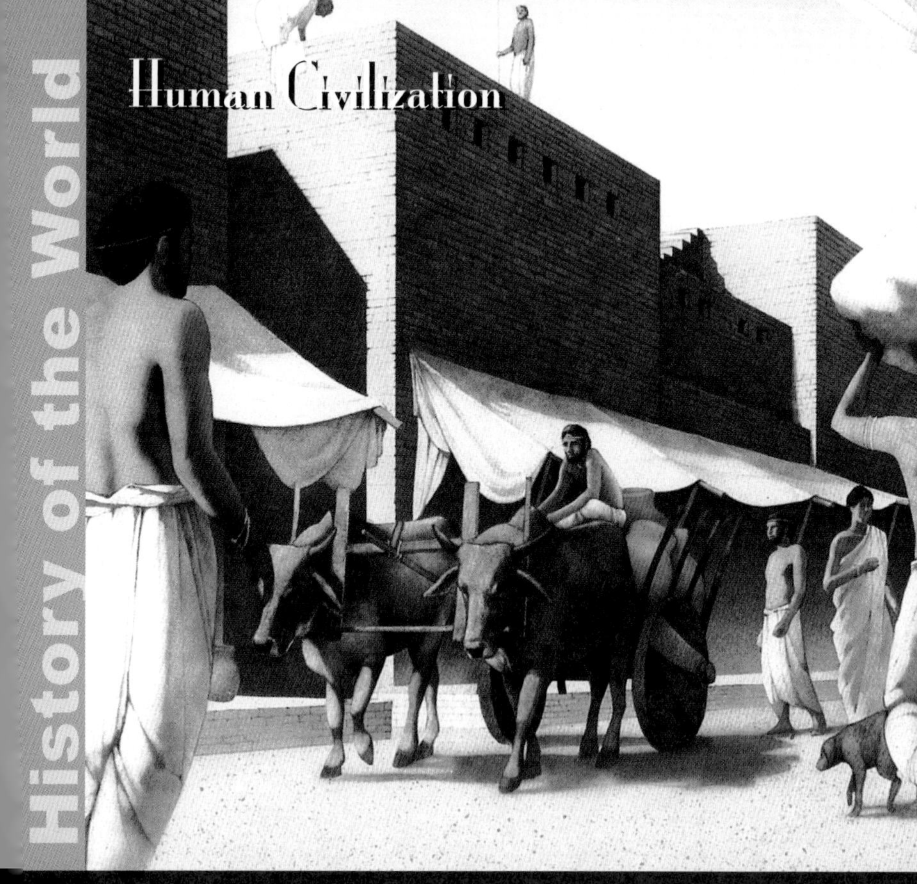

제 5 장

신비로운 고대 인도

문명의 발원지 인더스 강과 갠지스 강

고대 그리스 역사학의 아버지 헤로도토스는 '이집트는 나일 강의 선물'이라고 말했다. 그렇다면 고대 인더스 문명은 '인더스 강(Indus R.)과 갠지스 강(Ganges R.)의 선물'이 아닐까? 풍부한 인더스 강과 갠지스 강은 고대의 신비한 인더스 문명을 낳아 길렀고 인도인의 생명의 근원이었으며, 그들 영혼의 신비스런 정원이었다.

인도의 지형은 뒤집어 진 삼각형 모양이다. 그래서 어떤 학자들은 인도의 형상을 매우 커다란 소의 젖으로 비유하기도 한다. 만약 인도가 소의 젖이라면 인더스 강과 갠지스 강은 바로 젖에 흐르는 우유로 수많은 인도인을 먹여 길러왔다.

인더스 문명의 요람

만약 갠지스 강이 인도인의 '어머니'라면 인더스 강은 그들의 '할머니'이다. 고대인도 최초의 경전인 《리그베다(Rigveda)》에서 최초로 언급한 것이 인더스 강이다. 인더스 강의 이름은 산스크리트(Sanskrit)어의 Sindhu에서 유래했으며 '강의 흐름'이라는 뜻이다. 라틴어 철자는 Indus이며, 여기에서 '인도'의 이름이 유래되었다.

인더스 강은 히말라야 북쪽, 티베트 남서쪽의 카일라스 산맥에서 시작해서 카슈미르 지방을 거쳐 파키스탄 영토를 관통한 뒤 최종적으로 아라비아해로 흘러들어 간다. 전체 길이는 3,180킬로미터이며 강의 주변 면적은 96만 제곱킬로미터로 세계적으로 손꼽히는 긴 강 중 하나이다. 인더스 문명은 농업을 바탕으로 고도로 발달한 도시문명이 특징이다. 인더스 문명은 약 기원전 3300년경에 탄생했고, 여기에는 하라파(Harappa)와 모헨조다로(Mohenjo daro)라는 두 개의 대도시 및 100여 개의 비교적 작은 도시와 마을이 있었다. 비록 고대 이집트와 메소포타미아보다 늦게 시작된 문명이었지만, 그 범위는 이 두 문명을 훨씬 넘어섰다. 기원전 3000년경, 도시는 이미 출현하여 번영기로 접어들고 있었다. 도시에는 곧고 넓게 정비된 거리, 욕실, 보루, 하수도 등 지하시설이 완벽하게 갖춰져 있었다. 융성하

는 도시문명은 사람들의 생활방식과 생산방식을 바꿔놓았으며 인류 문화를 끊임없이 발전시켰다. 예를 들어, 이 시기에는 문자가 등장했었고, 후세에 큰 영향을 미친 종교 신앙이 이미 싹을 틔우고 있었다. 또한 2진법과 10진법의 연산이 실제 생활에서 응용되었다. 그러나 유감스러운 일은 기원전 2000년부터 그 후 2, 300년 사이 인더스 문명이 갑자기 사라져버린 것이다. 그 원인은 아직 밝혀지지 않았지만, 학자들은 인더스 문명의 소멸은 외부 민족의 침입, 그리고 자연재해와 밀접하게 관련되었을 것으로 추측하고 있다.

인도인 영혼의 정원

인도인은 갠지스 강을 '성스러운 강', '인도의 어머니'라고 부른다. 인도 인구의 80퍼센트 이상을 차지하는 힌두교(Hinduism) 신자들은 '어머니 강가(Ganga)'[117]라고 부른다. 전하는 말에 따르면, 갠지스 강은 소의 입으로부터 흘러나온 것으로 더할 나위 없이 신성한 것이라고 한다.[118] 그래서 힌두교 신자들은 갠지스 강에서 목욕을 해야만 마음속에 있는 사악함과 불행이 모두 깨끗하게 씻겨 내려간다고 믿는다. 그리고 성스러운 강의 연안에서 평생 머물러 살아야만 내세에 무한한 복을 누릴 수 있다고 생각한다. 그래서 힌두교 신자에게 일생 동안 이뤄야 할 가장 큰 소원은 성스러운 강에 가서 성지순례를 하고, 성수를 마시며, 성수로 목욕을 하여 자신의 영혼을 깨끗하게 닦아내는 것이다.

▲ 갠지스 강은 '성스러운 강'으로 여겨지며 여신의 화신으로 여겨지고 있다. 그래서 사람들은 갠지스 강을 우러러보며 추앙한다. 인도에서 힌두교 신자 대부분은 시바를 섬기고, 갠지스 강에 와서 성수로 몸을 씻고 성수를 마시며, 바라나시(Varanasi)에 머물러 사는 것을 평생의 즐거움으로 여긴다.

갠지스 강의 탄생에 관한 아름다운 전설이 있다.

세상이 창조되었을 때 갠지스 강은 하늘을 가로질러 흐르는 거대한 하천이었다. 언젠가 대지에 큰 가뭄이 들어 사람들이 말로 다 할

117) 힌디어로 갠지스 강

118) 소를 신성시하는 힌두교도들은 갠지스 강의 발원지가 히말라야 산맥 남쪽 기슭의 강고트리 빙하 끝에 있는 고무크(힌디어로 '소의 입')라는 점에서 착안, 갠지스 강물을 소의 입에서 나온 맑은 샘물로 여겨 숭배한다.

수 없을 정도로 고통받았다. 인도의 국왕은 괴로워하는 백성의 모습을 보고 하늘의 여신에게 비를 내려달라고 간절히 기도했다. 그러나 국왕의 기도는 이루어지지 않았다. 얼마 후 백성을 걱정하며 노심초사하던 국왕은 문둥병에 걸리게 되었다. 이를 안쓰럽게 여긴 여신은 물을 내려 보냈지만 여신의 물은 물살이 너무 거세어 대지가 감당하지 못했다. 그래서 신 시바(Shiva)가 히말라야 산맥 부근의 갠지스 강 상류에 서서 물을 자신의 머리 위로 천천히 흐르게 하여 물살을 약하게 만들었다. 이 물에 몸을 씻은 국왕은 문둥병이 깨끗이 나았고 인류는 행복해졌다. 여신의 물은 시바의 긴 머리카락 사이로 1000년 동안이나 흘렀고, 히말라야 산맥에 있는 일곱 개의 샘구멍을 지나 대지 위로 떨어졌다. 그래서 힌두교는 갠지스 강을 여신의 화신이자 속죄의 강으로 여겼고 시바를 숭상하게 되었다.

성스러운 강이 낳아 기른 문명

갠지스 강은 히말라야 산맥에서 시작해서 남쪽으로 흘러 힌두스탄 평야로 들어가 최종적으로 벵골만(Bengal B.)으로 흘러든다. 전체 길이는 2,700킬로미터이며 강의 주변 면적은 106만 제곱킬로미터이다. 비옥한 갠지스 강 삼각주 평원은 찬란한 갠지스 문명을 길렀으며, 갠지스 문명은 기원전 2300년부터 기원전 1800년쯤에 번영기를 맞았다. 이 문명을 세운 것은 드라비다족(Dravidians)으로 그들은 아리아인(Aryan)이 침입하기 전에 이미 자신들의 농업문명을 형성하고 있었다. 그러나 아리아인의 침입으로 그들은 더 이상 새로운 문명을 창건하지 못했다. 갠지스 강 유역으로 진입한 아리아인은 정치의 중심을 이곳으로 옮기고 후기 베다 시대(Vedic Age)를 열었다. 이 시기에 인도 노예제 국가가 출현했고 농업생산이 대폭 상승하여 사회경제는 크게 발전했으며, 브라만교(Brahmanism)가 부흥했다.

인도 문명의 '첫 번째 서광' 하라파 문화

하라파 문화의 신비스런 베일인 벗겨진 것은 마치 깊은 골짜기 안으로 몇 가닥의 빛줄기가 비춘 것과 같았다. 하라파 문화는 어둠 속에 꼭꼭 감춰져 있던 고대 인도의 역사에 등불을 밝혔다. 이는 인더스 문명의 '첫 번째 서광'이라고 칭송받으며 현대 문명사회에 자신만의 짙은 빛깔을 선사해주었다.

'첫 번째 서광'의 출현

영국에서 온 탈영병 제임스 루이스(James Louis)는 하라파 문명의 신비한 베일을 벗기는 과정에서 결코 무시할 수 없는 디딤돌 역할을 톡톡히 해냈다. 제임스 루이스는 공적을 세운다거나 남에게 인정받는 일 따위에는 전혀 관심이 없었다. 그는 오직 신비로운 고대의 인더스 문명을 탐구하기 위해서 인도에 왔다. 그는 군영에서 도망친 뒤 찰스 메이슨으로 이름을 바꾸고 인도를 천천히 유람했다. 어느 날 그는 오늘날의 펀자브지방에 도착했는데 그곳에서 모래 언덕 안에 파묻혀 있는 폐허 하나를 발견했다. 자세히 관찰해보니 파손된 벽돌벽와 벽감[119] 등의 흔적이 남아있었다. 그는 곰곰이 생각해보았고, 어쩌면 이곳이 동양 문명의 중요한 유적일 수도 있다는 결론에 도달했다. 그래서 그는 이 모든 사실과 정황을 자신의 일기에 꼼꼼히 적었고 이 일기가 훗날 고고학자들에게 흥미로운 영감을 제공해주었다.

1873년 커닝엄이 이끄는 영국의 고고학 탐사단이 루이스의 일기를 토대로 이 지역에서 발굴 작업을 진행했는데 유적의 파손 상태가 너무 심각해서 도장 하나를 찾았을 뿐 별다른 소득을 얻을 수 없었다. 커닝엄보다 운이 좋은 사나이가 있었는데, 바로 영국의 고고학자 존 마셜(John Marshall)이었다. 그는 1919년에 인더스 강 연안을 발굴하던 중 도장, 청동기, 돌 조각상, 황금 장식품과 벽돌로 만든 건축물 등 대량의 문물을 발견했다. 그리고 1920년대부터 1940년대까지 하라파와 신드 지방의 모헨조다로에서 고고학적으로 중요한 유적과 유물을 발굴했다. 이렇게 해서 사람들은 인더스 강 유역에

119) 서양 건축에서 벽체의 오목하게 파인 부분으로 조각품을 세워두는 곳

펼쳐졌던 고대 문명의 베일을 벗길 수 있었다. 이 문명은 아리아인의 문명보다 더욱 오래된 것으로 이로써 문명의 '첫 번째 서광' 인 하라파 문명이 다시 빛을 보게 되었다.

도시문화의 초석

인더스 강 유역에서부터 발견한 200여 개의 도시와 마을 유적으로 봤을 때, 당시에는 이미 수많은 도시국가가 형성되어 있었음을 알 수 있다. 도시국가의 경제기초는 농업이었고, 각각의 도시국가는 몇 개의 농촌 공동사회가 중심도시를 에두르는 형태로 조직되었다. 하라파 문화 시기의 거주민은 주로 농업생산에 종사했다. 발굴한 곡물 창고 안에는 밀 두 알갱이와 보리, 대추야자와 채소의 흔적이 남아 있었다. 이것은 농업이 이미 상당히 높은 수준까지 발전했었다는 것을 보여준다. 이 농작물의 재배 이외에도 아마, 면화 등 경제작물[120]을 재배했다. 인더스 강 유역은 세계에서 최초로 면화 재배가 성행한 지역으로 인정받고 있다. 하라파 문화 말기에 거주민들은 이미 벼의 재배와 생산기술을 터득했는데 이를 뒷받침해주는 증거가 하라파 문화 말기의 로탈(Lothal) 도성에서 처음 발견되었다. 이후 갠지스 강 유역 문명 시기에는 인공적으로 벼를 재배하는 방법까지 매우 널리 사용되었다. 이 시기의 농기구는 여전히 석기 위주였고 청동으로 만든 도구는 땅을 갈아엎을 때 사용했지만 그 수가 매우 적었다. 밭을 갈 때는 돌로 만든 호미를 사용했고 물소와 야크가 사람을 대신해 땅을 갈기도 했다. 목축업은 당시 경제생활에서 상당한 부분을 차지하고 있었는데 발견한 목축 유물과 동물의 뼈로 볼 때, 물소, 돼지, 양, 닭, 낙타 등을 기른 것을 알 수 있다. 개 역시 당시 사람들이 좋아하는 가축이었는데, 지금과 마찬가지로 집을 지켰을 뿐만 아니라 아이들의 애완동물로 사랑받았다. 수렵활동은 그다지 중요한 활동이 아니었으며 사람들은 이따금 야생 토끼와 사슴 등을 사냥할 뿐이었다.

120) 담배처럼 주로 판매를 목적으로 재배하는 작물을 환금작물이라 하고 환금작물 중에서도 촉성채소처럼 특히 수익성이 높은 작물을 말한다.

고도로 발달한 경제

인더스 강 유역에서부터 고대 문화 유적지에 이르기까지 출토된 대량의 문물을 통해서 우리는 당시의 수공업 기술이 매우 높았다는 것을 짐작할 수 있다. 그들은 이미 성숙한 청동 문화를 이루고 있었다. 비록 석재 도구가 여전히 사용되었지만 청동기는 도끼, 낫, 톱, 작은 칼, 낚시 바늘, 비수, 창, 활 등과 같은 생산도구, 무기와 일상생활에 필요한 도구로 널리 이용되었다. 전쟁무기는 보통 동이나 청동으로 제작했는데 청동으로 만든 창에 나무자루를 달아 한층 발달된 무기를 만들기도 했다. 수공업자는 이미 금속에 열을 가하는 가공기술이나 반대로 차갑게 만드는 기술을 습득했으며 금, 은, 동, 청동, 납, 주석 등 여러 종류의 금속을 제련하기도 했다. 또한 그들은 용접방법을 이용하여 금속 용구를 제작했다. 방직기술, 옥그릇과 도자기를 만드는 기술도 비교적 높은 수준이었다. 당시 수공업계층 가운데 도공, 방직공, 석공, 목공, 금속공, 보석공 등은 중요한 지위를 차지했다. 도기, 상아, 인장 등의 도구에는 종종 기하도안이나 동식물 무늬로 장식되었는데, 이는 당시 사람들의 생활에 대한 열정과 아름다움을 추구하는 심리를 반영한 것이다. 도자기 혹은 상아로 제작한 인장에는 절반은 문자가, 나머지 절반은 동식물이 조각되어 있었다. 동물들은 주로 생활과 밀접한 관련이 있는 수소, 코끼리, 양 등이었다. 출토된 금, 은, 동 장신구에는 목걸이, 팔찌, 발찌, 귀걸이 등이 있었는데 당시 장인들의 정교한 솜씨를 잘 보여줬다. 농업과 수공업의 발전은 하라파 문화의 상업 발달을 촉진했다. 하라파는 중요한 경제무역 중심지였다. 출토된 배의 모양이 새겨져 있는 인장과 각지에서 발견된 인도의 인장 및 본토에서 발굴된 티그리스-유프라테스 강 유역 풍

▼ 하라파인의 번화한 도심의 거리
곡물을 가득 실은 소가 끄는 수레가 길 한가운데를 지나고 있다. 수확의 계절, 사람들은 거둬들인 밀과 보리를 멀리 농촌에서 도시까지 운반해 온 뒤 곡물 창고 안에 보관해놓았다.

의 상자, 원주형 인장과 금속제품들은 당시에 해상운송이 존재했고 하라파가 티그리스-유프라테스 강 유역, 이집트, 중앙아시아, 페르시아, 아프가니스탄, 중국 등 광범위한 지역과 상업무역을 했다는 사실을 설명해준다.

선진화된 도시계획

하라파와 모헨조다로의 두 대도시 유적은 하라파 문화에서 규모가 큰 유적이다. 두 도시는 규모와 시설, 건축 기술, 배수체계 및 도시 계획과 건물의 배치에서 특색 있고 선진화된 수준을 갖추고 있었다. 도시는 고지대[121]에 있는 공공구역과 그 밑으로 지세가 비교적 낮은 곳에 있는 거주 지역으로 구분되어 있었다. 고지대인 공공구역은 주민 거주 지역 사이에 인공으로 만든 강을 두거나 지세에 따라 강을 옆에 두고 건설되었다. 도성은 벽돌로 만든 두꺼운 성벽으로 둘러싸여 있었고 성벽은 사각형 보루를 사이사이에 두고 있어 견고함을 더했다. 성루 안에는 방어용 바리케이드, 곡물창고, 공공 목욕탕, 회의장, 작업장, 주민 거주지역이 있었다.

모헨조다로는 매우 완벽하게 유적지가 보존되어 있다. 건축규모는 하라파보다 훨씬 더 웅장했다. 점유면적은 260헥타르이고 도성 둘레에는 높고 견고한 성벽과 방어용 탑루가 있어 도시의 안전을 보장했다. 도성의 중앙에는 대욕실이 있었다. 길이는 120미터, 폭은 7미터, 깊이는 2.4미터였으며 대욕실의 벽돌을 쌓은 틈과 바닥 틈에 모르타르를 채워 넣어 물이 새는 것을 방지했다. 대욕실의 양쪽 끝에는 계단을 만들었으며 근처의 우물에서 대욕실로 물을 공급했다. 서쪽으로 대욕실과 가까운 곳에는 큰 곡물창고가 있었는데 길이는 45미터, 폭은 22.5미터였고 벽은 매우 높고 견고했다. 또한 십자형 통로구조라 통풍이 양호했다. 대욕실의 동북쪽에는 매우 크고 넓은 홀이 있었는데 이 큰 홀의 사용용도는 정확하게 밝혀지지 않고 있다. 하지만 회의장으로 쓰였을 가능성이 가장 크다. 회의에 참가한 사람들의 신분과 지위는 모두 달랐으므로 회의장에는 등급에 따른 높이의 구분이 있었다. 낮은 지대에 있는 주민의 거주 지역은 도시 건축의 주요 부분이었다. 도로는 직선형으로 동서, 혹은 남북으로

---

121) 6미터에서 15미터 높이의 평행사변형의 흙 언덕

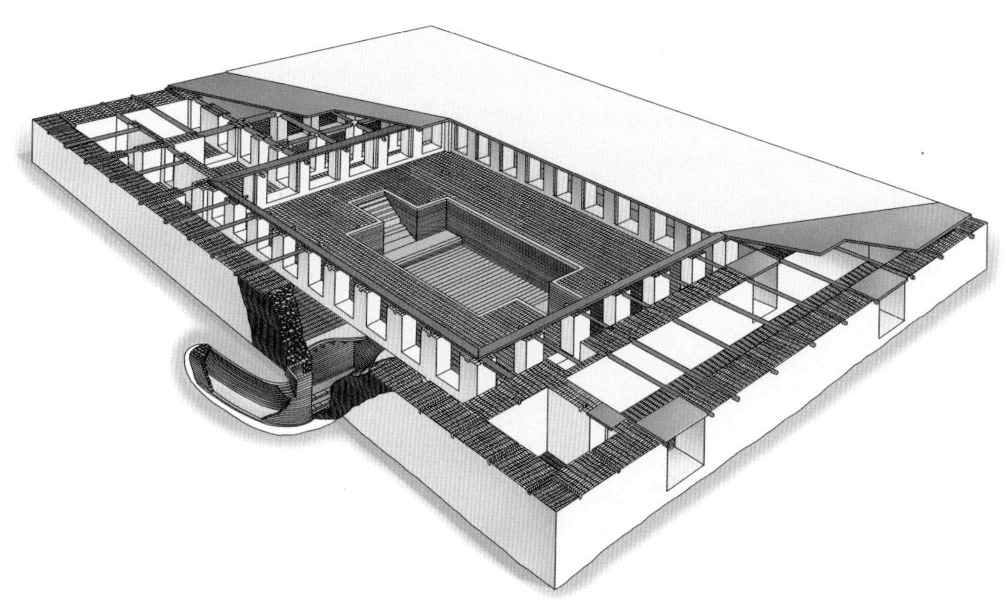

▲ **대욕실 복원도**
모헨조다로 대욕실의 구조는 과학적이고 합리적이었으며 물의 공급과 배수체계 시설은 매우 교묘했다. 이것은 자료를 근거로 그린 대욕실의 복원도이다.

향하게 만들어져 직각으로 교차했다. 거리는 널찍하고 곧게 정돈되어 있었고 주요 거리의 폭은 9미터에서 10미터로 몇 대의 수레가 동시에 지나다닐 수 있었으며 거리의 아래로는 배수천이 있었다. 더욱 신기한 것은 거리에 가로등이 있어 밤에 다니는 사람들의 보행을 편리하게 만들었다는 점이다.

거주 지역에는 건물이 아주 많았고 대부분 구워서 만든 품질이 좋은 붉은색 벽돌로 지었다. 건물은 크기가 다양했으며 내부 장식에도 큰 차이가 있었다. 이 층 혹은 이 층 이상 가옥의 경우, 위층에는 호화로운 침실이, 아래층에는 주방과 화장실이 있었고, 밖에는 정원이 있었다. 이렇게 설비가 훌륭한 집은 부자들의 소유였다. 가난한 사람들은 주로 풀 따로 엮어 만든 초라한 집에서 살았는데 이런 집에는 배수시설도 따로 마련되어 있지 않았다. 이러한 모습은 당시에 이미 빈부격차와 계급의 대립이 매우 뚜렷하게 존재했음을 보여준다. 거주 지역의 배수시설과 도로 밑 배수천은 서로 연결되어 있었기 때문에 하수도를 통해 생활오수를 강으로 흘려보낼 수 있었다.

문명의 소멸

인도는 종교사상이 매우 짙은 국가로 하라파 문화 때 이미 종교의 맹아가 싹트고 있었다. 대량의 소형 여자 조각상은 당시 어머니 신의 개념으로서 여성의 자손번창 능력을 숭배했음을 보여준다. 남자 신 중에서 눈길을 끄는 것은 머리가 세 개 달린 조각상인데 학자들은 이것을 후대 힌두교 시바의 원형으로 믿고 있다. 식물, 동물, 물, 불과 태양 숭배의 흔적 또한 유적에서 출토되었다.

문자는 인류 문명의 상징이다. 하라파 문화는 상형문자를 가지고 있었는데 그들은 도장과 도자기에 문자를 새겨 넣었다. 이 문자 부호들은 총 400개에서 500개였다. 하지만 아직도 이 문자들이 의미하는 바를 해독해내지 못하고 있다는 사실이 안타까울 뿐이다.

하라파 문화의 몰락은 후대인에게 스핑크스의 수수께끼와도 같은 의문점을 남겼다. 어떤 학자들은 이상 기후가 신드 지역의 사막화 혹은 강물 줄기의 변화를 일으켜 사람들이 어쩔 수 없이 이 문명을 떠나게 된 것이라고 이야기한다. 또 어떤 학자들은 지진, 흙과 모래가 섞인 물 사태, 회오리 등 자연재해 때문이라고 말한다. 또 다른 학자는 과도한 경작, 수리시설의 파괴, 벌목, 토양 악화가 하라파 문화의 멸망을 초래했다고 믿고 있다. 심지어 어떤 학자들은 하라파 문화의 소멸 원인을 대담하게도 '핵폭발' 때문이라고 주장하기도 한다. 모헨조다로 유적에서 일본의 히로시마 원자탄 폭발 이후에 생겨난 물질과 유사한 물질이 발견되었기 때문이다. 그러나 과연 당시 인류가 그렇게 고도의 과학수준을 가지고 있었는지 여부에 관해서는 별다른 설득력을 얻지 못하고 있다.

▼ **모헨조다로의 벽돌유적**
폐허의 뒤쪽에 서기 2세기의 불탑이 우뚝 솟아있다. 폐허의 발견은 고대 인도의 인더스 강 유역에 위대한 도시 문명, 바로 하라파 문명의 성대한 한 때를 반영한다.

동쪽에서 온 정복자 아리아인의 인도침입

인도의 역사는 정복과 피정복으로 얼룩져 있었다. 스스로 '고귀한 사람' 이라고 부른 아리아인은 철제무기를 손에 쥐고, 준마를 타고, 전차를 몰며 남아시아의 인도를 정복하고 인더스 문화의 주류를 창조했다.

아리아인은 아시아, 유럽 대륙의 유목민족이었다. 기원전 2500년 경, 그들은 인도에 온 후 농경문명을 시작했고 현지인을 정복하여 베다 시대를 열었다. 아리아인은 자신을 고귀한 민족이라 칭하며 자신의 고귀한 신분을 보존하기 위해 '카스트(Caste)[122] 제도' 를 만들었다.

강력한 종족 의식

아리아라는 말은 '고귀한 사람', '고귀한 신분' 이라는 뜻을 포함하고 있다. 히말라야 산 정상의 골짜기에서 세상에 유일하게 보존된 아리아인 후예의 부락을 발견했다. 몇 천 년 동안 이 아리아인은 대대손손 자기 민족의 고귀성을 지켜온 것이었다. 그들은 자신들을 순수한 아리아인이라고 말하며 커다란 자부심을 가지고 있었다. 《리그베다》에는 그들의 선조와 현지 거주민의 문화차이가 기록되어 있다. 그들은 현지인을 '다사(Dasa)' 라고 불렀다. '다사는 검은색 피부, 납작한 코를 가지고 있었고 제사를 지내지 않았으며 사악한 언어를 말했다.' 다사와 비교해 볼 때 아리아인은 하얀색 피부, 높은 콧대, 넓은 어깨와 큰 턱을 가지고 있었으며 남자와 여자는 모두 긴 머리를 좋아했다. 아리아인의 후세는 통행이 어려운 산골에 살면서 자신들과 세상을 차단할 수 있었다.

▼ **프라자 파티(praja-pati)**
인도 신화에서 나오는 최초의 생명으로 그는 자아를 희생하여 만물을 창조했다. 프라자 파티는 인도 신화 가운데 최초의 인류, 또는 우주의 거인이다. 인도 서사시《리그베다》에서는 프라자 파티를 4분의 3은 신, 4분의 1은 인간으로 묘사했다.

122) 인도의 세습적 신분제도로 승려 계급인 브라만(Brahman), 귀족이나 무사 계급인 크샤트리아(Kshatrya), 평민인 바이샤(Vaisya), 노예 계급인 수드라(Sudra)의 네 계급이다.

인도를 침입하다

▲ **춤추는 시바**
시바는 왼발을 땅에 대고 오른발을 위로 들고 있다. 전체 체형이 아름다운 'S자' 형이고 네 개의 손은 구부리거나 펼치고 있다. 표정은 매우 엄숙하다.

아리아인은 중앙아시아와 코카서스(Caucasus) 일대에서 기원한 유목민족이었다.[123] 기원전 4500년에서 기원전 2500년 사이에 인구의 증가 혹은 자연적 원인에 의해서 아리아인의 선조는 원래의 거주지를 떠나 이주 생활을 시작했다. 기원전 2500년을 전후로 이란에서 온 아리아인은 그 일부가 동쪽으로 향했고 아프가니스탄을 통과하여 인도를 침입했다. 그들은 인도를 침입한 뒤 현지인과 격렬한 충돌을 일으켰다. 그러나 아리아인은 용맹하고 싸움을 잘하는 유목민족이었고 선진화된 철제무기 게다가 기마병과 전차병까지 보유하고 있었기 때문에 큰 힘을 들이지 않고 그곳에 살고 있던 드라비다인을 정복했다. 《리그베다》는 전쟁과 관련된 생생한 기록을 전한다. '그는 다사를 굴복시키고 소멸시켰다. 그는 노름에서 이긴 노름꾼처럼 적의 재물을 모두 가져갔다. 아, 사람들아, 그는 바로 인드라(Indra)였다.' 인드라는 아리아인의 전쟁의 신으로 벼락 같은 힘으로 적군의 머리를 밟았고 보루와 건물을 무너뜨렸다. 이 송가는 아리아인이 인도를 침입한 후에 벌인 약탈과 잔혹함을 반영하고 있다. 아리아인은 인더스 강 상류 지역을 정복한 뒤 칼과 불로 길을 열고, 갠지스 강 유역으로 자신들의 영역을 확장하기 시작했다. 격렬한 저항에 부딪히지는 않았지만 갠지스 강 하류의 무성한 삼림은 아리아인의 걸음을 어렵게 만들었고 긴 시간이 지나고 나서야 아리아인은 전체 인도 반도를 정복할 수 있었다. 현지 거주민은 학살당하거나 갠지스 강 삼림 일대 및 남인도로 내몰렸고 남은 거주민은 노예 신세로 전락했다.

123) 그러나 일부 학자는 그들이 인도에서 생활한 본토인이라고 생각하기도 한다.

베다 문명

아리아인은 베다 문명을 창조했다. 사람들은 베다 문헌을 통해 이 시기 문명을 이해하게 되었고 베다 시대를 전기와 후기로 나눌 수 있었다. 전기 베다 시대에 아리아인은 씨족, 부락 단계로 유목 문명에서 농업경제로 향하는 과도기적 시기를 맞이했다. 생산 면에서 일정한 발전이 있었고 종교 신앙은 비교적 간단하고 단순해졌다. 또한 '카스트 제도'가 서서히 고개를 들기 시작했다. 후기 베다 시대에 아리아인은 갠지스 강 유역까지 정복하여 초기 노예제 국가가 등장했으며 농업 경제가 국가 경제의 중심을 차지했다. 경작기술은 이전보다 훨씬 더 발전했으며 농작물의 품종은 증가하여 보리, 밀 외에도 쌀, 콩류와 참깨도 재배되었다. 상공업 역시 크게 발달했고 교육 문화 사업도 번영을 누렸다. 카스트 제도는 이 시기에 그 형태가 갖춰져 바이샤(평민)의 지위는 점차 낮아졌고 수드라(노예 계급)의 처지는 더욱 비참해졌다. 브라만(승려)과 크샤트리아(귀족, 무사 계급)는 통치 지위를 차지했다. 종교 신앙 분야에서 전기 베다 시대의 신들은 여전히 숭배받았지만 새로운 사상의 출현은 날이 갈수록 경직되던 카스트 이론에서 브라만교를 탄생시켰다. 전기 베다 시대에는 여자도 어느 정도 존중받았으며 재산과 계승권을 가지고 있었다. 또한 남자와 마찬가지로 교육을 받고 각종 학술 토론회에도 참여했다. 그러나 후기 베다 시대로 넘어오면서 브라만교의 영향으로 부권이 강화되어 인도 여자의 지위는 이전 시대에 비해 뚜렷하게 하락하여 남편이 죽으면 순장되는 풍속까지 등장하게 되었다.

신의 계시 《베다》

서사시의 오래된 선율은 자연을 노래하며 신을 찬양하고 산문의 자유로움은 신비로운 종교의 고상한 운치를 드높인다. 꾸밈없는 자연스러운 언어는 우주의 오묘함과 인생의 정수를 차근차근 풀어준다. 이것이 바로 성스러운 경전인《베다》이다.《베다》는 인도인에게 유구한 종교의 정서를 선사하고 지혜의 문을 열어주었다.

'베다'는 산스크리트로 '지식', '계시'의 의미이다. 전하는 바에 따르면, 베다 문헌은 브라만이 '하늘의 계시'에 따라 쓴 것으로 신의 뜻이 담긴 것이라고 한다. 그러나 사실《베다》는 인도인의 지혜를 모아놓은 결정체로서, 사람들의 입에서 입으로 전해지던 지식과 사상가의 사상을 수많은 성인이 집대성하여 완성한 것이다. '베다'는 넓은 의미와 좁은 의미가 있는데 넓은 의미의 '베다'는《삼히타(Samhita)》,《브라흐마나(Brahmana)》,《아라냐카(Aranyaka)》,《우파니샤드(Upanishad)》이고, 좁은 의미의 '베다'는《삼히타》이다.

《삼히타》

《삼히타》는《리그베다》,《야주르베다(Yajur-Veda)》,《사마베다(Sama-Veda)》와《아타르바베다(Atharva-Veda)》를 포함한다. 그중 가장 중요한 것은 경전 중의 경전인《리그베다》이다.《리그베다》는 가장 오래된 경전이고 다른 경전은 단지《리그베다》에서 파생된 것일 뿐이다. 이것은 약 기원전 1500년에서 기원전 1000년 사이에 생겨 기원전 1000년에서 기원전 800년경쯤 책으로 완성되었다. 전체 책은 총 10권이며 전부 시어체가 사용되었다. 인도의 유명한 서사시인《마하바라타(Mahabharata)》와《라마야나(Ramayana)》보다 훨씬 먼저 만들어졌다. 총 1,028수의 시로 이루어졌으며 기이하고 아름다운 대자연, 다채로운 사회모습은《리그베다》가 찬양하는 대상이다. 고대 인도인은 자연을 인격화하여 그들에게 생기를 불어넣었다. 물론 신에 대한 음송이 절대적인 부분을 차지했고 전쟁의 신이자 천둥의 신 인드라에 대한 찬송이 시의 4분의 1을 차지했다. 아리아인이 자연숭배, 다신숭배에서 유일신숭배로 넘어가는 과정이 반영되었다고 할 수 있다. 전체 서사시의 언어는 소박하고 경쾌했다. 다음은 태양을 찬미한 시의 일부분이다.

> 모든 것을 통찰하는 태양의 앞에서,
> 무수한 별은 마치 도둑처럼 슬며시 도망쳐 흩어져버린다.
> 태양은 타오르는 불꽃처럼
> 저 멀리 인간 세상을 비추고…

또한 새벽의 신을 찬양하는 아름다운 서사시도 있다.

> 밝은 빛을 사방으로 흩뿌리는 행복한 여인,
> 자매가 있는 곳에서부터 우리 앞에까지 얼굴을 드러내시네.
> 하늘의 여인이여!
> 당신은 원수를 멀리 쫓아내 주신 환희의 여인!
> 우리는 깨어나 노래하며 당신을 맞이하네.
> 환희의 빛은 마치 이제 막 우리 밖으로 나온
> 한 무리의 어미 소처럼 나타나
> 서광이 광활한 저 먼 곳을 환하게 비추네.

사회 현상에 대한 《리그베다》의 묘사는 인더스 강 유역을 침입한 아리아인이 군사 민주제의 부락 씨족사회에서 노예제 사회로 바뀌어 가는 역사의 모습을 반영했다. 이것은 고대인도 사회를 연구하는 중요한 자료이며 이 시기를 역사학자들은 '초기 베다 시대'라고 부른다.

제사를 지낼 때 더 편리하게 시를 읊을 수 있도록 브라만인 제사장들은 《리그베다》의 송시에 곡조와 선율을 붙여 노래로 만들었다. 이렇게 해서 1,549수의 찬가를 모아서 기록한 《사마베다》가 만들어졌다. 《사마베다》 역시 가장 오래된 인도의 성가이자 악장이다.

《야주르베다》는 운문과 산문이 섞여 있고,

▼ **시타와 라마의 모습**
원숭이의 신 하누만이 라마를 시중을 들고 있다. 시타는 《베다》에서 농업과 식물을 주관하는 여신이자 전쟁의 신 인드라의 부인이다. 그러나 인도 서사시 《라마야나》에서 시타는 비슈누[124]의 화신인 라마의 부인이자 국왕의 딸로 나온다.

124) 힌두교 삼주신의 하나

산문은 산스크리트 산문형식으로 시작한다. 《야주르베다》는 흰 야주르베다와 검은 야주르베다의 두 종류[125]로 나누는데 두 종류 모두 브라만이 제사를 지낼 때 사용하는 축문[126]을 포함하고 있다. 이때 축문의 내용은 대부분 《리그베다》에 나오는 경문[127]을 반복한 것이다. 검은 야주르베다에는 제사를 지내는 규칙들이 적혀 있다. 만약 어떤 사람이 건강과 장수를 기원한다면 제사를 지내는 브라만은 이런 축문을 낭독했다.

> "불의 신이여, 당신은 건강의 보호자십니다. 저의 건강을 보호하소서!
> 불의 신이여, 당신은 장수를 내려주시는 분입니다. 저에게 장수를 내려주소서!
> 불의 신이여, 당신은 영광을 주시는 분입니다. 저에게 영광을 내려주소서!
> 불의 신이여, 나의 부족함을 채워주소서!"

《아타르바베다》는 주로 재해와 질병을 몰아내는 말, 주문과 무술의 집합으로 총 20권이며 731수의 시가가 들어 있다. 시가에는 농후한 종교적 미신과 원시 무술의 색채가 나타났지만, 고대 인도의 의학, 약학, 화학, 천문학 지식이 그대로 남아있었다.

예를 들어 기침을 치료하는 주문은 다음과 같았다.

> "기침아! 마음속의 염원처럼 빠르게 저 멀리 날아가라! 가고 싶은 곳으로 멀리 날아가라!
> 기침아! 뾰족하고 날카로운 화살처럼, 빠르게 저 멀리 날아가라! 저 광활한 대지 위로 멀리 날아가라!…"

《브라흐마나》

사람들은 《브라흐마나》가 완성된 기원전 900년부터 기원전 500년

125) '흰 야주르베다'는 본문과 역문의 구분이 뚜렷하고, '검은 야주르베다'는 본문과 역문의 구분이 뚜렷하지 않다.
126) 제사 때 신에게 고하는 글
127) 고사를 지내거나 푸닥거리를 할 때 외는 주문

의 기간을 '브라흐마나 시대' 라고 부른다. 《브라흐마나》는 이 시기에 이르러 심오하고 이해하기 어렵게 변해버린 송시, 축문을 해석하여 그것들의 목적과 의미를 설명했다. 또한 원래 그렇게 중요하게 여기지 않던 제사를 매우 높은 지위로 끌어올리고, 제사의 기원, 목적, 방법과 의의에 대해 구체적으로 서술했으며 수많은 신화와 제왕의 전설을 조화시켰다. 원래 제사는 오직 신의 총애를 얻기 위한 방식일 뿐이었지만 현재의 제사는 그 자체로 최고의 목적이 되었다. 신들도 제사를 통해서만 무한한 힘을 얻을 수 있기 때문이었다. 다시 말해서, 신들도 제사 없이는 아무런 힘을 가질 수 없다는 것이다. '제사만능주의' 는 브라만교의 3대 강령 중 하나였다. 나머지 두 개의 강령은 '베다는 하늘의 계시' 라는 것과 '브라만의 최고권력' 이었다. 이후 각 종교의 파벌에 영향을 준 '윤회[128]' 사상 역시 '브라흐마나 시대' 때 생겨난 것이었다.

▲ 수리야(Surya)
수리야는 인도 베다 신화와 힌두교 안에서의 태양신. 인류에게 이익을 가져오는 인자한 신이다.

《아라야카》

브라만교의 신자는 아슈라마라(asrama : 생활기)라는 특이한 제도를 따라야 하는데 이 제도에는 이들이 반드시 거쳐야 하는 단계가 있었다. 첫 번째 단계, 학생기學生期로 선생님으로부터 지식을 습득하는 것이었다. 두 번째 단계, 가장기家長期로 학업을 마친 후 집으로 돌아와, 결혼을 하고 아이를 낳아 속세의 의무를 이행하는 것이었다. 세 번째 단계, 임서기林捿期로 아들이 성장한 후, 아들에게 가업을 물려주고 자신은 삼림으로 들어가 은둔생활을 하는 것이었다. 마지막 네 번째 단계, 유행기遊行期로 곳곳을 정처 없이 돌아다니며 빌어먹는 것이었다. 그들은 번거로운 제사를 지내지 않고, 《아라야카》를 하루 종일 읊고, 깊게 명상함으로써 제사를 대신했다. 《아라야카》는 성인의 정신적 양식이었다. 그러나 어떤 이들은 《아라야카》가 바로 삼림 속에서 은둔하는 성인들이 쓴 것이라고 말한다. 이러한 성인들은 깊

128) 생명이 있는 것, 즉 중생은 죽어도 다시 태어나 생이 반복된다고 하는 불교사상

은 명상을 하면서 제사에 대한 회의와 반성을 하며 사람과 자연 및 신의 관계에 대해 한 단계 더 발전한 사고를 했다.

《우파니샤드》

'우파니샤드'는 원래 '가까이 앉다'라는 뜻인데 시간이 흘러 '사제가 마주앉아 전수되는 신비한 지식'이라는 새로운 뜻이 생겨났다. 후대인은 '우파니샤드'를 '베단타(Vedanta)'라고도 불렀는데 그 뜻은 '베다의 종결'이었다. 다시 말해서 '우파니샤드'는 전체 베다 문헌을 마무리 지었고 '우파니샤드'에서 말하는 것이 베다 문헌의 가장 오묘하고 원만한 이론이었다. 《우파니샤드》는 한 시기에 한 사람에 의해서 완성된 것이 아니었다. 그것은 약 기원전 800년부터 서기 1, 2세기 사이에 생겨난 것이었다. 현재까지 보존되어 내려오는 《우파니샤드》는 200여 종이며, 그중에서 가장 영향력 있는 것은 13종이다.

《우파니샤드》는 비록 《베다》로부터 발전한 것이지만, 넓은 의미의 베다 문헌 중 하나이자 힌두교 경전 중 하나였다. 《우파니샤드》는 브라만 계급이 쓴 것이 아니었다. 사실 이 안에는 브라만교와 브라만 제사장에 대해 반대하는 사상이 매우 많이 들어 있었다. 그래서 《우파니샤드》는 일종의 철학서로서 철학의 기본 명제를 토론하고 인간과 자연 및 신과의 관계를 탐구했다. 그것은 인도철학의 뿌리이며, 이후 인도철학의 많은 파벌은 모두 《우파니샤드》의 영향을 받았다.

시적 정취가 물씬 풍기는 언어, 비유, 상징수법의 운용, 주제의 다변화는 후대인이 《우파니샤드》를 체계화하고 이론화하는 데에 큰 어려움을 주었다. 그러나 그 근본 사상은 '범아일여梵我一如[129)]'이다. '범아일여'는 인도 철학의 주요 관념으로 오늘날 사람들이 인생에서 추구하는 최고의 경지가 되었다.

'범梵'은 원래 '주문', '기도'라는 뜻이었는데, 후대에 '기도하여 얻는 신비한 힘'이라는 뜻이 생겨났다. 그리고 '세계를 지배하는 힘', '세계의 근원'이라는 뜻도 갖게 되어 결국 철학의 중심이 되었다. '범'은 세상 만물을 창조하고 모든 것을 총망라할 수 있으므로

---

129) 우주의 근본 원리인 범梵과, 개인의 중심인 아我가 같다는 정통 브라만교의 근본 사상

움켜잡을 수도 없고 인지할 수도 없다. 그래서 '범'을 표현하기 위해서 '차견법'이라는 부정 형식을 사용하여 '범'을 나타냈다. 예를 들어 보자. "그것(범)은 굵지도 않고 가늘지도 않으며, 짧지도 않고 굵지도 않다. 불처럼 벌겋지도 않고, 물처럼 축축하지도 않다. 그림자가 없고 그늘이 없다. 바람이 없고 공간이 없으며 끈적이지 않는다. 맛이 없고, 냄새가 없으며, 귀가 없고 언어가 없다. 감각이 없고, 생명력이 없으며, 호흡이 없다. 끝이 없고 한도가 없으며, 안이 없고 바깥이 없다. 그것은 그 무엇도 소멸시키지 않으며 그 무엇에 의해서 소멸당하지도 않는다." 그러나 '범'을 이해하는 것은 어려운 일이었기 때문에 더욱 잘 이해하고 설명하기 위해서 철학가들은 '범'에게 세 가지 특성을 부여했다. 바로 진실眞, 앎知, 즐거움樂이었다. '범'은 시간과 공간을 초월하는 것이며, 정신적이고 비물질적인 것이다. 또한 그것은 주체이지 객체가 아니며 '범'의 본질은 무한한 아름다움이자 비할 데 없는 행복이었다.

'아我'는 음역어로 '아트만(Atman)'을 나타낸 것으로 '자아'를 뜻한다. 간단히 말해서 존재하는 개체였다. 《우파니샤드》에서는 특히 개체의 영혼을 강조했다. 예를 들어보자. "그것(아트만)은 나의 영혼이므로 내 마음속에 있다. 쌀알보다, 보리알보다, 겨자씨보다, 기장보다, 기장의 핵보다도 작다. 내 마음속에 있는 아(아트만)는 하늘보다, 대지보다, 허공보다, 세상 모든 만물보다 크다." 이때의 '아'는 이미 승화되어 '범'과 성질이 같았고 동등한 지위에 올랐다. 그래서 《우파니샤드》의 철학가들은 일생 동안 노력하여 '범아일여'의 경지에 오르는 것을 최대 목표로 삼았다. 이는 생사를 초월하고, 영원하며, 무한한 행복을 누릴 수 있는 경지였다.

▲ **바람의 신 바유(Vayu)**
바유는 베다 신화에서 거인 푸루샤의 입김으로 태어났다.

백가쟁명 풍조 신흥 사문의 신사조

역사는 놀라울 정도로 비슷해서 인도의 역사에도 중국의 춘추전국시대에 나타났던 '백가쟁명百家爭鳴[130]'의 모습이 고스란히 출현했다. 사람들은 그것을 '신흥 사문의 신사조'라고 부른다. 이 시기 인도의 수많은 철학가와 종교 파벌들은 자신들의 학설이나 주장을 자유롭게 토론하고 논쟁하며 인도의 '종교 박물관'의 명성을 함께 만들었다.

'사문'의 산스크리트 뜻은 '종교 수행자, 수도자'로, 브라만교 사조에 반대한 철학과 종교파벌을 통칭하는 말이다. 기원전 6세기에서 기원전 5세기는 신흥 사문의 신사조가 성행한 시기였다. 당시의 사상 유파는 매우 많았는데 그중에서도 불교, 자이나교(Jainism), 로카야타파(Lokayata, 순세파), 아지비카교(Ajivika)와 불가지론(agnosticism)이 가장 큰 영향을 미쳤다. 파벌마다 주장하는 사상은 달랐지만 그들이 반대하고 비판하는 대상은 모두 부패한 브라만교와 카스트 제도였다.

동요하는 시대의 메아리

브라만교가 모든 새로운 사조의 비난을 받은 것은 결코 우연한 일이 아니었고 그만한 배경이 있었다. 기원전 6세기, 인도는 여러 개의 나라가 동시에 존재하는 열국 시대였다. 각국 간의 전쟁은 종종 일어났고 지역성을 띤 왕국들이 출현했다. 크샤트리아 계급의 왕권 세력은 영토가 확장되고 세금 수입이 증가함에 따라 끊임없이 강대해졌고, 이는 브라만 계급 및 구 귀족과의 심각한 대립을 불러올 수밖에 없었다. 이 시기에 도시 문명은 부흥했고 상품경제도 발달하여 상인계층이 일어서기 시작했다. 그들은 신흥 군주제 국가 정권의 주도세력인 크샤트리아 계급과 함께 브라만교와 카스트 제도를 반대하고 신흥 종교파벌을 지지했다. 또한 브라만교 자체의 타락 역시 신흥 사문의 신사조가 들고 일어나게 된 중요한 원인 중 하나였다. 이 시기에 브라만교는 매우 부패하고 경직되어 있는 상태였다. 게다가 브라만교의 경전인 《베다》의 문헌언어는 원래 사람들이 이해하

130) 많은 학자나 문화인 등이 자기의 학설이나 주장을 자유롭게 발표하며 논쟁하고 토론하는 일

기에 매우 까다로웠는데 베다를 해석해놓은 《브라흐마나》와 《우파니샤드》는 사람들을 더욱 혼란스럽게 만들었다. 제사장은 많은 재물을 모으기 위해 번거롭고 불필요한 예절의식을 늘리고 제사의 종류와 규모를 확대하였으며 사람들은 대량의 가축을 소비하고 피땀을 흘려 제사를 지내야만 했다. 심지어 제사장들은 주문을 외우면 신비한 일이 벌어지는 양 사람들을 속여 돈을 빼앗았다. 이렇게 사람들의 가산을 탕진하게 하는 제사 비용과 제사장의 횡포는 사람들의 분노를 불러일으켰다. 그래서 브라만교를 반대하는 사조가 등장하게 되었다.

사상과 종교의 자유로운 발전

로카야타파

로카야타란 '세상에 순종하는 사람'이란 뜻이며, 순세파라고 번역된다. 불교 문헌에서는 '순세외도'라고 한다. 로카야타파는 기원전 10세기에 생겨나 열국 시대에 성행했다. 대표적 인물로는 아지타케샤캄발린(Ajita Kesakambalin)을 꼽을 수 있다. 로카야타파는 고대 인도에서 유물론[131]을 주창한 학파로 만물은 모두 땅, 물, 바람, 불의 4대 원소에 의해 구성된 것으로 인식하며 브라만교의 창조론를 부정하고 무신론을 주장했다. 로카야타파는 영혼은 존재하지 않으므로 내세 역시 있을 수 없다고 생각했다. 그리고 사람은 한 번 죽으면 모든 것이 끝나버리기 때문에 언제나 생명을 귀중하게 여기고 현재 살아가는 세상을 중시해야 한다고 이야기했다. 로카야타파는 베다의 권위를 하찮게 여기며 브라만의 제사만능주의와 영혼 윤회설을 반대했다. 또한 모든 사람은 평등하다고 주장하면서 카스트 제도에 반대했다. 특히 로카야타파는 각종 금욕주의와 고행을 반대하고 현세의 쾌락과 행복을 추구했다. 그래서 그들은 '먹고, 입고, 향락만을 중시하는 파벌'이라고 비난받기도 했다. 그러나 로카야타파는 수많은 하층 민중이 생활에 애착을 갖고 평등과 행복을 추구할 수

▼ **불경에 나오는 이야기 조각상**
어느 날 불타(Buddha)가 길을 걸어가는데 땅바닥이 매우 더러웠다. 이 모습을 본 성실하고 겸손한 브라만이 바닥에 엎드려 자신의 긴 머리를 펼쳐 불타가 그 위를 밟고 지나가게 했다.

131) 만물의 근원을 물질로 보고, 모든 정신 현상도 물질의 작용이나 그 산물이라고 주장하는 이론

있는 힘을 주었으므로 민간에서 크게 유행했다.

아지비카교

아지비카교의 창시자는 마칼리 고살라(Makkhali Gosala)로 그는 자이나교의 대표인물인 마하비라(Mahavira)의 제자였다고 한다. 고살라는 스승의 학설과 관념이 자신과 맞지 않는다 하여 스스로 새로운 파벌을 만들었다. 고살라는 전체 세상은 이미 정해져 있는 순서에 의해 안배되어 있으며 사람의 생명 여정도 이와 마찬가지라고 생각했다. 그러므로 사람이 선을 행하든 악을 행하든 운명은 달라지지 않으며, 모든 도덕논리는 아무런 의미가 없는 것이라고 간주했다. 타인, 심지어 신조차 사람의 운명을 결정할 수 없으며, 힘든 수행은 운명이 예정해놓은 것이지 개인의 의지로 이루어지는 것이 아니라고 했다. 아지비카교의 이러한 사상은 각종 종교에서 말하는 선악에 따른 보응報應교리를 부정한 것이었지만 동시에 소극적인 절대숙명론이 되어 사람들로 하여금 현 상태에 만족하고 더 이상 무엇인가 위해 적극적으로 행동하지 못하게 만들었다.

불가지론

열국 시대가 되자, 전란은 끊이지 않았고 사회는 불안정해졌다. 수많은 하층민의 삶은 더욱 고달파졌고 그들은 자신들의 앞날이 어떻게 될지 막막할 뿐이었다. 불가지론은 이러한 때에 생겨났다. 산자야(Sanjaya)는 유명한 회의론자로 모든 판단에 관한 단정을 피했다. 어느 날 한 나라의 국왕이 그에게 몇 가지 질문을 했다. "내세는 있는가? 자연적으로 생겨난 생물은 있는가? 인과응보는 있는가? 수행을 잘한 사람은 죽은 뒤에 살아나는 것인가?" 국왕은 그의 대답을 듣고는 도저히 무슨 말인지 종잡을 수가 없었다. 그의 대답은 이러했다. "있다고 말할 수도 있고 없다고 말할 수도 있습니다. 있을 수도 있고 없을 수도 있습니다. 그렇다고 말할 수도 있고 아니라고 말할 수도 있습니다." 산자야는 사물을 애매모호한 관점으로 대했으므로 아마라비케파(amaravikkhepa)[132]라고 불렸다.

---

132) 뱀장어 같이 잡기 힘든 논의의 뜻

자이나교

자이나교의 창시자는 바르다마나(Vardhamana, 득도 후의 마하비라)이며, '욕망에 대해 승리를 거둔 자'라는 뜻이었다. '지나(Jina)'는 '승리자'를 뜻하며 욕망과 싸워 승리하여 도를 깨달은 자를 가리킨다. 자이나교는 브라만교의 제사만능주의를 반대했으며 자신의 욕망에 대한 승리를 통해 해탈을 추구했다. 세계관 면에서 자이나교는 브라만교의 '신의 만물창조' 이론을 반대하면서 세상은 영원한 것이며 단지 형식만 변화할 뿐이라고 생각했다. 그들은 만물은 물질과 정신의 두 가지 요소로 구성되어 있다고 주창하며, 영혼의 존재와 윤회 업보를 믿었다. 또한 그들은 영혼이 육체에서 벗어나 윤회를 초월하여 모든 것을 다 알고, 어떤 것이든 다 할 수 있는 극락의 경지에 이르는 것을 최고의 이상으로 삼았다. 자이나교는 이러한 이상에 다다르려면 반드시 '세 가지 보물三寶'을 통해서만 가능하다고 했는데 그것은 올바른 지식正智, 올바른 믿음正見 그리고 올바른 행위正行를 가리켰다. 올바른 지식이란 정확하게 자이나교의 가르침을 배우고 이해하는 것이었다. 올바른 믿음이란 바르다마나의 가르침에 확신을 갖고 성실하게 이행하는 것이었다. 마지막으로 올바른 행위란 생활하면서 다섯 가지 계율을 이행해나가는 것이었다. 다섯 가지 계율의 내용은 다음과 같았다. 첫째, 어떤 생물도 죽이지 않는다, 둘째, 어떤 거짓말도 하지 않는다, 셋째, 어떤 물건도 훔치지 않는다, 넷째, 간음하지 않는다, 마지막 다섯째, 재물을 탐내지 않는다는 것이었다. 또한 자이나교는 간소하고 소박하게 먹었고, 맛있는 음식을 욕심내지 않으며, 여러 가지 육체적 고통을 참아내는 등의 고행을 매우 중시했다. 그들은 이러한 고행을 통해서만 영혼이 깨끗해지고 윤회에서 벗어나 해탈의 경지에 오를 수 있다고 생각했다. 자이나교는 브라만의 최고 권력을 부정하고 모든 신분은 평범하다고 이야기했다. 시간이 흐르면서 자이나교는 계율에 이견이 생기면서 백의파와 공의파[133]로 분열되었다. 백의파는 의복을 입어도 해탈에 이를 수 있다고 주장했다. 백의파의 신도들은 흰색 옷을 입었고, 여성과 신분이 낮은 사람들을 차별대우하지 않았으며, 출가한 사람이 일정한 생활용품을 소유하는 것을 허락했다. 이와 다르게 공의파는 하늘

133) 공기를 의복으로 한다는 인도 자이나교의 분파

을 옷 삼아, 땅을 침대 삼아 살면서 어떠한 재물도 소유하지 않았다.

원시불교

불교는 자이나교와 동시에 일어난 종교로서 불교의 창시자는 고타마 싯다르타(Gautama Siddhartha)이다. 원시불교의 기본 가르침은 '사제四諦[134]', '팔정도八正道[135]', '십이인연十二因緣[136]'를 포함했다. '사제'는 고제苦諦[137], 집제集諦 '고苦를 모은다는 것', 즉 '고의 원인'은 번뇌, 멸제滅諦[138]와 도제道諦[139]를 가리킨다. '팔정도'란 두 가지의 주요 분야로 이루어져 있다. 하나는 신자가 깨달음을 얻는 가르침이고, 다른 하나는 신자가 마음을 가라앉히고 고요히 앉아 불타가 선양한 경지를 체험하며, 신도의 종교적 수양을 높이는 것이다. 8가지 덕목은 올바로 보는 것正見, 올바로 생각하는 것正思惟, 올바로 말하는 것正語, 올바로 행동하는 것正業, 올바로 목숨을 유지하는 것正命, 올바로 부지런히 노력하는 것正精進, 올바로 기억하고 생각하는 것正念, 올바로 마음을 안정하는 것이다. '십이인연'은 불교의 세계관으로 브라만교의 창조론 및 신이 모든 것을 주재한다는 이론을 반대했다. 또한 불교는 브라만교를 반대하는 대표적인 종교 파벌로서 브라만교의 '제사만능', '브라만의 최고 권력' 그리고 살생제사 등의 종교사상을 비판하고 거부했다. 불교는 개인이 노력하여 정신수양을 하고 계율을 성실하게 지켜야 하며, 결코 제사와 신의 힘으로 영혼이 구원받거나 고해[140]에서 벗어날 수 없다고 주장한다. 불교의 '중생평등衆生平等' 사상은 브라만의 카스트제도에 강력한 억제작용을 했다. 불교신자가 지키는 '살생금지'와 '채식'이라는 두 가지 중요한 계율은 브라만이 자행하는 가축살생 제사에 반대하는 의지와도 같았다.

원시불교는 다른 신흥 사문의 사상파벌과 비교했을 때 독특한 개

---

134) 4개의 진리를 의미하는 불교의 교의

135) 불교에서 실천 수행의 요건인 여덟 가지 정도

136) 인간의 괴로운 생존이 열두 가지 요소의 순차적인 상관관계에 의한 것임을 설명한 것

137) 인생은 '고苦'라고 하는 도리. 이것은 불교의 현실인식이다. 생 · 노 · 병 · 사를 수반하는 인간 존재를 고라고 인식하는 것이 불교의 출발점이다.

138) 괴로움의 원인인 번뇌를 아주 없애버린 상태를 말하며 바로 이러한 상태가 이상경理想境이라고 하는 도리

139) 괴로움이 없는 이상을 실현하기 위해서는 팔정도八正道를 기초로 한 덕목에 따라서 실천 · 수행해야 한다고 하는 도리

140) 괴로운 인간세계

◀ **엘로라 석굴(Ellora Caves)**
석굴 안에는 나체의 조각상이 여러 개 있는데 조각상의 양발과 양손에는 덩굴 식물이 둘둘 감겨 있고 긴 머리카락이 어깨에 늘어져 있다. 이러한 조각상의 모습은 자이나교의 영원한 고행을 상징한다.

성을 가지고 있었다. 예를 들어 불교는 신의 존재를 부정하고, 인생관을 중심으로 세상 사람들이 직면한 인생문제를 풀어나갔다. 그러나 불교는 피안彼岸[141]하여 열반[142]과 윤회를 인정하여 사람들에게 어떻게 하면 인생의 고해에서 벗어나 열반의 경지에 오를 수 있는지에 대해 널리 전파했다. 또 다른 불교의 특징은 그것이 로카야타파처럼

141) 이승의 번뇌를 해탈
142) 모든 번뇌의 얽매임에서 벗어나고, 진리를 깨달아 불생불멸의 법을 체득한 경지의 세계에 도달하는 것, 또는 그 경지. 곧 참다운 바를 깨달음

향락을 추구하거나 자이나교처럼 고행을 주장하지 않았다는 점이다. 불교는 고통스럽지도, 안락하지도 않은 '중도中道'의 생활을 제창했다.

신흥 사문 신사조의 충격파

신흥 사문 신사조의 사상유파들은 서로 다른 모습으로 한 시기를 풍미했지만 대부분 뿌리를 내리지 못하고 덧없이 사라져버리거나 다른 사조에 파묻혀버렸다. 후대에 가장 큰 영향을 준 유파는 불교와 자이나교였다. 요컨대 신흥 사문의 신사조는 인도 역사상 하나의 전환점이었고, 전에 없던 사상의 대해방 시기였다. 인도의 사상 정원에는 수많은 꽃이 아름다움을 다투었고 주렁주렁 열매를 맺었다. 신흥 사문의 신사조는 브라만교의 독점적 지위를 타파하고 브라만교를 밑바닥으로 내동댕이쳤다. 비록 불교가 인도에서 브라만교를 완전히 대체하지는 못했지만, 브라만교로 하여금 불교와 자이나교의 도전에 직면하여 어쩔 수 없이 시대에 맞는 개혁을 단행하도록 했다. 신흥 사문의 신사조는 계급이 낮은 하층민 사이에 널리 전파되어 그들의 종교적 요구를 충족시켰으며, 인도에 깊고 두터운 종교의 토양을 일궈주었다.

보리수 아래에서 깨달음을 얻다 석가모니와 불교의 창시

그는 출중하여 뭇사람과 달랐으며 남녀 간의 사랑조차도 중생을 제도하겠다는 원대한 그의 꿈 앞에 아무런 힘을 발휘할 수 없었다. 그는 바로 인류의 정신적 지도자인 석가모니이다. 그는 비록 이미 열반했지만 오늘날까지도 인류는 석가모니의 광명에 푹 빠져 마음속 번뇌와 고통을 씻어버리고 영혼의 안식을 얻는다.

불교 창시자의 탄생기

석가모니는 기원전 6세기에 인도 히말라야 산 기슭의 갠지스 강 유역에 있는 카필라왕국에서 태어났다. 그는 카필라왕국의 현명한 국왕이었던 정반왕과 마야부인의 사이에서 태어났다. 국왕과 왕후는 서로 깊이 사랑했는데 그들의 유일한 고민거리는 오랜 세월 동안 자식이 없다는 것이었다. 마야부인이 45세가 되던 해, 기적처럼 아들을 낳게 되었다. 어느 날 마야부인이 잠을 자고 있었는데 꿈속에서 여섯 개의 긴 이빨을 가진 하얀색 코끼리가 그녀의 오른쪽 옆구리에서 튀어나와 뱃속으로 들어가 버렸다. 국왕은 이 기이한 꿈 이야기를 듣고 당시 풍부한 경험과 지식을 가지고 있던 브라만 학자에게 이 꿈에 대해 물었다. 그러자 학자는 이렇게 말했다. "폐하, 이 꿈은 매우 좋은 꿈입니다! 아마도 왕자님께서 탄생하실 것입니다. 이 왕자님께서는 석가족에 큰 영광을 가져 오실 겁니다." 국왕과 왕후는 이 말을 듣고 매우 기뻐했다. 마야부인은 출산일이 가까워지자 인도의 전통에 따라 친정에서 아이를 낳기 위해 길을 떠났다. 그런데 길을 가다가 룸비니(Lumbini) 동산에 다다랐을 때 갑자기 진통이 느껴졌다.

▼ 왕궁을 떠나는 싯다르타 왕자
싯다르타 왕자가 왕비와 왕궁을 떠나는 장면을 묘사했다.

그리고 갑자기 석가모니가 마야부인의 오른쪽 옆구리에서 튀어나왔다. 더욱 신기한 일은 이 왕자가 태어나자마자 걸어 다녔다는 것이었다. 왕자는 동서남북으로 일곱 발자국씩 걸었는데, 그때마

▲ 네팔 룸비니에 있는 마야부인의 유적지

다 연꽃이 피어올랐다. 그리고 왕자는 연꽃 위에 올라서서 한 손으로는 하늘을 가리키고 다른 한 손으로는 땅을 가리키며 큰 소리로 말했다. "하늘과 땅 사이에 오직 나만이 존귀하다!" 이때 하늘에서 아홉 마리의 용이 나타나 입에서 물을 뿜어 왕자를 씻겨주었다. 정반왕은 왕자가 태어났다는 소식을 듣고 즉시 모든 신하를 데리고 부인과 왕자를 맞이했다. 그리고 유명한 브라만 학자에게 왕자의 이름을 짓게 하여 왕자는 싯다르타라는 이름을 얻었다. 석가모니는 그가 불타가 된 후 그에 대한 존칭이었다. '석가'는 왕족의 이름이며 '모니'는 '고요하다'라는 뜻이다. 그러나 불행하게도 싯다르타의 어머니는 그를 낳은 지 7일 만에 세상을 떠나, 그는 이모의 손에서 클 수밖에 없었다. 싯다르타는 어릴 때부터 남달리 총명했고, 깊이 생각하는 것을 좋아했으며 브라만교의 훌륭한 교육을 받으면서 자랐다.

고난의 수행

어른이 된 싯다르타는 이웃나라의 아름다운 공주를 아내로 맞이했다. 화려한 의복과 맛있는 음식, 수많은 종과 아리따운 아내까지, 싯다르타는 궁정 안에서 인간이 누릴 수 있는 최고의 영화와 행복을 누리며 살았다. 그러나 청년 싯다르타는 늘 울적해 했다. 그래서 그는 아버지의 허락을 받고 교외로 나갔다. 길을 걸어 다니며 싯다르타는 궁정에서는 본 적이 없는 인생의 고달픔을 목격하게 되었다. 백발이 성성하고 곧 죽을 것 같이 늙은 노인, 심각한 병에 걸려 고통에 치를 떠는 사람, 머리카락이 곤두설 정도로 무서운 시체 등등 이런 비참한 백성의 모습은 싯다르타에게 번민과 괴로움을 남겼다. 과연 생로병사의 고통은 피할 수 없는 것일까?

어느 날 싯다르타는 성 밖에서 한 수도자를 만났는데, 그는 행색이 남루하고 손에는 밥그릇을 들고 있었다. 그러나 어쩐 일인지 그윽하면서도 즐거움이 가득 차 보였다. 싯다르타는 이를 매우 신기하게 여겨 그에게 어떻게 이렇게 즐거울 수 있는지 물었다. 수도자가 대답했다. "세상은 덧없으니 오직 출가한 사람만이 해탈을 얻을 수 있습니다." 수도자의 이 말에 싯다르타는 큰 충격을 받았다. 그리고 그는 생각했다. '정말로 출가를 하면 생로병사에서 벗어나 해탈을 얻을 수 있을까?' 왕궁으로 돌아온 왕자는 오랫동안 마음이 진정되지 않았다. 수도자의 말을 떠올릴 때마다 출가에 대한 생각이 꼬리에 꼬리를 물었다. 당시 그와 아내의 사이에는 태어난 지 얼마 안 된 사랑스러운 아들도 있었다. 그러나 결국 싯다르타는 인생의 참뜻을 찾기 위해 남녀 간의 애틋한 정을 버리고 29세의 나이에 잠든 아내와 아들에게 작별을 고하고 홀연히 고난의 수행 길에 올랐다.

보리수 아래에서 깨달음을 얻다

싯다르타는 갠지스 강을 건너 왕사성으로 가서 알라라칼라마(Alara-Kalama)와 우다카 라마푸타라는 두 명의 스승에게 선정禪定[143]을 배웠다. 그리고 부다가야(Buddha Gaya) 부근의 산림으로 들어가 6년 동안 고행에 전념했다. 그는 처음에는 하루에 깨 한 알과 보리 한 톨을 먹다가 나중에는 7일에 한 번 깨 한 알과 보리 할 톨을 먹었다. 그리하여 결국 해골처럼 말라버려 심지어 들새 한 마리가 그를 썩은 나무로 착각하여 그의 머리 위에 둥지를 틀기까지 했다. 어느 날 저녁, 힘이 빠진 싯다르타는 정신을 잃고 말았다. 얼마 뒤 깨어나 정신을 차린 그는 고통을 견디며 고행을 한다고 해도 해탈을 이룰 수 없다는 것을 깨달았다. 그래서 싯다르타는 몇 년 동안 씻지 않아 때투성이가 된 몸을 깨끗이 씻고 마음씨 좋은 여자 양치기가 준 우유죽을 먹어 체력을 회복한 뒤 또다시 방랑생활을 이어나갔다. 그러던 어느 날, 싯다르타는 보리수 아래로 가서 가부좌를 틀고 앉아 7일 동안 묵상을 했다. 그리고 드디어 인생의 고통에서 벗어날 수 있는 방법을 깨닫고 불교를 창시했다.

심오한 불교의 교의

석가모니가 가르침을 전할 때 특이했던 점은 다른 종교들이 세계

---

143) 한마음으로 사물을 생각하여 마음이 하나의 경지에 정지하여 흐트러짐이 없음

의 기원과 같은 종류의 철학적 문제를 먼저 다루던 것과 달리 인생 문제에 대한 분석을 우선순위에 두었다는 것이다. 석가모니가 창시한 불교는 그 가르침이 넓고 심오해서 번잡스럽게 보이기도 했다. 그러나 그것의 가장 근본적인 교의는 '사제' 즉, 고제, 집제, 멸제, 도제였다. '고제'는 인생의 여러 가지 고뇌를 열거한 것인데 그는 인생의 괴로움을 가리키는 '고苦'에는 8가지가 있다고 말했다. 그것은 생, 노, 병, 사, 원망과 증오의 고, 이별의 고, 추구한 것을 얻지 못한 고, 그리고 생존에 대한 집착에서 오는 고였다. 사실 사람의 인생에는 모든 곳에 생, 노, 병, 사, 희, 비, 애, 락이 존재하며 이 모든 것이 고였다. '집제'는 '고제'가 생겨나는 근본원인을 탐색하는 것이다. 다시 말해서 사람이 괴로움을 갖게 되는 원인을 가리킨다. 불교에서 볼 때, 인생의 고, 즉 괴로움은 모두 탐욕과 미련함에서 오는 것이다. 사람의 우매함이야말로 생사의 윤회에서 오는 괴로움을 직접적으로 초래한다. 전생의 어떤 원인으로 후세의 어떤 결과가 만들어지고, 선을 행하면 선으로 보답 받고, 악을 행하면 악으로 응징받는 것 모두가 이러한 이치이다. '멸제'는 고를 소멸시키는 것으로 불교의 목적과 밀접한 관련이 있다. 불교의 목적은 신도들이 욕망을 제거하고 윤회에서 벗어나 '열반'의 경지에 오르는 것이기 때문이다. 어떻게 하면 욕망을 제거하고 고를 멸할 수 있을까? 불교의 '도제'는 고난을 없애고 해탈에 이르는 8가지 방법이다. 이 8가지 방법은 흔히 '팔정도'라고 부르며, 정견, 정사유, 정어, 정업, 정명, 정정진, 정념, 정정이다.

불교는 일종의 종교이자, 하나의 철학사상이다. 석가모니는 불교의 세계관으로 '십이인연'을 제시했다. 그는 만물은 모두 '인연'으로 결정된 것이라고 생각했다. '인연'은 '조건'과 '관계'를 가리키는데, 다시 말해서 만물은 각종 조건과 인과관계가 한곳에 모여 만들어진 것이다. 그러므로 결과를 만드는 원인과, 그 원인과 협동하여 결과를 만드는 연줄이 흩어지면 사물을 사라지고 만다.

사회문제에서 불교는 '브라만의 최고 권력'의 표상인 카스트 제도를 반대하면서 중생의 평등을 주장했다. 불경에는 짤막한 이야기가 나온다. 불타가 강기슭에 있을 때 브라만이 와서 그에게 물었다. "당신은 어디에서 태어났습니까? 그리고 무슨 계급입니까?" 그러자 불타가 대답했다. "어디에서 태어났는지 묻지 말고 무슨 일을 하는

지 물으십시오. 보잘 것 없이 보이는 나무도 불을 지필 수 있고 비천한 자도 명망 높은 사람을 낳을 수 있습니다." 또한 불교는 브라만교의 '제사만능주의'를 반대했으며 개인의 수행을 통해서 고해를 벗어나는 경지에 이르러야 한다고 주장했다. 특히 불교는 브라만교가 제사를 지낼 때 수많은 가축을 도살하는 행위에 대해 반대했다. 불교는 살생을 반대하고 채식을 주장했다. 이를 위해서 석가모니는 신도들이 엄격하게 지켜야 할 '계율'을 제정했다. 집에 있는 신도나 출가한 신도가 반드시 지켜야 하는 '다섯 가지 계율'은 살생하지 않기, 도둑질하지 않기, 음란한 행동 하지 않기, 거짓말하지 않기, 술 마시지 않기였다. 이러한 주장들은 각각의 계급이 종교에 요구하는 것과 합치되는 것이었으며, 동시에 브라만의 카스트 특권에 강력한 무기가 되었다. 그리하여 불교는 수많은 하층민의 지지와 부자들의 대대적인 시주를 받으며 세력이 점차 강대해졌다. 이후 발전과정에서 불교의 사상과 가르침은 끊임없이 풍부해지고 완전해졌다.

윤회 중의 열반

석가모니는 가르침을 세운 후 사람들에게 전도하는 삶을 시작했다. 그의 눈으로 봤을 때 모든 중생은 평등했으므로 위로는 왕에서부터 아래로는 수드라까지 모두 그의 전도 대상이었다. 석가모니는 인도 전역을 누비고 다녔는데, 바라나시 교외의 녹야원, 왕사성과 사위성 등지에도 전도했다. 그는 북쪽으로 전도 여행을 하던 도중 심한 병에 걸렸다. 그래서 기원전 485년 2월 15일, 석가모니와 제자들이 쿠시나가라(Kusinagara)의 숲에 이르렀을 때 그는 두 그루의 사라수 사이에 갑자기 멈춰 서더니 이렇게 말했다. "나는 바로 여기에서 열반했다." 제자들은 매우 슬퍼하며 스승을 위해 자리를 깔았고, 석가모니는 북쪽으로 머리를 두고 얼굴은 서쪽을 향했다. 그리고 오른손으로 베개를 삼은 채 옆으로 누워 제자들에게 신신당부했다. "모두 게으르지 말고 열심히 정진하라." 말을 마친 석가모니는 조용히 열반의 길로 들어섰다. 그의 유해는 화장되었는데 그의 유골은 여러 가지 빛을 내는 구슬 모양이었다. 불교에서는 이러한 구슬을 '사리'라고 부른다. 석가모니의 유골은 8개 나라에 분배되어 각지에서 지은 사리탑에 안장되었다. 이는 불교 시조에 대한 존경과 경건함의 표현이었다. 불교는 불교의 시조가 세상을 떠난 뒤에도 세계 각지로 전파되었고 불탑은 세계 구석구석에 세워졌다. 그리고 불교는 멈추지 않고 발전하여 마침내 세계 3대 종교로 우뚝 서게 되었다.

▼ **스와얌부나트사원**
(Swayambhunath temple)
네팔의 수도 카트만두(Katmandu) 서쪽의 언덕 위에 있으며 전형적인 불탑 건축으로 평가받고 있다. 이곳의 사리탑은 흰색 반구형 모습을 하고 있으며 13층의 도금된 첨탑은 지식의 13단계를 뜻한다. 금색의 첨탑 사면에는 석가모니의 눈이 그려져 있는데 이는 모든 것을 꿰뚫어볼 수 있는 지혜를 나타낸다. 신도들이 줄지어 불탑을 시계바늘 방향으로 도는 행위는 생사의 윤회를 상징한다.

세계사 1

역사가 기억하는 인류의 문명

발행일 / 1판1쇄 2012년 2월 5일
편저자 / 궈팡
옮긴이 / 김영경
발행인 / 이병덕
발행처 / 도서출판 꾸벅
등록날짜 / 2001년 11월 20일
등록번호 / 제 8-349호
주소 / 경기도 고양시 일산동구 장항동 775-1 삼성마이다스 415호
전화 / 031) 908-9152
팩스 / 031) 908-9153
http://www.jungilbooks.co.kr

isbn / 978-89-90636-53-9
잘못된 책은 구입하신 서점이나 본사에서 교환해 드립니다.

全球通史一人类的文明
作者 : 郭方 主编